民主集中制
十五讲

许耀桐◎著

人民出版社

目　录

前　言

民主集中制是马克思主义政党的根本组织原则和领导制度。其建立与演进，经历了从民主制到集中制与民主集中制的创建再到民主集中制创新发展三个时段：第一个时段，马克思恩格斯为共产主义者同盟、第一国际建立了政党的民主制；第二个时段，列宁先是在工人阶级解放斗争协会以及布尔什维克党的组织内择定了集中制，尔后把集中制和民主制相结合，为俄国社会民主工党创建了民主集中制；第三个时段，中国共产党在革命、建设、改革的实践中，学习、传承、坚持并创新发展了民主集中制。

民主集中制作为中国共产党的根本组织原则和领导制度，也是中国国家机构以及各民主党派、人民团体、社会团体、国有企事业单位等都要遵循的基本规定。在中国，党章、宪法载明，必须坚持和落实民主集中制。在党和国家、社会的政治生活中，必须把民主基础上的集中和集中指导下的民主有机地结合起来，既充分发扬民主，又实行正确集中，认真贯彻执行民主集中制的各项制度。这就要求党和国家、各民主党派、人民团体、社会团体与国有企事业单位的领导同志，特别是主要领导干部，必须提高贯彻执行民主集中制的自觉性及其能力和水平。

中国共产党的领导人历来强调，要加强民主集中制的宣传教育，使党员和干部认真地学习、领会和掌握民主集中制的精神实质。只有通过学习，了解民主集中制的由来发展、民主集中制的原则规定、民主集中制的基本制度，知晓民主集中制的经验教训，深刻认识坚持和落实民主集中制的重大意义，才能在头脑中树立起科学的思想指导，学以致用，在实践中正确、有效地运行民主集中制。

在中国特色社会主义新时代，作为一个领导者、干部，如果对民主集中制的理论知识、规则道理不甚了解，就无法把民主集中制贯彻执行好。现实情况告诉人们，凡是在实际中贯彻执行民主集中制出了问题的地方，多半是对民主集中制存在着认识上的盲点和误区。基于此，本书力图提供丰富、完整的民主集中制知识，助力广大党政干部学好、用好民主集中制。

本书共设立十五讲，分为四个部分，形成了对民主集中制"追溯来源、回顾历史、阐明理论、破解难题"的框架结构。

第一部分（第一至二讲），主要讲述民主集中制的来源和创立问题。1847年，马克思恩格斯指导改组成立了科学社会主义的政党——共产主义者同盟，确立了党的民主原则和制度，构成民主集中制的理论源头。列宁遵循马克思主义政党组织原则和制度，在20世纪初建立俄国社会民主工党的过程中创建了党的民主集中制。

第二部分（第三至七讲），主要讲述民主集中制在中国的发展历程。十月革命后，民主集中制从俄国传入中国，在中国共产党一百多年的历程中，民主集中制经历了党的创建、新民主主义革命、社会主义革命和建设、改革开放和社会主义现代化建设、中国特色社会主义新时代等不同发展时期。中国共产党无论从理论上还是从实践上，都对民主集中制作出了卓越的贡献。

第三部分（第八至十一讲），主要讲述民主集中制相关的重大理论问题，阐明什么是民主集中制，如何认识民主集中制内含的过程、要素和制度的实质与类型，如何理解民主集中制与发展党内民主、实行人民民主以及贯彻群众路线等诸多方面的关系。

第四部分（第十二至十五讲），主要就如何在实践中贯彻执行好民主集中制展开分析，着重解析在加强集体领导、落实分工负责、实施严格监督、增强领导干部自身素质、保障普通党员权利、调动全党积极性等方面的具体要求以及存在的问题，并有针对性地提出解决这些问题的思路和对策建议。

民主集中制是规范党内政治生活和处理党内关系的基本准则，是达到全党政治上团结、思想上统一和组织上巩固的重要保证，对推进国家治理体系和治理能力现代化有着十分重要的意义。2021年11月召开的党的十九届六中全会，通过了《中共中央关于党的百年奋斗重大成就和历史经验的决议》，阐述了民主集中制的思想内涵，深刻总结了民主集中制的发展、成就及经验，明确地作出了"党坚持民主集中制，建立健全党对重大工作的领导体制，强化党中央决策议事协调机构职能作用，完善推动党中央重大决策落实机制，严格执行向党中央请示报告制度，强化政治监督，深化政治巡视，查处违背党的路线方针政策、破坏党的集中统一领导问题"①的重大论断。继续认真地研究民主集中制，更好地开拓创新和促进民主集中制的运用与发展，是新时代的一项重要职责和使命。

关于民主集中制问题的研究，国内已有许多丰富的成果。但如何在中国特色社会主义新时代，系统阐述民主集中制的演进发展、诠释民主集中制的基本原理、探讨民主集中制的功能作用，仍需要实实在在地下一番功夫。本书的十五讲，每一讲都选取民主集中制的一个主题，依据马克思主义经典作家的著作和中国共产党的文献资料，采取历史叙事与理论分析、总结经验与发现问题、面向实际与改革提升相结合的写作思路和方法，从民主集中制的来源和传播、从中国共产党坚持和发展民主集中制百年历史的维度进行探索，以理论和实践为经纬，突出重点，史论结合，聚焦难题，解疑释惑，注

---

① 《中共中央关于党的百年奋斗重大成就和历史经验的决议》，人民出版社2021年版，第28—29页。

重体现历史的深度、理论的高度和实践的广度，集中展示民主集中制在中国取得的创新突破和巩固发展，并着眼于实践中需要重点解决的疑难问题，着力于拓宽民主集中制的研究领域，拓展民主集中制研究的涵容量。

本书秉持理论性、实践性和通俗性融为一体的理念，力求抓住民主集中制最主要的理论和实践问题，每一讲既独立成篇，又紧密联系，循着历史的脉络和现实的足迹，环环相扣、层层递进，予以深入浅出的阐释。

2022 年 10 月党的二十大召开，再次强调了民主集中制的重要性。报告指出："坚持科学执政、民主执政、依法执政，贯彻民主集中制，创新和改进领导方式，提高党把方向、谋大局、定政策、促改革能力，调动各方面积极性。""坚持制度治党、依规治党，以党章为根本，以民主集中制为核心，完善党内法规制度体系，增强党内法规权威性和执行力，形成坚持真理、修正错误，发现问题、纠正偏差的机制。"① 因此，学好民主集中制，对于各级党政干部而言是必修课，是提高自身理论素养和领导能力的必然要求。期望通过这本书，能够满足广大党政干部、理论工作者和社会读者学习掌握民主集中制历史知识、理论知识和实践知识的需要。

---

① 习近平：《高举中国特色社会主义伟大旗帜　为全面建设社会主义现代化国家而团结奋斗——在中国共产党第二十次全国代表大会上的报告》，人民出版社 2022 年版，第 65—66 页。

第一讲

马克思恩格斯的民主思想和党的组织理论

马克思恩格斯毕生致力于无产阶级和人民大众的解放事业。他们认为，无产阶级和人民大众要获得解放，就要组织自己的政党——共产党，有了党的领导，以党的组织力量团结民众、开展斗争，才能推翻资产阶级统治，建立无产阶级专政和社会主义、共产主义社会。马克思恩格斯在组织共产党时明确规定，作为最先进的无产阶级政党组织，共产党必须在党内实行民主，建立民主制的组织原则和制度。同时，在共产党内实行民主，也需要实行集中统一和纪律约束。马克思恩格斯关于建党的民主思想和民主制组织理论，为后来民主集中制的形成和创立奠定了基础。

一、马克思恩格斯的建党活动和民主思想

马克思恩格斯的革命生涯，是与建立和发展无产阶级政党的实践活动及理论阐述联系在一起的。他们通过改组正义者同盟，创建了共产主义者同盟（1847年），并建立了国际工人协会（第一国际，1864年）等国际性工人政党或组织。在马克思逝世后，恩格斯还指导了各国社会民主党的国际联合组

织——社会主义国际（第二国际，1889 年）的建立及前期的活动。马克思恩格斯指出："只有工人阶级的国际联盟才能保证工人阶级获得最终胜利。"①而且，他们还指导了各民族国家建立本国独立的无产阶级政党组织，指出："工人阶级在它反对有产阶级联合权力的斗争中，只有组织成为与有产阶级建立的一切旧政党对立的独立政党，才能作为一个阶级来行动"②。

组织无产阶级革命政党反对资本主义统治，早在近代西方空想社会主义时期就开始了。但是，空想社会主义者的世界观是历史唯心主义，信奉英雄和杰出人物创造历史。他们从抽象的"理性"出发，认为资本主义制度不合乎"理性"，所以要被否定，而他们设想的新社会才是合乎"理性"的，只需依靠少数天才进行启蒙宣传和教育，人类就可以免去迷误和痛苦，建立起新的"理性社会"。他们根本不了解无产阶级的历史地位和使命，只是把无产阶级和人民群众看成受苦受难最深且愚昧无知、需要被伟人拯救的对象。空想社会主义者这样的思想认识，决定了在他们组织的政党中，党魁首领高踞于他人之上，不讲平等、民主，不允许有不同的声音发表意见或争论问题，加之处在专制社会反动阶级的暴力血腥统治之下，革命政党只能处于隐秘状态，党内充满密谋气氛和浓厚的宗派色彩。历史上的空想社会主义政党莫不如此。

1523 年，德国空想社会主义者闵采尔建立了"上帝的选民同盟"，由闵采尔亲自撰写党的纲领，取名《书简》，并制定严密的组织纪律，要求成员忠诚勇敢，形成党的骨干力量。虽然，恩格斯对此作出了积极的评价，肯定了闵采尔"着手组织这个同盟""只从当时的革命队伍中挑选优秀分子组成"③。但是，闵采尔的这个组织以宗教作为动员和联络的工具，加入同盟的人必须举手宣誓，严守秘密，不惜付出生命来捍卫同盟的事业，要时刻听从

① 《马克思恩格斯全集》第 21 卷，人民出版社 2003 年版，第 466 页。

② 《马克思恩格斯全集》第 17 卷，人民出版社 1963 年版，第 455 页。

③ 《马克思恩格斯全集》第 10 卷，人民出版社 1998 年版，第 496、501 页。

上峰的命令，养成盲从的心理。因而，同盟具有绝对集权的性质。

1795 年，法国空想社会主义者巴贝夫为了适应革命斗争的需要，成立了先贤祠协会。先贤祠协会被解散后，在 1796 年组成"秘密救国督政府"组织，被马克思赞誉为"真正能动的共产主义政党"①。巴贝夫把党分为三级组织，保持秘密状态，遵守严密的纪律。党的最高机关发挥核心领导作用，中层组织起着杠杆联动作用，下层组织接受和执行党的命令、指示。三级组织间不发生直接联系，由联络代表负责上传下达，传递上级的命令和下级的情况汇报，党的干部由党的领导人个人任命。显而易见，巴贝夫的政党是一个具有个人独裁性质的党。40 年之后，法国另一位著名的空想社会主义者布朗基，秉承巴贝夫的传统，在 1835 年建立了"家族社"、1837 年建立了"四季社"的革命政党，更加强调组织的密谋性和下级对上级的绝对服从。家族社的组织条例规定，社员"不应参加任何论战，也不去讨论各种体制；而只限于像一个士兵那样绝对服从"；"绝对服从领导人的指示"②。四季社的组织形式分为"年""季""月""星期"四级，本"星期"的成员只认识本"星期"的领导人；本"星期"的领导人只认识本"月"的领导人和其他 3 个"星期"的领导人；作为"月"的领导人只认识本"季"的领导人和其他 2 个"月"的领导人；作为"季"的领导人知道其他"季"的领导人以及作为"年"的领袖，即"革命代理人"，组织内部实行单线联系和秘密领导制度。

1834 年，侨居巴黎的德国政治流亡者建立了"流亡者同盟"。流亡者同盟和它发生分裂后部分成员于 1836 年建立的"正义者同盟"，都深受布朗基、魏特林的空想社会主义、蒲鲁东主义以及格律恩"真正的社会主义"思潮的影响，在同盟内部一直迷恋和保留密谋性质，恪守很多行会的、宗派的传统习俗，实行专制式的集中制领导。正义者同盟在组织结构上，分为"帐

---

① 《马克思恩格斯全集》第 4 卷，人民出版社 1958 年版，第 334 页。

② [法]乔治·莫朗热：《七月王朝时期的共产主义思想》，雷永光译，商务印书馆 1985 年版，第 24 页。

篷"(原先称"茅舍")、"营地"、"总营地"、"中心"四级,其中"帐篷"是基层组织,负责组织盟员的日常活动,要接受由"营地"任命的三名全权代表的领导;"营地"受"总营地"领导;"总营地"受"中心"领导,同盟的所有组织都要绝对服从最高机构"中心"的领导。同盟章程规定,"中心""有权要求全体营地成员和各级同盟组织无条件地服从自己"[①];吸收盟员要举行一系列具有神秘色彩的仪式,入盟者要特别宣誓效忠于同盟,如果泄露了同盟的秘密,将对其采取严厉报复的手段。虽然正义者同盟在后期开始逐渐地接受民主思想,也采用了一些民主的规定,但是,同盟竟也设置了易于造成领导人滥用职权的权力过分集中和专断独行的组织机构。领导人和盟员地位不平等,一般的盟员只允许认识自己直接的领导者,而不允许认识更高的领导人,同盟内实行家长制统治。

从上述可知,近代西方空想社会主义者在建立革命政党时,采用了专制式的集中制作为组织制度,党内根本没有民主可言。当然,客观地分析,空想社会主义者在组织无产阶级政党时采用了严密的集中制作为组织制度,具有历史的必然性。因为那时德、法诸国的统治者及国家制度,对人民大众实行暴力统治,社会毫无民主可言。从事革命的政党和志士不能公开消息,只能进行秘密活动。一旦革命政党和志士的行踪暴露了,立即就会遭到反动统治阶级的逮捕和血腥的屠杀。正是严酷的斗争环境决定了空想社会主义政党必然采用集中制的组织制度。

马克思恩格斯从青年时代起就具有了革命的民主主义思想。19世纪三四十年代,英国的资产阶级革命早已完成,英国实行的是早期的资产阶级立宪民主制度,人民群众获得了一定的民主权利,这为无产阶级政党实行民主制提供了条件。法国的资产阶级革命从1789年7月14日巴黎人民攻占巴士底狱到1830年七月革命,也已经走过漫长而曲折的40多年历程,资产阶

---

① 王学东主编:《国际共产主义运动历史文献》第1卷,中央编译出版社2011年版,第494页。

级民主日益发展。但此时的普鲁士德国，尚处在封建专制统治之下。马克思恩格斯都直接参加了反封建专制的政治活动。在马克思恩格斯理论和实践的视域中，关于政党的组织制度乃至国家政权的组织制度，向来是遵循自古希腊以来形成的民主制度和专制制度的界说，即认为民主制与专制制是对立的、性质不同的两种制度。从实现无产阶级解放和共产主义事业的目标出发，马克思恩格斯一贯主张无产阶级的政党和国家只能采取民主制，而绝不能搞专制制或集中制。

马克思在大学毕业后的政治活动，是从 1842 年写作《评普鲁士最近的书报检查令》《第六届莱茵省议会的辩论（第一篇论文）》开始的。马克思阐述了人民拥有言论自由的民主权利，揭示了包括言论自由的民主权利在内，必须由人民民主的代议制来保障。马克思深入民主的实质问题即国家问题、政体问题，突破了流行的认为君主制是国家最高形式、最合理制度的黑格尔唯心主义国家观念，同时也否定了资产阶级国家形式，而主张要实行真正的民主制国家即人民民主代议制的国家。

1843 年夏秋之间，马克思在所写的《黑格尔法哲学批判》中，通过反对封建专制制度、批判资产阶级民主，形成了人民民主思想，它的核心是人民主权。马克思指出，民主制和君主制的根本区别就在于，它们代表着**两个完全对立的主权概念**[①]，一个是人民主权，一个是君主主权。马克思坚决主张人民主权，他说：“正如同不是宗教创造人，而是人创造宗教一样，不是国家制度创造人民，而是人民创造国家制度。”[②] 既然是人民创造了国家制度，人民当然就拥有主权。这个主权“在民主制中，国家制度、法律、国家本身，就国家是政治制度来说，都只是人民的自我规定和人民的特定内容”[③]。其实，人民主权并非马克思原创。在近代政治思想史上，英国的洛克

---

① 《马克思恩格斯全集》第 3 卷，人民出版社 2002 年版，第 38 页。

② 《马克思恩格斯全集》第 3 卷，人民出版社 2002 年版，第 40 页。

③ 《马克思恩格斯全集》第 3 卷，人民出版社 2002 年版，第 41 页。

和法国的卢梭，都是主张人民主权论的代表人物，他们都强调国家权力作为一个整体，其最高的主权属于人民。"主权在民"彻底否定了"主权在君"，因而成为号召人民革命的理论大旗。但是，人民在现代国家中是包括了资产阶级和无产阶级在内的，洛克、卢梭的人民主权思想维护的不过是有财产的资产阶级，最能体现他们人民主权思想的1793年法国宪法就是如此，实际上并没有代表构成人民主权主体的无产阶级。因此，旧的人民主权思想虽然名义上代表全体人民，但是已不能成为科学地指导无产阶级和人民群众为彻底实现自身政治解放和人类解放的理论。而马克思论述的人民主权的思想，虽然形式上和洛克、卢梭相近，但这里的人民却是指无产阶级和人民群众。

无产阶级和人民群众成为马克思的人民民主制和人民主权思想中的核心概念后，马克思在1843年秋冬写作的《〈黑格尔法哲学批判〉导言》中明确指出，人的解放必须有这样一个阶级，这个阶级的解放要求，代表了整个社会扫除罪恶和扫除社会进步的障碍的要求。在法国，已经由各个阶级依次登上历史舞台的斗争，最终将解放者的任务交给了无产阶级；在德国，任务一开始就是属于"被戴上**彻底的锁链**的阶级"[①]——无产阶级，德国必须进行根本的革命，"**德国人的解放**就是**人的解放**。这个解放的**头脑**是**哲学**，它的**心脏**是**无产阶级**"[②]。这就确认了只有无产阶级的解放才能实现人的解放，无产阶级解放就是人的解放，它必须由无产阶级领导人民革命，建立新的民主国家，按照人民主权的原则实现民主制。

与马克思相比，恩格斯更早一些走向社会、面向实践。在1837年中学毕业的前一年，由于父亲的坚持而辍学后，恩格斯到商行经商。恩格斯还在中学读书时，就十分憎恶专制制度与官僚的专横。在进入社会后，恩格斯参加青年德意志运动，反对封建制度，主张用革命的方法推翻专制统治，构成

---

① 《马克思恩格斯全集》第3卷，人民出版社2002年版，第213页。

② 《马克思恩格斯全集》第3卷，人民出版社2002年版，第214页。

了恩格斯民主思想的基本特征。

1842 年底，恩格斯来到英国曼彻斯特后，亲眼看到资本主义快速发展的严重后果，亲身接触到真正代表大工业的无产阶级，第一次同工人运动发生了联系。正是在英国，恩格斯通过调查社会状况，研究政治经济学和各种社会主义学说，写就了《英国对国内危机的看法》《国内危机》《英国工人阶级状况》《伦敦来信》等著作，使他的民主思想开始了根本的转变。恩格斯说："法国大革命是民主制在欧洲的兴起。依我看来，民主制和其他任何政体一样，归根结底是自相矛盾的，虚假的，无非是一种伪善（我们德国人称之为神学）。政治自由是假自由，最坏的奴隶制；是自由的假象，因而是实在的奴役制。政治平等也是这样。所以，民主制和任何其他一种政体一样，最终一定会破灭：伪善是不能持久的，其中隐藏的矛盾必定暴露出来；要么是真正的奴隶制，即赤裸裸的专制制度，要么是真正的自由和真正的平等，即共产主义。"① 恩格斯认为，英国在最近将来要实行的民主制，"不是那种曾经同君主制和封建制度对立的法国大革命的民主制，而是**这种**同中间阶级和财产对立的民主制""是**社会的**民主制"②。他同时指出："单纯的民主制并不能消除社会的祸害……这个阶段也只是一个过渡，是最后一种纯粹政治的手段，这一手段还有待进行试验，从中必定马上会发展出一种新的要素，一种超出一切政治事物的原则。这种原则就是社会主义的原则。"③ 很显然，在民主问题上，恩格斯和马克思完全一致，他们都已经超出了资产阶级民主的狭隘眼界，否定了资产阶级民主制。而且，恩格斯更为直截了当地提出了要求：必须实行社会民主制即社会主义民主制。

从 1844 年 9 月至 1846 年 5 月，马克思恩格斯两人合作撰写了《神圣家族》和《德意志意识形态》。在创立了历史唯物主义、阐述了无产阶级的伟

---

① 《马克思恩格斯全集》第 3 卷，人民出版社 2002 年版，第 475—476 页。

② 《马克思恩格斯全集》第 3 卷，人民出版社 2002 年版，第 584—585 页。

③ 《马克思恩格斯全集》第 3 卷，人民出版社 2002 年版，第 585 页。

大作用后，马克思恩格斯开始创建具有科学社会主义性质的无产阶级政党。他们完全摒弃了空想社会主义专制式的集中制组织制度和密谋性质，为无产阶级政党确定了民主制的组织原则和制度。马克思恩格斯认为，集中制是专制制度，民主制与专制制是根本对立的、不可调和的两种制度；从无产阶级解放和共产主义事业出发，无产阶级的国家和政党只能采取民主制，而绝不能搞专制制或集中制。这是因为，只有民主制才具有人民性。正如马克思在《黑格尔法哲学批判》中所说的："在民主制中，**国家制度本身**只表现为**一种**规定，即人民的自我规定。……民主制独有的特点是：**国家制度**在这里毕竟只是人民的**一个定在环节**"①，而"专制制度具有兽性是必然的，而具有人性是不可能的"②。民主制与专制制的区别，是"人性与兽性"的根本区别，因此，无产阶级的国家需要民主制，无产阶级的政党更是如此，无产阶级政党绝不能采用集中制作为组织原则和制度，从而变成专制式的集中制组织。无产阶级政党之所以不能搞集中制，究其原因在于，党的民主制与集中制是根本对立的：民主制强调党员的民主权利，集中制强调首领的个人意志和专断；民主制强调党的权力中心在党的代表大会，集中制强调权力中心归于领袖个人或者少数几个领导人。党的民主制有着集中制所不具备的五个基本特点：（1）党的各级机构是按民主制原则组织起来的，各级干部经由民主选举产生；（2）党的各级组织定期召开会议讨论党的事务，允许不同意见和观点存在；（3）党的政治生活的根本方法是集体议决，实行少数服从多数的原则；（4）党的任何职务都是可以变动的，破除和拒绝了领导职务的终身制；（5）党内的任何人都有监督权，也都要受到他人的监督。

马克思恩格斯正是秉持着社会主义民主的思想，进行了创建民主型的共产主义政党的活动。马克思恩格斯在创建共产主义政党时认为，不能脱离当

---

① 《马克思恩格斯全集》第 3 卷，人民出版社 2002 年版，第 39—40 页。

② 《马克思恩格斯全集》第 47 卷，人民出版社 2004 年版，第 62 页。

时的工人运动和已有的工人政党组织，那样只会把自己孤立起来，把自己同工人阶级的联系割裂开来，而应当通过把其中的工人政党组织改造和塑造成共产主义政党，才能更好地发挥科学社会主义理论对工人运动的指导作用。当时，欧洲各国已有不少的工人政党存在。以英、法、德三国为例，英国有宪章派组织及其领导的宪章运动，法国也有不少密谋工人团体而且历史传统悠久，同时，在法国还有主要由德国流亡工人组成的正义者同盟。1844 年马克思在巴黎时期，就和法国大多数工人秘密组织的领袖有着来往，还和德国人的秘密组织正义者同盟的领导人有着联系，同时经常出席德法两国工人和手工业者的集会。恩格斯也与英国、德国的社会主义者建立了联系，并在德国的巴门、埃尔伯费尔德、科隆、杜塞尔多夫、波恩等城市集会上宣传共产主义思想。经过分析考虑，马克思恩格斯认为，在英、法、德三国的工人政党组织中，英国的宪章运动虽然规模很大，然而宪章派组织松散零乱，缺乏坚强的领导核心和统一的斗争策略；法国的密谋工人团体虽然有悠久的历史传统，但是在屡遭失败后已经四分五裂；而主要由德国流亡工人组成的正义者同盟，组织虽小，却团结了较多的先进无产者，并且吸收了一些非德籍的会员，具有更为明显的国际性，这易于把新的科学理论传播到欧洲各国去，因此，它可以成为创建共产主义政党的工人组织。而且，正义者同盟的几位领导人如卡·沙佩尔、安·鲍威尔、约·莫尔等人，都是真正的革命无产者，他们都曾邀请马克思恩格斯加入该组织，但马克思恩格斯认为，当时他们还处在各种空想社会主义观点的影响之下，在正义者同盟没有准备接受科学社会主义理论之前，参加这个组织还为时过早。马克思恩格斯明确表示，正义者同盟如不赞成科学社会主义学说、不改变专制式的集中制组织原则和制度，他们就不会加入该组织。马克思说："恩格斯和我最初参加共产主义者秘密团体时的必要条件是：摒弃章程中一切助长迷信权威的东西。"①

---

① 《马克思恩格斯选集》第 4 卷，人民出版社 2012 年版，第 524 页。

这其中就包括要摒弃宗派主义和集中制。

1847年1月，正义者同盟的领导人日益察觉到空想社会主义观点的谬误与软弱无力，认识到马克思恩格斯科学社会主义理论的正确，因此，由正义者同盟伦敦总部的全权代表约·莫尔，先后到布鲁塞尔和巴黎再次邀请马克思恩格斯参加同盟，表示同盟要彻底摆脱陈旧的密谋传统和宗派性质，并请求马克思恩格斯给予指导。正因为正义者同盟显示了去除专制集权的决心，马克思恩格斯才欣然应允对正义者同盟进行改组和改造。马克思恩格斯认为，无产阶级要获得解放，需要建立自己的政党。恩格斯指出："无产阶级要在决定关头强大到足以取得胜利，就必须（马克思和我从1847年以来就坚持这种立场）组成一个不同于其他所有政党并与它们对立的特殊政党，一个自觉的阶级政党。"[1] 由此，马克思恩格斯开始了创立第一个无产阶级共产主义政党组织——共产主义者同盟的建党实践。

二、《共产党宣言》阐明无产阶级要争得民主

马克思恩格斯把正义者同盟改造为共产主义者同盟即世界上的第一个共产党组织，面临着极为艰巨的任务，首先要使共产主义者同盟从思想上接受科学社会主义学说的指导。由他们合著的《共产党宣言》作为党的纲领，鲜明地阐述了党的性质宗旨、历史使命、奋斗目标和斗争策略等，规定了争取和实现民主是党的目的和任务。1848年2月问世的《共产党宣言》在论述民主时，形成了一个经典命题："工人革命的第一步就是使无产阶级上升为统治阶级，争得民主。"[2] 马克思恩格斯的这一命题，蕴含着深邃的社会主义民主思想，精辟地阐明了为什么无产阶级要争得民主以及无产阶级应该通过

---

① 《马克思恩格斯选集》第4卷，人民出版社2012年版，第592页。

② 《马克思恩格斯选集》第1卷，人民出版社2012年版，第421页。

怎样的方式才能争得民主的重大问题。

无产阶级为什么要争得民主？这需要认识无产阶级是怎样的一个阶级。在《宣言》中，马克思恩格斯对无产阶级作出了深入、透彻的研究。《宣言》的第一章是"资产者和无产者"，这表明马克思恩格斯对无产阶级的研究是放置在和资产阶级的联系中来考察的。无产阶级并不是从来就有的，无产阶级和资产阶级都是大工业时代的产物。《宣言》指出："蒸汽和机器引起了工业生产的革命。现代大工业代替了工场手工业；工业中的百万富翁、一支一支产业大军的首领、现代资产者，代替了工业的中间等级。"① 看吧，大工业中的千千万万的"产业大军"无产阶级和日进斗金的"百万富翁"资产阶级，他们不过是资本主义"生产方式和交换方式的一系列变革的产物"②。

资产阶级在造就资本主义生产方式和交换方式的过程中，不可否认在历史上曾经起到非常革命的作用。《宣言》指出，资产阶级为了挣脱束缚和阻碍生产力发展的封建所有制关系，通过发动民主革命，推翻了封建统治阶级，夺得了独占的政治统治，建立了资产阶级国家，"按照自己的面貌为自己创造出一个世界"③，这个世界就是资本主义社会、资产阶级国家。封建社会和封建国家是专制社会、专制国家，而资本主义社会和资产阶级国家"起而代之的是自由竞争以及与自由竞争相适应的社会制度和政治制度"④，建立的是"现代的代议制国家"⑤。"代议制国家"本身就是民主制度，它以自由、平等为基础，公民通过民主选举产生的代表组成议会，代表着民意行使国家权力，"代议制"也被称为"间接民主"。

《宣言》的上述论述表明，作为和资产阶级同时诞生的无产阶级，要得

① 《马克思恩格斯选集》第 1 卷，人民出版社 2012 年版，第 401 页。
② 《马克思恩格斯选集》第 1 卷，人民出版社 2012 年版，第 402 页。
③ 《马克思恩格斯选集》第 1 卷，人民出版社 2012 年版，第 404 页。
④ 《马克思恩格斯选集》第 1 卷，人民出版社 2012 年版，第 405 页。
⑤ 《马克思恩格斯选集》第 1 卷，人民出版社 2012 年版，第 402 页。

到自身的发展和政治解放，就要摆脱封建小生产和封建专制的束缚，追求自由、平等、民主、解放，这是大工业时代给无产阶级打上深深烙印的阶级属性。在反对和推翻封建专制统治的斗争中，无产阶级和资产阶级面对着共同的敌人，争得民主、实现民主，构成他们共同的目标。为此，《宣言》要求无产阶级积极参加资产阶级民主革命，"只要资产阶级采取革命的行动"，共产党就要率领无产阶级"同它一起去反对专制君主制、封建土地所有制和小资产阶级"①。无产阶级要去帮助资产阶级夺取民主革命的胜利，而这也是无产阶级自身的阶级利益所在。

然而，在资产阶级民主革命获得胜利之后，虽然资产阶级标榜已经实现了国家和社会的民主，但实际上这只是资产阶级争得了民主，实行的是资产阶级民主。资产阶级的民主形式，尽管具有一般的社会价值，但它却不准备适用于无产阶级，因而无产阶级并没有得到民主。所以，在资产阶级获得民主而不让无产阶级获得民主的情况下，无产阶级必然要奋起斗争，争得属于自己阶级的民主。

《宣言》宣告了无产阶级是代表未来生产力和未来社会发展方向的先进阶级，无产阶级所开展的运动，包含争得民主的运动，但都和过去的一切运动不同。《宣言》明确指出："过去的一切运动都是少数人的，或者为少数人谋利益的运动。无产阶级的运动是绝大多数人的，为绝大多数人谋利益的独立的运动。"②无产阶级争得民主，当然不光是为了自己的利益，它已不再像以往的任何统治阶级那样，以一个阶级的统治代替另一个阶级的统治。无产阶级的历史使命是解放全人类，是要建立"每个人的自由发展是一切人的自由发展的条件"的自由人"联合体"③即共产主义。民主是社会主义和共产主义的本质规定，为此，恩格斯说，"民主已经成了无产阶级的原则，群众

① 《马克思恩格斯选集》第1卷，人民出版社2012年版，第434页。

② 《马克思恩格斯选集》第1卷，人民出版社2012年版，第411页。

③ 《马克思恩格斯选集》第1卷，人民出版社2012年版，第422页。

的原则"，民主"就是共产主义"①。由是，很难想象如果无产阶级不争得民主、运用民主的话，它又怎么能够去实现共产主义的崇高目标。概言之，无产阶级为什么要争得民主呢？《宣言》明确阐释了，这是基于社会主义民主是无产阶级的阶级属性，是无产阶级的历史使命所决定的。

那么，无产阶级怎样才能争得民主呢？《宣言》也作出了回答，无产阶级争得民主要有共产党的领导。《宣言》第二章"无产者和共产党人"和第四章"共产党人对各种反对党派的态度"，详尽分析了共产党和无产阶级以及其他无产阶级政党的关系。《宣言》指出："共产党人同其他无产阶级政党不同的地方只是：一方面，在无产者不同的民族的斗争中，共产党人强调和坚持整个无产阶级共同的不分民族的利益；另一方面，在无产阶级和资产阶级的斗争所经历的各个发展阶段上，共产党人始终代表整个运动的利益。因此，在实践方面，共产党人是各国工人政党中最坚决的、始终起推动作用的部分；在理论方面，他们胜过其余无产阶级群众的地方在于他们了解无产阶级运动的条件、进程和一般结果。"②这说明，在所有的无产阶级政党中，共产党是最优秀的，无论就它的目的性、坚定性而言，还是就它的实践性、理论性而言，都要优于其他工人政党。毫无疑义，无产阶级争得民主的斗争，理所当然地必须由共产党领导。

无产阶级争得民主的斗争必须由共产党领导，不等于说共产党人可以单枪匹马、独自一家奋斗，而无需甚至排斥其他无产阶级政党；相反，共产党要联合其他的工人政党进行共同的斗争。《宣言》要求，在法国，共产党人要同"社会主义民主党"联合起来反对保守的和激进的资产阶级；在瑞士、波兰、德国，也要联合这些国家的工人政党一起斗争。总之，"共产党人到处都努力争取全世界民主政党之间的团结和协调"③。恩格斯豪迈地指出："当

---

① 《马克思恩格斯全集》第 2 卷，人民出版社 1957 年版，第 664 页。
② 《马克思恩格斯选集》第 1 卷，人民出版社 2012 年版，第 413 页。
③ 《马克思恩格斯选集》第 1 卷，人民出版社 2012 年版，第 435 页。

各民族的无产阶级政党彼此联合起来的时候，它们完全有权把'民主'一词写在自己的旗帜上"，这样能使各国的无产者"在共产主义民主的旗帜下**真正地结成兄弟**"。①

无产阶级争得民主要进行革命斗争。这在《共产主义信条草案》《共产主义原理》和《共产党宣言》中都作了清晰、明确的回答。这里需要说明的是，《共产党宣言》是马克思恩格斯为共产主义者同盟起草的纲领性文件的正式的稿本，在《共产党宣言》之前还有恩格斯起草的《共产主义信条草案》和《共产主义原理》两个稿本，它们是《宣言》的重要准备工作，和《宣言》一样具有重要意义。因此，理解《宣言》中提出的无产阶级要争得社会主义民主的论断，理所当然地应该包含和《宣言》有着密切关系的《草案》与《原理》中的相关论述。

在《草案》和《原理》中，恩格斯非常简洁地回答了无产阶级如何才能争得民主的策略问题。《草案》指出："实行财产公有的第一个基本条件是通过民主的国家制度达到无产阶级的政治解放。"在"实现了民主制"后的"第一个措施"，就是"保障无产阶级的生活"。② 在《原理》中更明确地指出："首先无产阶级革命将建立**民主的国家制度**，从而直接或间接地建立无产阶级的政治统治"；"利用民主作为手段实行进一步的、直接向私有制发起进攻和保障无产阶级生存的各种措施"③。这里，在《草案》和《原理》中所说的"民主的国家制度"，指的都是无产阶级的民主国家制度。所不同的是，较之于《草案》，《原理》进一步地指出了，这要通过无产阶级革命才能建立。《草案》和《原理》所说的"无产阶级的政治解放"和"无产阶级的政治统治"，也都是指无产阶级推翻了资产阶级统治，掌握了国家政权，获得了自身的政治解放。这说明，如同资产阶级通过革命的手段获得民主那样，无产阶级也需

---

① 《马克思恩格斯全集》第 2 卷，人民出版社 1957 年版，第 664、665 页。

② 《马克思恩格斯全集》第 42 卷，人民出版社 1979 年版，第 379 页。

③ 《马克思恩格斯选集》第 1 卷，人民出版社 2012 年版，第 304、305 页。

要通过无产阶级革命的手段，才能争得民主。

《草案》和《原理》的上述回答，更重要的还在于表达了无产阶级建立民主制度就是建立政治统治的思想，这也就是说，民主就是统治，统治就是民主。民主和统治，是一个问题的两个侧面。其实，民主的本来含义在古希腊时期就是"人民的统治"。无产阶级实行民主，就是为了实行人民的统治，这个统治的目的是为了消灭资产阶级私有制、实现社会主义公有制。无产阶级民主必须建立在公有制的基础上，而且要保障和改善无产阶级的生活。如果无产阶级民主做不到消灭私有制、建立公有制，保障和改善无产阶级生活，它就是毫无作用的。

恩格斯在《草案》和《原理》中，还说明了无产阶级"直接或间接地"建立政治统治的问题。他认为，在英国可以直接建立无产阶级政治统治，因为英国的资本主义社会比较成熟，消灭资产阶级私有制、建立社会主义公有制会快一些、容易一些，可以直接实现无产阶级的统治即无产阶级民主制；而在法国、德国等国家，因为这些国家的大多数人民不仅是无产者，而且还有小农和小资产者，小农和小资产者正处在转变为无产阶级的过渡阶段，消灭资产阶级私有制和改造小私有者会困难一些、迟缓一些，花上更长的时间，这意味着只能间接地实现无产阶级的统治即无产阶级民主制。这也就是《原理》中所说的"共产主义革命发展得较快或较慢，要看这个国家是否有较发达的工业，较多的财富和比较大量的生产力。因此，在德国实现共产主义革命最慢最困难，在英国最快最容易"[①]的道理。

《草案》和《原理》关于无产阶级需要运用革命手段争得民主的策略，在《宣言》里得到了经典的阐释。《宣言》充分肯定了《草案》和《原理》提出来的策略，指出必须通过工人革命使无产阶级上升为统治阶级从而争

---

① 《马克思恩格斯选集》第1卷，人民出版社2012年版，第306页。

得民主，紧接着《宣言》更明确地指出："无产阶级将利用自己的政治统治，一步一步地夺取资产阶级的全部资本，把一切生产工具集中在国家即组织成为统治阶级的无产阶级手里，并且尽可能快地增加生产力的总量。""要做到这一点，当然首先必须对所有权和资产阶级生产关系实行强制性的干涉"。①《宣言》清晰地部署了争得民主的实际步骤，这就是无产阶级从革命开始，通过建立政治统治和民主制度，达到消灭私有制和建立公有制的目的，由此尽快地发展生产力，建立坚实的社会主义民主的经济基础，以便更好地推动民主的发展，使无产阶级真正争得了民主、拥有了民主。

三、《共产主义者同盟章程》制定民主原则和制度

马克思恩格斯在创建世界上的第一个共产党组织时，不仅从理论上为共产主义者同盟制定了科学社会主义的党纲，而且从组织上为共产主义者同盟起草、制定了充满民主思想、实行党内民主的党章，把民主制确立为共产党的组织原则和制度。1847 年 12 月，共产主义者同盟第二次代表大会通过了由马克思恩格斯制定的《共产主义者同盟章程》，诞生了世界上第一个共产党的党章。《章程》是一部"彻底清除了密谋传统的章程，在非法存在的条件所允许的范围内，贯彻了民主的组织原则"②。这说明，马克思恩格斯开始组织无产阶级政党时，在组织方面面临的是和不民主的、专制性质的集中制作斗争，他们坚决抛弃和清除了正义者同盟组织中种种专制式集中制的规定，使共产党成为真正具有社会主义民主性质的政党，成为正确实践民主制原则和制度的无产阶级政党。

关于共产主义者同盟奠定民主制基础的问题。《章程》的题头是"**全世**

---

① 《马克思恩格斯选集》第 1 卷，人民出版社 2012 年版，第 421 页。

② ［苏］康捷尔：《马克思恩格斯和第一批无产阶级革命家》，杨静远、王以铸、刘磊译，生活·读书·新知三联书店 1963 年版，第 13 页。

界无产者，联合起来!"① 的新口号，代替了正义者同盟原来的"四海之内，人人皆兄弟"的旧口号。马克思恩格斯提出的这一响亮的口号，从此成为无产阶级政党的基本信念，它要求无产阶级必须认清整个阶级的不分民族的共同利益，正确处理民族任务同国际任务的关系，团结一致、互相支持，为打倒共同敌人，捍卫共同利益而斗争。同时，旧口号中的"兄弟"，如果作为共产党人彼此间一般性的称呼尚可使用，但若要作为共产党人看待相互关系的通行原则以及世界观和政治观的一般认识，则万万不行。共产党人要摆脱"人人皆兄弟"的家庭宗族式的亲缘观。无产者在共产党的组织中，尽管有时也称"兄弟"，却是志同道合的、完全平等的、民主式的关系，摆脱了庸俗的、江湖帮派的恶习。马克思恩格斯开宗明义为共产主义者同盟明确的新口号，奠定了共产党组织的民主制基础，体现了民主的精神实质。用这样一个新口号代替旧口号，从根本上分清了新型的共产党和宗派式旧政党的区别。

关于共产主义者同盟体现民主制性质的问题。《章程》第一条明确规定："同盟的目的：推翻资产阶级政权，建立无产阶级统治，消灭旧的以阶级对立为基础的资产阶级社会和建立没有阶级、没有私有制的新社会。"② 从字面上看，这一条关于同盟目的的规定，似乎看不出与民主制有什么关系，但是，进一步的思考分析就清楚了：共产党为什么要建立无产阶级的统治呢？因为只有通过建立无产阶级统治，才能消灭剥削阶级，实现没有阶级、没有私有制存在的新社会即共产主义社会，而"民主制恰恰意味着工人阶级的统治"③。这说明，工人阶级（无产阶级）的统治，就是无产阶级政党必须实行民主制。实行民主制的无产阶级政党，本身必然是民主型政党，必然在党内实行民主。这正如恩格斯指出的："章程第一条这样说"，表明了共产主义者

---

① 《马克思恩格斯全集》第 4 卷，人民出版社 1958 年版，第 572 页。

② 《马克思恩格斯全集》第 4 卷，人民出版社 1958 年版，第 572 页。

③ 《马克思恩格斯全集》第 25 卷，人民出版社 2001 年版，第 521 页。

同盟"组织本身是完全民主的……一切都按这样的民主制度进行"①。

关于共产主义者同盟盟员平等和享有的权利与义务问题。《章程》第三条规定:"所有盟员都一律平等","有义务在一切场合下互相帮助"②。民主的对立面——专制、专权,就是从不平等开始的,使得一部分特殊党员可以凌驾于另一部分党员之上。党员在党内一律平等,就彻底杜绝了任何人成为特殊党员的可能。民主是以平等为前提的,全体党员平等,意味着每个党员享有同样的权利和义务。党内没有无义务的权利,也没有无权利的义务。党员一律平等,互相帮助,有权利也有义务,就彻底地使得任何人不可能高高在上、只享有权利而不尽其义务。

关于共产主义者同盟民主选举的问题。《章程》阐明,同盟由各级组织构成,其组织机构分为五级:支部、区部(辖有两个以上十个以下支部)、总区部(本国或本省内的各区部隶属于一个总区部)、中央委员会和代表大会,彻底摒弃了原来的"帐篷"("茅舍")、"营地"、"总营地"、"中心"等旧有的组织形式。党的各级组织均需由选举产生,《章程》的第七条、第十三条、第二十二条分别规定:"每个支部选举主席和副主席各一人。"③ 各支部的支部主席和副主席组成区部委员会,"区部委员会从委员中选出领导人"④。中央委员会的成员"为中央委员会所在地区的区部委员会选出"⑤。代表大会的代表由各区部选举产生。总之,《章程》的这些规定要求同盟的各级领导都必须经过民主选举产生。对此,恩格斯作出高度评价:"各委员会由选举产生并随时可以罢免,仅这一点就已堵塞了任何要求独裁的密谋狂的道路"⑥。

---

① 《马克思恩格斯选集》第 4 卷,人民出版社 2012 年版,第 207 页。

② 《马克思恩格斯全集》第 4 卷,人民出版社 1958 年版,第 572 页。

③ 《马克思恩格斯全集》第 4 卷,人民出版社 1958 年版,第 573 页。

④ 《马克思恩格斯全集》第 4 卷,人民出版社 1958 年版,第 573 页。

⑤ 《马克思恩格斯全集》第 4 卷,人民出版社 1958 年版,第 574 页。

⑥ 《马克思恩格斯选集》第 4 卷,人民出版社 2012 年版,第 207 页。

关于共产主义者同盟职务的任期制和撤换制的问题。《章程》第二十五条规定："区部委员会和中央委员会的委员任期为一年，连选得连任，选举者可以随时撤换之。"①此外，还规定了每年9月进行定期的选举。实行任期制，可以有效地防止任何人长期担任党内职务后被固化、形成终身制情况的出现。尽管《章程》也规定委员可以连选连任，但是，在民主选举可以实现优胜劣汰的情况下，一个委员很难能够始终连任的。对不称职、不满意的任职者可以随时予以撤换，也不可能形成终身制。

关于共产主义者同盟要定期举行会议的问题。《章程》第二十四条规定，同盟的各级组织都应该定期召开会议，讨论党内事务，"支部、区部委员会以及中央委员会至少每两周开会一次"②。代表大会每年要召开一次，即实行年会制；遇到情况紧急时，还要召开非常代表大会。

关于共产主义者同盟内讨论问题实行集体议事、多数决定的问题。同盟内部通行召开会议、集体议事的方式，对讨论的问题要作出决定，提案经过表决后实行多数人同意即获得通过的原则。《章程》第三十六条规定，对于所作出的决议、决定，"代表大会于每次会议后除发指示信件外，还可以代表全党发表宣言"③。

关于共产主义者同盟要进行情况通报的问题。《章程》第二十条、第二十三条分别规定："总区部向最高权力机关——代表大会报告工作，在代表大会闭幕期间则向中央委员会报告工作。""中央委员会同各总区部保持联系，每三个月作一次关于全盟状况的报告。"④这些规定表明，党的活动和党务都是公开的、透明的，要把党内的情况告诉给每一个党员，这体现了全体党员拥有民主的知情权。

---

① 《马克思恩格斯全集》第4卷，人民出版社1958年版，第574页。
② 《马克思恩格斯全集》第4卷，人民出版社1958年版，第574页。
③ 《马克思恩格斯全集》第4卷，人民出版社1958年版，第575页。
④ 《马克思恩格斯全集》第4卷，人民出版社1958年版，第574页。

概括而言，《章程》中关于民主制的种种规定，包含 8 个基本制度：党员地位和权利平等制、党内职务选举制、党代表大会年会制、工作报告制（党务公开制）、集体讨论议事制（多数决定制）、任期制、撤换制、监督制，初步形成了党的民主制的制度体系。实行这样的民主制，党员享有广泛的民主权利。这表明，马克思恩格斯创建的共产党，是实行民主制组织原则和制度的无产阶级先锋队组织。

值得注意的是，马克思恩格斯把正义者同盟改造为共产主义者同盟，在彻底清除其专制式的集中制组织原则和制度后，却没有否定集中对党的组织和领导的重要性。马克思恩格斯建立的民主制，不仅有"民主的权利"，而且还有"民主的集中"。所谓"民主的集中"，是指在民主权利的基础上，实行一定的条件限制和纪律约束，并且实行统一的领导和指挥，以达到全党的一致、增强力量，避免组织涣散、软弱无力。在《共产主义者同盟章程》中可以清晰明确地看到，马克思恩格斯制定的党的民主制原则和制度也包含了"民主的集中"，他们从 6 个方面制定了需要加强党的"民主的集中"领导的条文。①

一是第一条（g）款和第八条关于盟员加入同盟组织的规定：接收新盟员须经支部事先同意，由支部主席和充当介绍人的盟员办理，盟员入盟必须获得一致通过，才能被接收入某一支部。这些规定说明，任何一个人要成为同盟的盟员，不是一件随随便便的事情，需要经过组织上进行集中的审议和全体盟员的通过，而且在入盟后，盟员不是散乱的、自处的，要编入某一支部。这样的规定表明，共产党是一个严密的集中型政党。

二是第一条（e）和（f）款作出个人与组织间关系的规定：盟员要服从同盟的一切决议，保守同盟的一切机密。对于党内通过的决议，作出的决定以及任务部署等，盟员必须坚决服从，并认真执行完成。这说明，无产阶

---

① 参见《马克思恩格斯全集》第 4 卷，人民出版社 1958 年版，第 572—577 页。

级政党内部不是你说你的、我干我的，各吹各的号，各走各的道，而必须在集中统一的号令下一致行动。盟员必须保守同盟的机密、维护同盟的团结。

三是第十一条和第二十八条关于盟员个人情况要向组织及时报告的规定：任何一个盟员迁居时均须事先报告本支部的主席，盟员至少每三个月同所属区部委员会联系一次，支部每月联系一次。这就是说，每一个盟员入盟后，必须向组织上汇报个人的一些重要事项，尤其是本人居住在哪里，准备迁居往何处。盟员也要经常地与所在组织保持着联系。这样的规定表明，盟员不能散乱地游离于组织之外，要生活于组织之中，组织上也要随时掌握盟员的情况，形成集中的力量。

四是第三十七条和第四十二条关于开除盟员的规定：凡不遵守盟员条件者，视情节轻重或暂令离盟或开除出盟。为了盟的利益必须对被暂令离盟者、被开除盟籍者和可疑者加以监视，使他们不能为害。这表明，同盟不是一个由无组织、无纪律的盟员构成的大杂烩、游乐场，它具有盟员应遵守的集中统一的条件和纪律。盟员入盟后，一旦发现不符合同盟的集中统一的条件和纪律，就要予以处理直至开除。

五是第五条、第二十七条和第二十八条关于同盟机构设置以及下级与上级关系的规定：同盟的组织机构是：支部、区部、总区部、中央委员会和代表大会。在同盟的五级机构中，支部是基层组织，区部（辖有两个以上十个以下支部）和总区部（本国或本省内的各区部隶属于一个总区部）是中层组织，中央委员会和代表大会是高层组织。它们之间是隶属和领导的关系，如第二十七条规定：区部委员会必须根据盟的意图对各支部所进行的讨论加以领导；第二十八条规定：每个区部至少每两个月向总区部报告一次本地区的工作进展情况，每个总区部至少每三个月向中央委员会报告一次本地区的工作进展情况。这表明，在党内的各级组织中，下级组织要向上级组织汇报情况，上级组织对下级组织负有领导职责。

六是第十四条、第十八条、第二十一条和第三十条关于同盟的立法、执行和监督的权力结构以及最高权力机关的规定：区部委员会是区内各支部的权力执行机关，总区部是本省各区部的权力执行机关，中央委员会是全盟的权力执行机关，代表大会是全盟的立法机关，也是同盟的最高权力机关。同时规定：不管是同盟的执行权力机关（区部委员会、总区部、中央委员会），还是立法权力机关（代表大会），它们都拥有监督权。例如，同盟的这些机关都可以对盟员进行监督，盟员如果不能遵守这些条件即被开除，但最终开除盟籍的问题只能由代表大会决定。这些规定表明，共产主义者同盟把权力分为立法权力、执行权力和监督权力，但党的立法权力高于执行权力和监督权力，立法机关拥有最后的裁决权，执行权力和监督权力都要服从最高立法权力——同盟的代表大会，由此确立了党内有一个集中统一的权力中心，有力地保证了党内权力的协调运行。

以上马克思恩格斯关于无产阶级政党要对党员个人以及组织实行集中管理的规定，说明无产阶级政党实行的民主制原则和制度并不是不要任何集中，没有集中就没有组织，没有集中就没有力量，民主制的组织原则和制度既包含"民主的权利"，也包含"民主的集中"。民主没有排斥集中，也不能排斥集中。无产阶级政党清除的只是专制式、家长式统治的集中制。无产阶级政党在坚持民主制原则和制度的同时，还需要集中统一的领导和严密的纪律要求。当然，这样的集中建立在民主的基础上。

四、马克思恩格斯强调党的民主制必须加强集中

为共产主义者同盟制定了党纲和党章后，马克思恩格斯认为，随着革命形势的不断发展和变化，应该及时总结经验教训。《共产党宣言》发表后，马克思恩格斯就曾经写过 7 篇序言，根据发展了的革命实践，对《宣言》的基本思想作出进一步的阐述、补充、丰富和发展。对《共产主义者同盟章程》也是这样，在 1848 年欧洲革命之后，马克思恩格斯又作了重新制定。

在共产主义者同盟成立不久后，1848 年的革命风暴就席卷了欧洲大陆，意大利、法国、德国、匈牙利、罗马尼亚、捷克、波兰等国，相继发生了反抗封建专制主义的资产阶级革命。虽然 1848 年欧洲革命的浪潮造成各国的君主制、贵族制的动荡，推动了工人运动发展，丰富了科学社会主义理论，但革命很快就遭到失败，进入了低潮时期。为适应斗争需要，1850 年 3 月，马克思恩格斯在分析形势后提出建立独立的工人政党的任务，并主张长期积蓄力量，为新的革命高潮的来临做准备。但是，以维利希和沙佩尔为首的少数派则主张立即发动革命，这种分歧最终在 1850 年 9 月导致了同盟的分裂。根据马克思的建议，同盟的中央职权移交科隆区部委员会。加之 1847 年通过的《章程》曾被伦敦中央委员会修改，出现了伦敦盟章，其原则性的条款软弱无力。在一些地方甚至出现了两个盟章都发生效力，而在另一些地方则一个盟章都不起作用，甚至出现了擅自制定盟章的做法，在盟内造成一片混乱。所以，马克思提议要制定新的、真正的盟章，改变没有统一的盟章和盟章不起作用的局面。1850 年 12 月 10 日，新制定的经过马克思修改的盟章送交同盟的伦敦区部，1851 年 1 月 5 日得到批准。相比 1847 年的《章程》，1851 年的新盟章又有了重大的修改和发展。简言之，发生了三个重大变化。

第一个重大变化，规定"同盟分为支部、区部、中央委员会和代表大会"①。1847 年《章程》规定的同盟组织系统分为五级，新《章程》裁减了"总区部"的层级。之所以减去一个层级，是为了更好地加强集中，因为层级多了，组织和领导起来就显得分散软弱。

第二个重大变化，进一步明确了盟员与同盟组织以及同盟上下级组织之间的关系："被接收入盟的人必须宣誓无条件地服从同盟的决议。"②"一国或一省的支部隶属于总支部、即中央委员会任命的**区部**。支部只跟区部直接联系，

---

① 《马克思恩格斯全集》第 10 卷，人民出版社 1998 年版，第 745 页。

② 《马克思恩格斯全集》第 10 卷，人民出版社 1998 年版，第 744—745 页。

区部只跟中央委员会直接联系。"①"支部应定期召开会议，至少每半个月一次；它至少每一个月向区部作一次书面报告，各区的总支部至少每两个月向中央委员会作一次书面报告；中央委员会每三个月作一次有关同盟情况的报告。"②这些规定，健全了党的会议制度和报告制度，保证了盟员有严格、牢固的组织纪律观念，坚决地服从和执行同盟的一切决定；保证了同盟形成支部直接受上级区部的领导、每个区部（总支部）都直接接受中央委员会领导的紧密的集中统一关系，形成一个坚强的组织体系。而在1847年《章程》中，虽然也有关于集中的一些要求，但很明显，关于盟员与组织之间以及下级组织与上级组织之间的关系，总的来说规定的还不够严格，也不够清晰明确，例如没有使用"无条件""直接"等严厉的措辞，易于造成松散现象的发生。

第三个重大变化，作出了关于怎样解决同盟内争执冲突的规定："同一支部内的个别盟员之间的争执由支部最后解决；同一区部内的个别盟员之间的争执由区部总支部最后解决；不同区部的个别盟员之间的争执由中央委员会最后解决；对中央委员会成员的个人性质的控诉应转交代表大会。同一区部内的支部之间的争执由区部总支部解决；支部和它的区部之间的争执或区部之间的争执由中央委员会解决；不过，在第一种情况下，可以诉诸区部会议解决；在第二种情况下，可以诉诸代表大会解决。代表大会还解决中央委员会和同盟下级委员会之间的一切冲突。"③这就是说，党内可以有不同的意见，相互间发生争执冲突，也是正常的、常有的事，但问题是要正确地对待，并立下规矩。新《章程》作出的这个规定的实质就在于，凡属个人之间的意见冲突矛盾，必须交由同一级组织即支部、区部（总支部）来处理并最后解决，或交由上一级组织即中央委员会、代表大会来处理并最后解决；凡属于组织之间的意见冲突矛盾，如支部与支部之间的争执，或支部与它的区

---

① 《马克思恩格斯全集》第 10 卷，人民出版社 1998 年版，第 745 页。

② 《马克思恩格斯全集》第 10 卷，人民出版社 1998 年版，第 745 页。

③ 《马克思恩格斯全集》第 10 卷，人民出版社 1998 年版，第 746—747 页。

部之间的争执，或各区部之间的争执，也都要交由上一级的组织来处理和解决。这些规定清晰地表达了这样的组织原则：在共产党内，个人要服从组织，下级组织要服从上级组织。

以上新《章程》出现的三个重大变化，归结起来就是，马克思恩格斯更加强调了组织的集中性问题。那么，为什么1848年欧洲革命后马克思恩格斯制定的新《章程》会如此强调集中呢？客观地说，这是因为在1847年《章程》里虽然对集中的问题制定了诸多条文，但还缺乏关键性的制度规定。例如，当时的章程规定了在党内各级组织中，上级组织负有领导下级的职责，但只限于对讨论问题加以领导，并不是上级对下级的全面领导；虽然同盟内部通行集体议事讨论的方式，对讨论的议案实行多数人同意即获得通过的原则，但没有规定在多数人通过了议案和决定后，少数人一定要服从、执行，更没有明确规定下级组织一定要服从上级组织，反而是强调各级组织可以"按照章程独立负责进行活动"①。这就导致了在革命实践活动中，曾经发生了少数不服从多数、下级组织不服从上级组织的恶劣行为。1848年法国二月革命爆发时，共产主义者同盟的领导人马克思、恩格斯、沙佩尔、鲍威尔等人来到当时革命的中心巴黎，根据同盟中央委员会3月3日的决议，在巴黎建立了新的中央委员会，马克思任中央委员会主席、沙佩尔任书记、恩格斯任委员。马克思恩格斯为同盟起草了《共产党在德国的要求》，中央委员会决定把它作为文件交给盟员，让他们秘密带回德国和人民一起参加革命。有400多名盟员和德国革命者分批越过国境，分散到各地成功地指导革命。然而，却有部分德国的盟员和政治流亡者，要求组成一个义勇军团打回德国去。马克思恩格斯坚决反对这种把革命当作儿戏，企图从外面用武力输入革命的错误做法。但是，这些人公然不服从中央的决定，擅自组成并带领义勇军团打回德国去。结果，义勇军团在边境

---

① 《马克思恩格斯全集》第4卷，人民出版社1958年版，第575页。

就遭到反动派的屠杀和逮捕。此外，在革命失败后，共产主义者同盟竟出现"个别的区部和支部开始放松，甚至渐渐地中止自己同中央委员会的联系"①的组织涣散的情况。正是鉴于这样的教训，马克思恩格斯认识到在党的民主制中加强实行集中领导的重要性，在他们1850年3月写的《共产主义者同盟中央委员会告同盟书》中指出："革命活动只有在集中的条件下才能发挥全部力量。"②在实行民主制时必须加强中央的集中："实行最严格的中央集权制是真正革命党的任务"③。当然，共产党要实行的中央集权制，不是封建时代"专制君主制的中央集权制"④，而是建立在人民民主制基础上的中央集权制，是"民主的集中"。

虽然在欧洲革命和工人运动陷入低潮后，1852年11月共产主义者同盟宣告解散，但在19世纪50年代末60年代初，随着欧洲资本主义的飞速发展，资本主义世界市场形成，资本主义各国的联系越来越具有国际性质，与此同时，全世界劳动人民遭受的压迫日益加剧，无产阶级和被压迫人民的反抗斗争不断加强，欧洲工人运动和民主运动开始走向高涨。反压迫反剥削的斗争实践使各国无产阶级认识到，他们有着共同的利益和共同的敌人，无产阶级必须在国际范围内联合起来，这种国际主义意识促使了国际工人协会的产生。1864年9月28日，英国工联在伦敦圣马丁堂召开群众大会，参加大会的还有德国、意大利、波兰、爱尔兰的工人代表，大会宣告了国际工人协会（简称国际或第一国际）的成立。马克思出席了成立大会，并起草了《国际工人协会成立宣言》和《协会临时章程》。在1866年9月日内瓦代表大会上，《协会临时章程》经过修改后得到批准，并给它补充了一个"条例"，也得到批准，形成了《国际工人协会章程和条例》。1871年9月底至10月，马克思恩格斯

① 《马克思恩格斯全集》第10卷，人民出版社1998年版，第386页。
② 《马克思恩格斯选集》第1卷，人民出版社2012年版，第562页。
③ 《马克思恩格斯选集》第1卷，人民出版社2012年版，第562—563页。
④ 《马克思恩格斯全集》第10卷，人民出版社1998年版，第520页。

对章程和条例作了重新修订，完成了《国际工人协会的共同章程和组织条例》的新文本。

　　第一国际是国际无产阶级第一个群众性的联合组织，马克思是其创始人之一，是其实际上的灵魂人物。《协会临时章程》《国际工人协会章程和条例》《国际工人协会的共同章程和组织条例》，就是马克思恩格斯为这一无产阶级组织制定的机关组织文件。由马克思恩格斯在共产主义者同盟创立的民主制组织原则和制度，在第一国际又得到了一定的延续和发展。如，《国际工人协会的共同章程和组织条例》第一条申明了协会的宗旨目的："追求共同目标即追求工人阶级的保护、发展和彻底解放"。[①] 这就阐明了一个为工人阶级彻底解放而奋斗的协会，必然是实行民主制的。《国际工人协会的共同章程和组织条例》规定："没有无义务的权利，也没有无权利的义务。"[②] 协会会员人人都有权利，也都有义务，会员一律民主、平等，不允许任何人成为特殊会员，享有特殊权利。《国际工人协会的共同章程和组织条例》还规定，协会的最高权力机关是各支部选派代表参加的代表大会，"国际工人协会的每一个会员有参加选举全协会代表大会的代表和被选为代表的权利"[③]，国际工人协会总委员会的成员必须由代表大会的代表民主选举产生；协会要定期举行会议讨论协会的事务，规定必须每年召开一次代表大会，商讨共同关注的问题，"使一个团体中提出的但具有普遍意义的问题能由一切团体加以讨论"[④]；协会实行民主讨论后的集体议决，总委员会一般每周举行一次例会，讨论研究当前工人运动面临的迫切问题，并作出相应的决议，虽然协会也未明文规定多数决定、少数服从的原则，但协会的所有决议，都恪守了少数服从多数的原则予以表决通过；协会要求经常通报内部情况，规定"全协会代

① 《马克思恩格斯全集》第 17 卷，人民出版社 1963 年版，第 476 页。
② 《马克思恩格斯全集》第 17 卷，人民出版社 1963 年版，第 476 页。
③ 《马克思恩格斯全集》第 17 卷，人民出版社 1963 年版，第 478 页。
④ 《马克思恩格斯全集》第 17 卷，人民出版社 1963 年版，第 477 页。

表大会在年会上听取总委员会关于过去一年的活动的公开报告"①，这个年度总报告，要求"每一个支部或支部联合会，至迟均须在每年召开代表大会前两个月向总委员会提出关于该组织本年度内的工作和发展情况的详细报告"②，除此之外，还要求"总委员会发表定期报告"③。

在第一国际的实际组织活动中，马克思恩格斯在贯彻民主制的同时，更加注重吸取共产主义者同盟的经验教训，进一步强调了国际要加强集中领导的重要性。马克思说："我们的章程给各个分部留下了广阔的余地，可使总委员会不能轻易地进行干预，但是也必须有一定的集〔中〕才行。那个分部没有缴过会费；而且根据上次代表大会的决议，我们有权要求他们每三个月作一次关于他们活动的报告。"④当时，在国际工人运动内部，宣扬"完全自治"和联邦主义的无政府主义与马克思主义发生了尖锐的斗争，并妄图攫取国际的领导权。面对这种形势，国际总委员会进一步加强集中是完全必要的。1871年，经马克思恩格斯修改后的《国际工人协会的共同章程和组织条例》加强了总委员会的权力：一是总委员会有权"收集各国联合会委员会寄给它的一切材料"；二是"总委员会有权接受或不接受新的支部和小组"；三是"总委员会也有权将任何支部暂时开除出国际"；四是"总委员会有权解决属于一个全国性组织的团体或支部之间、或各全国性组织之间可能发生的纠纷"；五是"由总委员会任命执行特殊任务的一切代表，均有权出席联合会委员会、区域和地方的委员会以及地方支部的一切会议并发表意见"。⑤根据章程对组织机构的规定，总委员会内设一个常设委员会，作为核心组

① 《马克思恩格斯全集》第 17 卷，人民出版社 1963 年版，第 476 页。

② 《马克思恩格斯全集》第 17 卷，人民出版社 1963 年版，第 480 页。

③ 《马克思恩格斯全集》第 17 卷，人民出版社 1963 年版，第 477 页。

④ 王学东主编：《国际共产主义运动历史文献》第 6 卷，中央编译出版社 2011 年版，第 110 页。

⑤ 《马克思恩格斯全集》第 17 卷，人民出版社 1963 年版，第 480—481 页。

织，它由主席、总书记和各国通讯书记组成。在各个国家层面，由中央委员会、分部、支部组成，其中中央委员会是上级机关；协会的各级组织在遵守协会的纲领、章程以及代表大会通过的决议的前提下，享有广泛的权利和行动的自由。章程特别规定，为了确保协会纲领的完整统一，以及确保全协会均为共同利益而奋斗，赋予总委员会和联合会委员会的全权是必要的。

在第一国际内部，马克思恩格斯在与巴枯宁的无政府主义斗争中，又不断地强调了要加强集中领导的问题。巴枯宁深受蒲鲁东无政府主义和魏特林空想社会主义思想的影响，钻入第一国际组织后，不遗余力地鼓吹废除国家，建立无政府状态的社会，否定任何权威、任何纪律，主张绝对自由。1871 年 11 月，巴枯宁纠集汝拉联合会在瑞士的桑维耳耶召开代表大会，通过了《给国际工人协会所有联合会的通告》，该通告成为分裂国际、宣扬无政府主义的宣言，遭到了马克思恩格斯和总委员会的痛斥。马克思深刻地指出："加强总委员会的权力并且为了当前的斗争而把活动集中起来是适当的和必要的，因为分散会使这种活动没有成果。"[1] 恩格斯也指责道："这些支部独立到这样的地步，以致它们不应该承认任何权威的领导机关，哪怕是按照他们自己的自由协商建立起来的权威的领导机关"，他们竟然认为"如果在每一个支部中少数都要服从多数，那这就是一种违反自由原则的罪行，就是承认会导致权威主义和专政的原则！"[2] 恩格斯气愤地说，如果没有少数服从多数，"没有任何服从纪律的支部！没有任何党的纪律，没有任何力量在一点的集中，没有任何斗争的武器！那末未来社会的原型会变成什么呢？简而言之，我们采用这种新的组织会得到什么呢？会得到一个早期基督教徒那样的畏缩胆怯的而又阿谀奉承的组织"[3]。只有加强党的集中和纪律，才有保证革命斗争的胜利，恩格斯斩钉截铁地指出："胜利的首要条件是严格遵守法

---

① 《马克思恩格斯全集》第 18 卷，人民出版社 1964 年版，第 179 页。

② 《马克思恩格斯全集》第 17 卷，人民出版社 1963 年版，第 519 页。

③ 《马克思恩格斯全集》第 17 卷，人民出版社 1963 年版，第 519 页。

律，而一切革命的高调和喧嚷都不可避免地会导致失败。这种纪律是一个有成效的和坚强的组织的首要条件，是资产阶级最害怕的。"①

为了继续深入地、严厉地批判无政府主义，恩格斯于 1872 年 10 月—1873 年 3 月写下了享誉盛名的《论权威》。在这篇著作中，恩格斯指出："权威，是指把别人的意志强加于我们；另一方面，权威又是以服从为前提的。"② 他批判了无政府主义主张个人无限自由和否定一切权威的错误观点，阐明了在社会生产和社会活动中确立和维护权威的必要性。恩格斯结合社会化大生产的发展趋势，论述了权威和自治之间的辩证关系。他以棉纺厂作为例子，棉花至少要经过六道连续工序才会成为棉纱，并且这些工序大部分是在不同的车间进行的。在每个车间里，时时都会发生有关生产过程、材料分配等的细节问题，要求马上解决，否则整个生产就会立刻停顿下来。恩格斯指出："不管这些问题是怎样解决的，是根据领导各劳动部门的代表的决定来解决的呢，还是在可能情况下用多数表决的办法来解决，个别人的意志总是要表示服从，这就是说，问题是靠权威来解决的。"恩格斯还说道："能最清楚地说明需要权威，而且是需要专断的权威的，要算是在汪洋大海上航行的船了。那里，在危急关头，大家的生命能否得救，就要看所有的人能否立即绝对服从一个人的意志。"③ 恩格斯从社会化大生产出发指出："想消灭大工业中的权威，就等于想消灭工业本身"④，由此，他认为无论是无产阶级在革命过程中还是在革命胜利后都需要权威，"把权威原则说成是绝对坏的东西，而把自治原则说成是绝对好的东西，这是荒谬的"⑤。"革命无疑是天下最权威的东西。革命就是一部分人用枪杆、刺刀、大炮，即用非常权威的手

---

① 《马克思恩格斯全集》第 36 卷，人民出版社 1975 年版，第 540 页。

② 《马克思恩格斯选集》第 3 卷，人民出版社 2012 年版，第 274 页。

③ 《马克思恩格斯选集》第 3 卷，人民出版社 2012 年版，第 275、276 页。

④ 《马克思恩格斯选集》第 3 卷，人民出版社 2012 年版，第 276 页。

⑤ 《马克思恩格斯选集》第 3 卷，人民出版社 2012 年版，第 276 页。

段强迫另一部分人接受自己的意志。获得胜利的政党如果不愿意失去自己努力争得的成果，就必须凭借它以武器对反动派造成的恐惧，来维持自己的统治。要是巴黎公社面对资产者没有运用武装人民这个权威，它能支持哪怕一天吗？"① 正是基于这一点，恩格斯总结了巴黎公社的教训，责备公社把权威用得太少了，并告诫人们："巴黎公社遭到灭亡，就是由于缺乏集中和权威。……为了进行斗争，我们必须把我们的一切力量捏在一起，并使这些力量集中在同一个攻击点上。如果有人对我说，权威和集中是两种在任何情况下都应当加以诅咒的东西，那么我就认为，说这种话的人，要么不知道什么叫革命，要么只不过是口头革命派。"② 早前，在给库诺的信中，恩格斯就坚决地指出，应当维护"多数对少数的权威"，如果"没有一个作出最后决定的意志，没有统一的领导，人们究竟怎样经营工厂，管理铁路，驾驶轮船"，如果"每一个人、每一个乡镇，都是自治的；但是，一个哪怕只由两个人组成的社会，如果每个人都不放弃一些自治权，又怎么可能存在"。③

总之，马克思恩格斯在 1847 年为共产党制定民主制的原则和制度时，已初步形成民主制基础上的集中，随后在革命斗争的实践中以及在第一国际的活动中，持续地论述了加强集中的问题，强调了集中领导的必要性。概括地说，他们为党的民主制必须加强集中的问题，廓清了认识，明确了三个重要的观点。

其一，无产阶级政党必须实行组织的集中。要把每一个党员集中在党的一个组织里，参加组织的活动，如果没有这样的组织集中，无产阶级政党就是一盘散沙、四分五裂，根本形不成组织的力量。

其二，无产阶级政党必须实行决策的集中。在进行民主议事决策时，不可否认，民主本身有着导致争吵纷乱的自发性倾向。在自由讨论、发表意见

① 《马克思恩格斯选集》第 3 卷，人民出版社 2012 年版，第 277 页。
② 《马克思恩格斯选集》第 4 卷，人民出版社 2012 年版，第 500 页。
③ 《马克思恩格斯文集》第 10 卷，人民出版社 2009 年版，第 378 页。

的时候，大家畅所欲言，提出各种主张，必然呈现分散、零杂的状况。如果此时不进行表决，或在多数通过之后没有少数必须服从多数的集中，党的组织便会陷入无序混乱的状态。民主制若停留在这样的层次上，就会误入歧途，没有任何效果，出现每个人想要怎么做就怎么做的"极端民主化"，演变成无政府主义。因此，对自由讨论和出现的不同意见，需要运用多数决定后少数要服从多数的原则来达到集中。这样的集中是民主制必须具备的要素、不可缺少的步骤。

其三，无产阶级政党在执行任务和行动时必须实行集中。当某个议案、决定通过后，要付诸贯彻执行，这时候就要求授权于某个人，负责进行集中领导，大家要服从这个负责人的指挥命令。正如恩格斯在《论权威》中曾举出棉纺厂的例子，一旦进入生产过程及材料分配等具体执行的阶段，就得委托一个负责人实行集中统一领导，需要集中领导生产运行的权威，否则就什么事也干不成。因而，马克思恩格斯主张无产阶级政党要有执行力，必须加强无产阶级政党的集中领导和权威。

马克思恩格斯论述的无产阶级政党的集中领导，无论是组织方面的集中，还是决策环节的集中，以及执行阶段的集中，都是属于民主制的，都是民主制的集中，即由多数决定、少数服从多数的集中。在马克思恩格斯之前，集中制是与专制制度相联系的组织制度，属于君主制的专制独裁，是多数人服从个人或极少数人的集中，与民主制相对立，因而臭名昭著、恶声远播。而在马克思恩格斯把集中与民主制联系起来后，就形成了两种不同组织制度形态的集中。两种不同组织制度形态形成的集中表明，它们在性质上有着根本的区别。如图1所示，马克思恩格斯坚持民主制、反对集中制，反对的是专制的集中制（官僚集中制、君主集中制、领袖集中制），即脱离和违反众意的个人或极少数人的专断独裁，但他们并不反对合理的集中。恰恰是马克思恩格斯指出，民主制需要集中，要在民主制的基础上实行集中，这样的集中正是民主制本身的要求和体现，是民主制的性质所决定的。

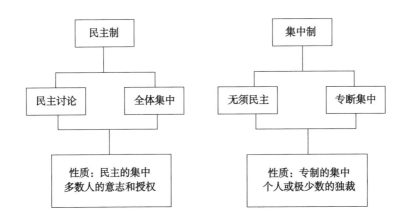

图 1　两种不同的组织制度形态形成不同的集中

综上所述，马克思恩格斯建立的共产党的民主制组织原则和制度，包含两大部分，一是"民主的权利"（简称"民主"），二是"民主的集中"（简称"集中"），因此，民主制是由"民主"和"集中"两方面构成的。这里需要作出三点说明：一是作为民主制所标明的"民主"，是一个广义概念的民主，它其中包含"民主"和"集中"两大部分；而作为"民主"和"集中"两大部分中所包含的"民主"，则是一个狭义概念的民主，仅指民主的各种权利和运用实行。二是在"民主"和"集中"两大部分里的"集中"，不能把它和专制的集中制里的"集中"等同、混淆起来，这是两种性质不同的集中。前者是作为民主制的集中，是在民主基础上的集中，后者则是作为专制的集中制的集中，没有任何民主权利，不经过任何民主程序，因而是独断专行的集中，是专制的集中。三是"民主"和"集中"二者同等重要，既要有"民主的权利"，也要有"民主的集中"。在强调"民主的权利"的基本前提下，也要强调"民主的集中"的重要性，马克思主义政党要有执行力，就必须加强集中的领导和集中的权威。由此可知，马克思恩格斯建立的民主制，是由"民主"和"集中"两部分建构的完整的全民主制。

马克思恩格斯建立的民主制，最早起源于古希腊时期的城邦民主制，是雅典实行的国家政治制度，它在柏拉图的《理想国》和亚里士多德的《政治学》中是与僭主、暴君的专制统治相对立的"人民的统治"。马克思恩格斯高度评价和肯定了这样的民主制，认为"在君主制中，整体，即人民，从属于他们的一种存在方式，即政治制度。在民主制中，**国家制度本身**只表现为**一种**规定，即人民的自我规定。"① 他们坚决地谴责和否定了专制制度。虽然马克思恩格斯建立的民主制来源于雅典城邦的民主制，但由共产主义者同盟率先实行政党民主制却是一个首创，因为在此之前，没有任何一个政党在党内实行民主制的组织原则和制度。

---

① 《马克思恩格斯全集》第 3 卷，人民出版社 2002 年版，第 39 页。

第二讲
列宁创立民主集中制的原则和制度

列宁是伟大的马克思主义者，他在创建俄国社会民主工党的过程中首创了民主集中制，使其成为马克思主义政党的根本原则和制度，世界上的共产党组织都要求按照民主集中制的原则建立起来。马克思恩格斯虽然为民主集中制奠定了思想基础，提供了理论资源，但他们没有提出民主集中制的概念并形成相应的制度规定。民主集中制的创立，是列宁从俄国的国情和党内的实际状况出发，因势利导、与时俱进、不断创新的结果。列宁对民主集中制的组织原则和制度作了系统、透彻的论述和规定，创建了民主集中制，为发展马克思主义作出了重大贡献。

一、列宁最初的建党活动和组织思想

1898年3月，俄国社会民主工党（苏联共产党前身）在明斯克举行了第一次代表大会。大会选举了中央委员会，批准了党的机关报，发表了《俄国社会民主工党宣言》，宣告了党的成立。《宣言》宣布："俄国无产阶级将摆脱专制制度的桎梏，用更大的毅力去继续同资本主义和资产阶级斗争，一直斗争到社会主义全胜为止。"①《宣言》还指出，党要把争取政治自由的任务和工人群众的阶级运动结合起来。但是，党成立后不久，中央委员会就遭到沙皇政府的破坏，中央委员被逮捕，党的机关报也被迫停刊，加之一大对于建党的许多重要议题，包括制定党的指导思想、党纲、党章和党的策略等问题都还没有来得及解决，可以说一大只是履行了党成立的手续，在名义上得到确认，起到革命宣传的作用而已，但建党的任务实际上没有完成。况且一大召开时，列宁因身处西伯利亚流放地，无法出席这次大会。因此，在一大之后，列宁开始着手党的重建工作，在组织建设方面为党设定组织原则和制度。

列宁根据俄国国情和开展革命斗争的实际需要，提出了要在党内实行集中制的组织原则。早在 1895 年 11 月，列宁在彼得堡组织了全市的社会民主党，取名为"工人阶级解放斗争协会"。它主要由 20 个左右的大工厂建立的社会民主党工人小组组成。协会深入工人群众，宣传科学社会主义学说，实现了马克思主义与工人运动的相结合，成为俄国社会民主工党的萌芽和马克思主义政党的雏形。在俄国沙皇专制统治下，协会从事地下工作有着严密的纪律规定，形成一个严整的组织。列宁为它选择和实行了集中制的原则，将协会设立为三级机构：第一级为中心小组，由 3—5 人构成领导核心；第二级为分设的 3 个区小组，每周需定期向领导中心汇报一次工作；第三级为各大厂成立的工人小组和为各小厂指定的组织联络员，工人小组和组织联络员在 70 多家工厂中开展秘密活动。当然，在地下工作条件允许的情况下，协会也实行了民主制原则，如经常性地召开工人小组的代表会议，每月至少召开两次，讨论准备印刷的传单和进行罢工的各种措施等。协会主要依靠着集中制的组织原则，发动了 1895—1896 年彼得堡的工人罢工运动，取得了成功，产生了巨大影响。俄国好几个城市的社会民主党组织都以列宁为

① 中共中央马克思恩格斯列宁斯大林著作编译局译：《苏联共产党代表大会、代表会议和中央全会决议汇编》第一分册，人民出版社 1964 年版，第 6 页。

榜样，把马克思主义小组统一称为全市性的工人阶级解放斗争协会。正因为有着这样的实践经验，列宁在 1899 年写的《我们的当前任务》和《迫切的问题》两篇文章中指出："俄国是一个专制君主制即无限君主制的国家"，"沙皇独自颁布法律，任命官吏，监督官吏"①，实行残酷的专制统治；在这样的环境下，俄国无产阶级要克服地方工作的狭隘性、分散性和手工业方式习性，"必须成立统一的因而也是集中制的党"②；在集中制原则基础上"建立起来的组织严密的革命政党，将成为现代俄国的一支最强大的政治力量！"③在 1901 年写的《从何着手？》中，列宁指出："没有一个在任何环境和任何时期都善于进行政治斗争的坚强的组织，就谈不到什么系统的、具有坚定原则的和坚持不懈地执行的行动计划，而只有这样的计划才配称为策略。"④在《同经济主义的拥护者商榷》一文中，列宁又强调指出应该"建立一个巩固的、集中的革命家组织"，"这个组织既能领导准备性的斗争，又能领导任何突然的爆发，并且也能领导最后的决定性的进攻"。⑤

　　然而，俄国社会民主工党内的"经济派"完全不同意列宁关于集中制的主张。19 世纪末至 20 世纪初，在俄国社会民主党内出现的"经济派"，推崇伯恩施坦的机会主义路线，迷恋工人运动的自发倾向，醉心于经济斗争，满足于自由分散状态，反对建立集中统一的工人阶级政党。工人运动中的自发性助长了经济主义，经济主义思潮反过来又加剧了社会民主党人的思想混乱和组织涣散，使党处于动摇瓦解的危机和分崩离析的困境。"经济派"指责列宁不懂得"民主制"，具有"反民主的倾向"，提出要在党内实行"广泛民主原则"和"广泛民主制"。而他们所谓的民主原则和民主制，就是要求

① 《列宁全集》第 4 卷，人民出版社 2013 年版，第 163 页。

② 《列宁全集》第 4 卷，人民出版社 2013 年版，第 167 页。

③ 《列宁全集》第 4 卷，人民出版社 2013 年版，第 174 页。

④ 《列宁全集》第 5 卷，人民出版社 2013 年版，第 2 页。

⑤ 《列宁全集》第 5 卷，人民出版社 2013 年版，第 328 页。

普遍采用全民投票的方式，个人有不服从组织的自由，地方组织完全自治，有不受上级制约的独立性，甚至中央委员会的决议也要经所有小组通过才能生效。这样的"广泛民主原则"和"广泛民主制"，实则是一种极端民主化。

在写于 1901 年秋至 1902 年 1 月的《怎么办？》一书中，列宁进一步明确地指出，俄国是"专制制度"的国家，而非具有政治自由的"民主制度"国家。书中的第四章第五节，在"'密谋'组织和'民主制'"的标题下，列宁论述道，"在专制制度的国家里"，"坚强的革命组织按其形式来说也可以称为'密谋'组织"，"秘密性是这种组织所绝对必需的。对这种组织来说，秘密性是最必要的条件，其余一切条件（如成员人数、成员的挑选、职能等等），都应当同这一条件相适应。因此，害怕别人责备我们社会民主党人要建立密谋组织，那就未免太幼稚了"。[1] 列宁深知，实行"民主制"需要具备三个条件："完全公开、选举制和普遍监督"[2]，即党能够实行活动公开制、党内职务选举制和党员干部监督制。而这三个条件，在专制制度的沙皇俄国根本不存在。列宁甚至以嘲笑的口吻说："没有公开性而谈民主制是很可笑的，并且这种公开性还要不仅限于对本组织的成员。我们称德国社会党组织为民主的组织，因为在德国社会党内一切都是公开进行的，甚至党代表大会的会议也是公开的；然而一个对所有非组织以内的人严守秘密的组织，谁也不会称之为民主的组织。试问，既然'**广泛民主原则**'的基本条件对秘密组织来说**是无法执行的**，那么提出这种原则又有什么意思呢？这样，'广泛原则'只不过是一句响亮的空话。不仅如此，这句空话还证明人们完全不了解目前组织方面的迫切任务。"[3]"在黑暗的专制制度下，在流行由宪兵来进行选择的情况下，党组织的'广泛民主制'只是一种**毫无意思而且有害的儿戏**。……说它是一种有害的儿戏，是因为贯彻'广泛民主原则'的尝试，只

---

① 《列宁全集》第 6 卷，人民出版社 2013 年版，第 129 页。

② 《列宁全集》第 6 卷，人民出版社 2013 年版，第 132 页。

③ 《列宁全集》第 6 卷，人民出版社 2013 年版，第 131 页。

会便于警察进行广泛的破坏"①。为此，列宁从俄国的实际出发，主张建立具有密谋性质的"集中制"的政党。他指出，当务之急是建立一个由职业革命家组成的组织，秘密性是这种组织所绝对必须的；党的核心应当由少数有修养、有才干、有经验和经过考验的职业革命家组成，没有职业革命家组织，"我们永远不能使广泛的组织具有高度的秘密性，而没有这样高度的秘密性就谈不到稳定的和保持继承性的反政府的斗争"，必须"把所有秘密的职能集中在数量尽量少的职业革命家手里"②，由他们实行集中统一的领导。1904年2月至5月，列宁又写了《进一步，退两步》一书，更明确地把"建党基础的基本思想"表述为"集中制思想"。列宁指出："集中制思想，它从原则上确定了解决所有局部的和细节性的组织问题的方法。"它"是唯一的原则性思想，应该贯穿在整个党章中"。③

那么，列宁提出来的集中制究竟包含着哪些具体的规定呢？根据《怎么办?》和《进一步，退两步》以及列宁在党的二大上的发言的论述与分析，主要有4项：(1)党要组成一个"职业革命家组织"，职业革命家是指以革命活动为职业并且在同政治警察作斗争的艺术方面受过专业训练的人；职业革命家组织是指由职业革命家组成的党的中央委员会和各级委员会；他们无需经由选举产生。(2)在党的上下级以及和党员之间，"集中制要求中央和党的最遥远、最偏僻的部分之间没有任何壁垒，……中央将得到直接了解每一个党员的绝对权利"。在党的外围，可以有各种各样的群众组织，但它们应服从职业革命家组织的监督，接受职业革命家组织的直接领导。(3)坚决保证党的工作集中化。(4)要用集中制反对自治制。④列宁指出："谁想在专制制度下建立一个实行选举制、报告制和全体表决制等等的**广泛的**工人组

---

① 《列宁全集》第6卷，人民出版社2013年版，第132—133页。

② 《列宁全集》第6卷，人民出版社2013年版，第119页。

③ 《列宁全集》第8卷，人民出版社2017年版，第236页。

④ 参见《列宁全集》第7卷，人民出版社2013年版，第249页。

织，那他简直是一个不可救药的空想家。"①

由集中制包含的上述这些具体规定来看，列宁提出来的集中制和马克思恩格斯主张的民主制根本不同，其最大的区别在于，集中制所导致的不是自下而上地经由民主选举产生的各级组织和一切领导职务，然后实行上级对下级的指挥，而是直接采取了指定各级领导职务并由上层领袖对下层群众下达命令指示，实行下级听命于上级、上级机关对下级组织的全部掌控。显然，这样的集中制完全排除了民主制中任何一个民主因素和民主程序。

但是，问题在于，列宁作为马克思主义者，当然十分清楚民主制与集中制是两种截然对立的组织原则和制度，那么，他为什么还要提出在俄国社会民主工党实行"集中制"的组织制度呢？这是因为，其一，列宁领导的俄国社会民主工党实在是万般无奈而选择了"集中制"，在专制制度的俄国根本没有条件实行"民主制"。也就是说，并不是列宁不想实行民主制，而是客观上民主制在俄国行不通，因而只能实行集中制。其二，列宁领导的俄国社会民主工党选择的"集中制"，是极少部分意志坚定、无惧无畏、久经考验、受过教育和训练的职业革命家，为了人民的解放事业而进行的秘密工作和高度集权。这样的"集中制"是为了人民的利益，在性质上完全不同于历史上的封建阶级、资产阶级为了少数人的利益而搞的专制独裁。其三，列宁选择和实行的集中制，并不排斥民主制。列宁也不会抱残守缺、固化这样的集中制，而是一旦在社会条件具备和许可的情况下，随时准备接纳民主、实行民主制。因而，列宁认为，无产阶级政党搞的尽管也算是"专权独裁"，甚至类似于空想社会主义的"密谋活动"，但这没有什么可责备的，因为这样的"集中制"，只是在形式上与专制制相似，而在实质上是以马克思主义指导的无产阶级职业革命家的集中制。这一切表明，列宁在沙皇俄国实行专制统治的恐怖时期，在没有条件建立马克思主义政党民主制的情况下，对集中

---

① 《列宁全集》第6卷，人民出版社2013年版，第113—114页。

制作出了全新的探索，使其成为一种新型的为无产阶级解放事业实行的高度集权制，具有适应革命斗争环境需要的积极作用。

二、列宁认识的转变和民主集中制的创立

1903 年 7—8 月，俄国社会民主工党在布鲁塞尔召开第二次代表大会，这次大会形成了党内以列宁为首的"布尔什维克"（"多数派"）和以马尔托夫为首的"孟什维克"（"少数派"）。党的二大要制定党章，在党章第一条关于党员资格的问题上，列宁提出的党章草案的条文是："凡承认党纲、在物质上支持党并亲自参加党的一个组织的人，可以作为党员。"[①] 列宁对党员的资格作出这样的规定，是继承了共产主义者同盟的传统，坚持了马克思恩格斯关于党员要由一个支部接收并编入该支部、党要集中统一的思想（参见本书第一讲第三节）。而马尔托夫的条文是："凡承认党纲、在物质上支持党并在党的一个组织领导下经常亲自协助党的人，可以作为俄国社会民主工党党员。"[②] 不承认参加党的一个组织是成为党员的条件，认为党员也可以不是组织中的一员，甚至有自行"列名"入党的权利。很显然，两个条文分歧的焦点在于，党员究竟要不要亲自加入一个党组织，使党成为一个集中统一的党，还是成为一个松散软弱的党。列宁主张建立组织化、战斗性、纪律严密的集中制的党，马尔托夫主张建立的是成分复杂、组织涣散、没有定型的党。此后，孟什维克还发表了大量反对集中制的言论，声称要求党员服从党的一切决议是一种形式主义的官僚主义的态度，要求少数服从多数是硬性压制党员意志，要求全体党员无论是领导人还是普通党员都服从党的纪律是在党内建立农奴制度。孟什维克公然强调，俄国社会民主工党"在党内不是需

---

① 《列宁全集》第 8 卷，人民出版社 2017 年版，第 238 页。

② 《列宁全集》第 8 卷，人民出版社 2017 年版，第 238 页。

要集中制，而是需要无政府主义的'自治制'，使各个人和各个党组织都有权不执行党的决议"①。就连当时还动摇于布尔什维克和孟什维克之间的普列汉诺夫也要求："俄国社会民主党人不要做'集中制的空想家'，应宽恕那些破坏党的纪律的人。"②

　　围绕需要什么组织原则和制度的斗争，导致俄国社会民主党深陷争吵和分裂之中。俄国社会民主工党第二次代表大会在讨论党章的第一条时，否决了列宁提出的条文而采纳了马尔托夫提出的条文，这当然引起布尔什维克的愤慨。二大党章虽然以微弱多数通过了马尔托夫的条文，但是整个党章基本上还是出于列宁提交的党章草案，采用了其中的不少规定，如草案第五条："中央委员会统一和指导党的全部实践活动""处理党的各种组织、各种机构之间的以及它们内部的争端"；第八条：新的组织"由中央委员会批准""必须服从中央委员会和中央机关报的决定"；第十条："任何党组织都有责任向中央委员会和中央机关报编辑部提供一切材料，让它们了解这个组织的全部工作和全体成员"；③ 这些带有明显的集中制色彩的要求，分别成为二大党章的第六条、第九条、第十一条④，这自然也引起孟什维克的极度不快。在二大召开后不久，1903 年 10 月，孟什维克就急不可耐地要求在日内瓦召开俄国革命社会民主党人国外同盟第二次代表大会，以期形成与二大的抗衡。会上产生了激烈的冲突，孟什维克表示拒绝履行二大的决议，反对将国外同盟置于中央委员会领导和监督之下，并且自行制订了章程；列宁及其拥护者则退出会场，宣布此次会议为非法，并在 11 月发布的《通告》中宣布，明确要求"贯彻集中制组织原则"，"为使党成为在原则上是坚定的，在组织

---

① 转引自《联共（布）党史简明教程》，人民出版社 1975 年版，第 49 页。

② 转引自沈志华、于沛等编著：《苏联共产党九十三年——1898 至 1991 年苏共历史大事实录》，当代中国出版社 1993 年版，第 30 页。

③ 中共中央党校党建教研室编：《苏联共产党章程汇编》，求实出版社 1982 年版，第 2 页。

④ 参见中共中央党校党建教研室编：《苏联共产党章程汇编》，求实出版社 1982 年版，第 5—6 页。

上是团结的，能够领导俄国无产阶级的革命斗争的集体力量而顽强斗争"。①
此时的布尔什维克和孟什维克，双方的争执已到了剑拔弩张、势不两立的地
步。1904 年 8 月，由孟什维克控制的中央委员会，甚至禁止布尔什维克为
旨在解决纷争、实现党的统一而提议召开第三次代表大会所进行的宣传，迫
使列宁断绝了同中央委员会的联系，建立了自己的布尔什维克组织中心。俄
国社会民主工党形成了两个中央，处于分裂状态。

　　与此同时，列宁在提出集中制的组织原则和制度后，也受到了德国社会
民主工党和第二国际后来著名的左派领袖罗莎·卢森堡的批评。1904 年 7 月，
罗莎·卢森堡针对列宁《进一步，退两步》中阐述的集中制思想，发表了《俄
国社会民主党的组织问题》一文，指责列宁的集中制是"**极端集中主义**""**无
情的集中主义**"②。由于卢森堡是马克思主义理论家，有很高的声望，因此，
她的这篇文章在俄国社会民主工党内并对国际共产主义运动产生了很大的反
响。在卢森堡看来，列宁的集中制有两个基本原则："一方面把态度明确的
和活跃的革命家的有组织的部队同它周围的虽然还没有组织起来但是积极革
命的环境完全区别开来，另一方面是实行严格的纪律和中央机关对党的地
方组织生活的各个方面实行直接的、决定性的和固定的干预。"③这样的集中
制，是把俄国社会民主工党变成了布朗基主义的密谋主义和集中主义的组
织。空想社会主义的布朗基主义，把革命袭击的行动看成是"少数人的事"，
由他们进行"随意制定的，预先编制固定的计划，连细节也都作了规定。这
样，组织里的普通成员就自然而然地成了在自己的活动范围以外执行预定的
意志的纯粹的执行机器，成了中央委员会的**工具**"④。因此，布朗基主义的密

---

① 沈志华、于沛等编著：《苏联共产党九十三年——1898 至 1991 年苏共历史大事实录》，当代中国出版社 1993 年版，第 31 页。

② ［德］罗莎·卢森堡：《卢森堡文选》，李宗禹编，人民出版社 2012 年版，第 118 页。

③ ［德］《卢森堡文选》，李宗禹编，人民出版社 2012 年版，第 118 页。

④ ［德］《卢森堡文选》，李宗禹编，人民出版社 2012 年版，第 119—120 页。

谋主义和集中主义，使"党的各级组织对中央机关的绝对的盲目的服从和中央机关的决定大权一直扩展到最边远地区的党组织"①。卢森堡还把列宁的集中制等同于德国拉萨尔建立的全德工人联合会的"极端集中制"，她批评道："党的集中制不能建立在党的战士对中央机关的盲目听话和机械服从的基础之上"②，否则会扼杀党内民主，形成把"工人阶级降低为'委员会'执行工具的'官僚集中制'"，产生拉萨尔式的"独裁者"。③卢森堡认为，列宁的集中制将会导致中央委员会代替党的代表大会，成为决定党以及工人运动事业的掌管。她指出，在这种情况下中央委员会将全面决定从中央到地方各级组织的活动和人员构成，连党的最高机关即党代表大会的组成也不能幸免，实行这种集中制的结果，"中央委员会成了党的真正积极的核心，而其他一切组织只不过是它的执行工具而已。"④卢森堡认为，列宁非但未能看到极端集中主义可能带来的危害，反而将组织中的严格的集中主义与社会民主党的群众运动相结合视为一个特殊的革命的马克思主义原则，对此，卢森堡深表怀疑。对于卢森堡的这些批评和质疑，列宁十分气愤，著文进行了反驳，指出卢森堡歪曲了他的思想，歪曲了马克思主义的辩证法，也否定了俄国社会民主工党站立于无产阶级和人民群众的立场。不过客观地说，列宁多少也从卢森堡的文章中得到了启示，因为他知道，集中制毕竟不符合马克思主义组织无产阶级政党的基本原理，违背了马克思恩格斯在创建共产主义者同盟时确立的民主制的组织原则和制度。即使俄国社会民主工党在俄国特殊的国情下要实行集中制，但也不能完全否定马克思主义的民主制。应该说，列宁从卢森堡那里汲取了一些有益的意见，经过认真的思考，开始修正原来所提议的集中制的组织原则和制度。

---

① ［德］《卢森堡文选》，李宗禹编，人民出版社 2012 年版，第 120 页。

② ［德］《卢森堡文选》，李宗禹编，人民出版社 2012 年版，第 120 页。

③ ［德］《卢森堡文选》，李宗禹编，人民出版社 2012 年版，第 129 页。

④ ［德］《卢森堡文选》，李宗禹编，人民出版社 2012 年版，第 118 页。

随着 1905 年俄国革命形势的到来和革命运动的不断高涨，沙皇被迫在宪政方面作出了一些让步，开始允许人民享有一定的言论、出版、集会、结社和组织政党的自由。这给俄国社会民主工党提供了摆脱从前在秘密状态和警察迫害条件下进行革命的有利时机。为了适应这样的形势变化，必须改组党的组织和机构。列宁在《论党的改组》一文中制定了详细计划，提出必须采取一切办法，利用公开和半公开的党的机关以及广泛的外围组织，凡是可以实行选举的地方党的领导机关都应当由选举产生；成立支部并作为主要的基层组织，以代替过去秘密的地下组织。此时，党内也迫切要求俄国社会民主工党尽快结束组织上的分裂，实现全党统一的呼声日益强烈。怎样才能实现党的统一呢？列宁作出了新的考量，开始了思想转变，转向了为两派联合寻求和提供一个共识点。

1905 年 4 月，由布尔什维克筹备的俄国社会民主党第三次代表大会在伦敦开幕，虽然遭到了孟什维克的拒绝参加，三大成了列宁领导的布尔什维克代表大会，但三大在修改党章时，布尔什维克在通过列宁提出的党章第一条关于党员资格条文的同时，也增加了为孟什维克所主张的选举制、自治权等有关民主制的一些合理规定，诸如"代表大会选举中央委员会""所有执行完整工作的党组织（地方委员会、区委员会、工厂委员会等等），自主地处理专门同它所主管的党的工作的一切事宜"，其"自主程度，由建立该小组的中心组织规定"[1] 等。1905 年 7 月，列宁在《〈工人论党内分裂〉一书序言》中明确指出："这次大会制定的党章从根本上保证了任何少数人的权利。第三次代表大会照顾到了承认纲领、策略和组织纪律的任何少数人在党内的地位（如果可以这样说的话）。布尔什维克也考虑了在一个统一的党内给孟什维克一定的地位。"[2] 此举显然受到孟什维克的欢迎，并得到他们的理解。

---

① 中共中央党校党建教研室编：《苏联共产党章程汇编》，求实出版社 1982 年版，第 8 页。
② 《列宁全集》第 11 卷，人民出版社 2017 年版，第 154 页。

对于布尔什维克和孟什维克两派的合并统一，列宁提出了必须承认的六条基本组织原则：（1）少数服从多数；（2）党的最高机关应当是代表大会，实行民主代表制度的原则，这些代表作出的决定应当是最后的决定；（3）党的中央机关（或党的各个中央机关）的选举必须是直接选举，必须在代表大会上进行；（4）党的一切出版物，不论是地方的或中央的，都必须绝对服从党代表大会，绝对服从相应的中央或地方党组织；（5）对党员资格的概念必须作出极其明确的规定；（6）对党内任何少数人的权利同样应在党章中作出明确的规定。① 分析这六条基本组织原则，从第一条看，列宁强调少数要服从多数，民主必须走向集中，如果没有集中，任何事情没完没了，民主就无从谈起，永远没有结果，而以往孟什维克认为，民主就是个人的绝对自由，少数可以不服从多数。从第二条看，列宁强调党是一个整体，党的代表大会既然是大家选举出来的，就应该享有全权，代表们作出的决定应当是最后的决定，拍板定案，大家都必须服从，而孟什维克主张的民主，则是党的各个组织的完全自治、自行其是，党的各个部分不应该服从整体，部分对于整体应该有自治权，根本没有把中央看在眼里，这必然导致组织涣散，各自为阵。为此，列宁特别指出，服从代表大会作出的决定，这本身就是民主代表制度的原则，这样的中央决定与一般的协商会议的原则不同，不能再搞孟什维克主张的还要把中央决定交付各组织表决，举行所谓的"全民投票"这样的"民主"原则了。从第三条看，列宁强调选举必须规范、统一，只有在正式的代表大会上进行的选举才有效，而不能像孟什维克那样一不高兴就另行举行会议和进行另外的选举也可以算数。从第四和第五条看，列宁认为实行民主制也要强调党在出版物和党员组织方面的集中性特点。从第六条看，列宁认为民主制要实行保护少数人的原则，这应该包括在实行少数服从多数之后，少数人意见被否决后，也应允许少数人保留的权利，而在孟什维克方

---

① 参见《列宁全集》第 11 卷，人民出版社 2017 年版，第 154—155 页。

面则完全看不到这样的民主，"他们的党章没有从根本上保证党内任何少数人的权利"①。不难看到，列宁提出的六条基本组织原则，完全坚持了马克思主义的民主制，也实现了对孟什维克所主张的民主制的有力的、彻底的改造。

这六条基本组织原则足以说明，在经历了与卢森堡的争论后，列宁在理论上完全承认马克思恩格斯关于民主制的组织原则和制度的规定，保持了与马克思恩格斯立场的一致性。列宁作出的六条基本组织原则规定，在很大程度上可以说是对卢森堡批评的正面的、积极的回应。可见，卢森堡的批评对列宁阐述民主制的基本原则起了重要的影响作用。但同样需要指出的是，正是在该篇文章中列宁也强调指出，这些民主制的基本组织原则，"在具有政治自由的条件下这是很容易办到的"②，例如在德国，德国社会民主工党就拥有这样的政治自由条件，"但是在秘密组织中就不同了"③，实际上无法做到民主制的这些规定。这就为虽然俄国发生了 1905 年的资产阶级民主革命，但在专制制度没有发生根本变化之前，俄国社会民主工党在一定程度上还要保持着集中制的做法留下了充分的余地，肯定了布尔什维克坚持集中制的必要性和重要性。

基于列宁的努力，在 1905 年 11 月召开的第二次全俄孟什维克委员会代表会议上，他们开始认识到布尔什维克集中制原则包含的合理性，在讨论党员资格问题时"通过了列宁的党章第一条条文"④。这表明，孟什维克也能接受布尔什维克关于集中制的主张。通过这些互动，双方都有达到统一的愿望，就为两派的合作取得了共识、创造了条件、奠定了基础，推动了俄国社

---

① 《列宁全集》第 11 卷，人民出版社 2017 年版，第 154 页。

② 《列宁全集》第 11 卷，人民出版社 2017 年版，第 155 页。

③ 《列宁全集》第 11 卷，人民出版社 2017 年版，第 156 页。

④ 沈志华、于沛等编著：《苏联共产党九十三年——1898 至 1991 年苏共历史大事实录》，当代中国出版社 1993 年版，第 57 页。

会民主工党对立两派的合并统一。由于布尔什维克改造了孟什维克的民主制，孟什维克也在一定程度上认识和赞成布尔什维克的集中制，使得列宁转而寻求把民主制和集中制结合起来，决定采取民主集中制的组织原则和制度，由此，列宁完成了从集中制到民主集中制的转变。

1905 年 12 月，布尔什维克召开了俄国社会民主工党第一次代表会议。在会议通过的关于"党的改组"决议中，布尔什维克首次明确地提出了民主集中制的概念和它的三条原则："(1) 代表会议确认民主集中制原则是不容争论的，认为必须实行广泛的选举制度，赋予选举出来的各中央机构以进行思想领导和实际工作领导的全权，同时，各中央机构可以撤换，它们的活动应广泛公布并应遵守严格地作工作报告的制度。(2) 为了统一和活跃地方上的工作，代表会议建议举行区域代表会议以及建立同区域机关的联合组织。(3) 代表会议建议各级党的组织立即最坚决地根据选举原则改组各地方组织，同时不要马上强求各选举机构的一切制度完全一样；但是不符合完备的民主制的做法（二级选举等等）只有在存在无法克服的实际障碍的情况下才能容许。"[1] 这三条规定的第一条，既讲了广泛选举的民主，又讲了赋予领导全权的集中；第二条讲各区域、各层级应实现组织上的集中；第三条讲组织选举的民主制和无法选举而采取委派任命的集中制应该并存。总之，这三条规定既有民主制、又有集中制，把民主制和集中制结合起来了，无愧于称为民主集中制。此次会议也通过了关于召开统一代表大会的决议："强调关于党的改组的决议规定必须遵守民主集中制原则。"[2]

在俄国社会民主工党的两派都接受和肯定了民主集中制原则的情况下，1906 年 3 月，列宁在《提交俄国社会民主工党统一代表大会的策略纲领》

---

[1] 中共中央马克思恩格斯列宁斯大林著作编译局译：《苏联共产党代表大会、代表会议和中央全会决议汇编》第一分册，人民出版社 1964 年版，第 119 页。

[2] 沈志华、于沛等编著：《苏联共产党九十三年——1898 至 1991 年苏共历史大事实录》，当代中国出版社 1993 年版，第 62 页。

中指出："党内民主集中制的原则是现在一致公认的原则。"① 这表明，俄国社会民主工党已经有了共识，确定了民主集中制的原则，并决定按照民主集中制的原则，实现布尔什维克和孟什维克两个中央的合并。随后，1906 年4 月，俄国社会民主工党在斯德哥尔摩举行了第四次（统一）代表大会，这次代表大会建立了全国统一的俄国社会民主工党。党的四大通过的党章，第一次载入了关于民主集中制的条文："党的一切组织是按民主集中制原则建立起来的。"② 从此，民主集中制成为俄国社会民主工党确立的组织原则和制度。

三、民主集中制的内涵规定及演进发展

俄国社会民主工党统一的第四次代表大会通过的党章，虽然确立了民主集中制，却没有对民主集中制列出具体的条文加以阐述，但这不等于说，党根本没有关于民主集中制的内涵规定，因为列宁 1906 年 3 月在会前的《提交俄国社会民主工党统一代表大会的策略纲领》中提出的关于"党的组织原则"的部分，可以视为对民主集中制内涵的具体规定。

首先，在关于"党的组织原则"中列宁指出："在目前的政治条件下实行民主集中制固然有困难，但是在一定范围内还是可以实行的"；"把党组织的秘密机关和公开机关混同起来，对于党是非常危险的，将会使党容易受到政府的破坏"。③ 这些规定说明，一是鉴于在资产阶级革命条件下，虽然人民群众获得一定的民主权利，但是沙皇的专制仍然存在，民主集中制只在一定的范围内可以实行它的民主原则，而在其他相当大的范围实行则有困难，不可以在这些范围取代集中制的实行；二是要特别注意把党的组织分为秘密

① 《列宁全集》第 12 卷，人民出版社 2017 年版，第 214 页。

② 中共中央党校党建教研室编：《苏联共产党章程汇编》，求实出版社 1982 年版，第 10 页。

③ 《列宁全集》第 12 卷，人民出版社 2017 年版，第 214 页。

机关和公开机关两类，适合公开的组织就公开，不适合公开的组织要完全保密，绝不可掉以轻心。这在实际上阐明了，民主集中制就是：党的公开的、基层的组织实行民主制和党的秘密的、中上层组织实行集中制。简单地说，就是公开的、基层组织的民主制和秘密的、中上层组织的集中制两者的相结合。

其次，列宁具体地提出了关于民主集中制的五点建议："（1）党组织的选举原则应该自下而上地贯彻执行；（2）只有在无法克服的警察阻挠和极特殊的情况下才可以放弃这一原则，实行二级选举或者对选出的机构进行增补等等；（3）迫切需要保持和加强党组织的秘密核心；（4）为了举行各种公开的活动（出版、集会、结社、特别是工会等），应该成立专门行动组，但是这些部门在任何情况下也不能危害秘密支部的完整性；（5）党的中央机关应该是统一的，也就是说，党的全体代表大会应该选出统一的中央委员会，由中央委员会指定党中央机关报的编辑部等等。"① 分析五点建议的第一点和第二点，都是关于选举制度的规定，说明要实行直接选举以及在直接选举无法做到的情况下，实行二级选举（即间接选举）的民主原则和制度问题。第三点和第四点，是关于秘密工作和公开活动的问题，说明在资产阶级革命条件下，虽然有了出版、集会、结社、组织工会的民主自由权利，党组织可以通过专门行动组开展基层的、社会上的公开活动，但是秘密工作仍为必要，绝不能因此暴露了党的核心组织，而且，开展公开活动要服从命令和指挥，不能危害到党的秘密组织，秘密组织必须保持集中制原则；第五点，既讲了中央委员会要有全体代表大会选举的民主制，又讲了中央委员会在拥有民主授权情况下可以行使指定和任命相关职务的集中制。概言之，列宁的五点建议说明，虽然发生了资产阶级革命，但沙皇专制依然存在，民主集中制只能在一定范围实行民主制，而在其他相当大的范围则要实行集中制；特别

---

① 《列宁全集》第 12 卷，人民出版社 2017 年版，第 214 页。

要注意把党的组织分为秘密机关和公开机关两类，公开机关实行民主制，秘密机关实行集中制。总之，既要实行民主制，也要实行集中制，必须把民主制和集中制结合起来。联系 1905 年 12 月布尔什维克召开俄国社会民主工党第一次代表会议，列宁提出民主集中制的三条原则，这五点建议既与之密切相关，又更为丰富和拓展了。

由上可知，列宁在 1905—1906 年间经过思考并最终创立的民主集中制，是指在一些具备了政治自由的条件下必须运用民主制的方法手段开展党的活动，所实行的民主制的内涵包括进行选举、召开会议、作工作报告等。而对党的其他相当大的范围而言，仍然只能实行职业革命家的集中制，所实行的集中制的内涵包括职业革命家可以不经过广泛的讨论、商议，就能够作出决策，以及具有指定和任命党的干部的权限等。可以说，此时列宁创建的民主集中制，实际上是对原来布尔什维克主张的完全的集中制的一种修正改进，是在集中制的组织体系中加入民主制的部分。早在酝酿民主集中制的过程中，列宁就在 1905 年 9 月写的《德国社会民主工党耶拿代表大会》一文中指出："要实行彻底的集中制和坚决扩大党组织内的民主制"[①]，这说明民主集中制是由民主制和集中制建构的。创立民主集中制后，列宁在很多著作中更明确地讲了，民主集中制既是无产阶级的民主制，也是无产阶级的集中制。1915 年 10 月，他在《致"社会主义宣传同盟"书记》中说："我们在自己的报刊上一向维护党内民主。但是我们从未反对过党的集中。我们主张民主集中制。"[②] 因而，民主集中制就是民主制和集中制两部分的结合。不过，在民主革命时期，实行民主制的范围较小、层次也较低，民主制在党内处于从属的地位；而集中制的范围较大、层次较高，构成主要部分，在党内处于支配地位。

---

① 《列宁全集》第 11 卷，人民出版社 2017 年版，第 325 页。

② 《列宁全集》第 27 卷，人民出版社 2017 年版，第 89 页。

关于民主集中制以其中的集中制为主体部分，这从民主集中制这一概念的构词法可以得到清楚的说明。民主集中制的俄语 Демократический централизм 是一个复合词，其中的 демократический 是形容词，意为"民主的""民主制的"；централизм 是名词，意为"中央""集中（制）""集权（制）"，它与另一个词 централизация 即"中央集中制""中央集权制"是同义词。因此，демократический 和 централизм 两个词合成一个专有名词，即为"民主的集中制"或"民主制的集中制"，可见，它以集中制为主。在权威的《苏联大百科全书》编写的"民主集中制"条目中，就作出如下阐释："苏联共产党党章中明文规定的民主集中制，把布尔什维克的集中制和民主制不可分割地统一起来。"① 苏联学者巴贺什耶夫也指出："联共（布）一贯遵循着布尔什维克的集中制与民主制，布尔什维主义的组织原则"②。在这里，列在前面的和首先强调的是集中制，其次才是民主制。当然，民主集中制中的民主制和集中制这两部分相比较起来，虽说民主制的部分较少，但它在与集中制的共存关系中，并不是显得无关紧要，或是可有可无的。恰恰相反，民主制对集中制产生了重大的、积极的作用。由于在党的公开的基层组织实行民主原则，可以开展民主活动，党员充满了责任心、主动性，就会产生巨大的民主智慧，这使处于秘密的核心组织中的职业革命家、领导者可以兼听各种不同的议论、意见，从而在他们实行集中制时择善而行，不至于偏离正确的方向。

列宁在 1905—1906 年创立的民主集中制，是对马克思恩格斯关于党的组织原则和制度理论的创新性发展。马克思恩格斯在创建无产阶级政党学说的过程中，没有提出"民主集中制"这个概念，本来，在他们的理论视域里，民主制和集中制是根本对立、无法相容的两种制度。但列宁是伟大的马克思

---

① 《苏联大百科全书选译：民主集中制·党内民主·党的集体领导·党内统一·党内纪律》，刘丕坤译，人民出版社 1954 年版，第 1 页。

② ［苏］巴贺什耶夫：《布尔什维克党的集中制与民主制》，葆和甫译，新华书店 1950 年发行，第 3 页。

主义者,掌握了马克思主义的精髓,善于把马克思主义普遍原理与本国实际相结合。列宁作为唯物主义辩证法的大师,认为对立的两个方面,既是对立的、又是统一的,可以在一定的条件下达到统一。因此,他把民主制和集中制结合起来,提出了民主集中制。

党的四大结束后,列宁没有停止对新型的民主集中制原则和制度的思考。在《前"布尔什维克"派出席统一代表大会的代表告全党书》中,列宁对民主集中制作了专门的宣介,一方面强调要坚持集中制原则:"我们反对任何分裂行为。我们主张服从代表大会的决议。我们反对抵制中央委员会,并且珍惜合作","我们坚持中央委员会有权任命和撤换中央机关报的编辑部。"① 另一方面强调要实行民主制原则,扩大民主的因素,它包括:"应当对党内的问题广泛地展开自由的讨论,对党内生活中各种现象展开自由的、同志式的批评和评论",以及"保障任何少数和任何忠实的反对派的权利"和"每个党组织的自治权","承认党的一切负责人员必须由选举产生、必须报告工作并且可以撤换等"②。同时,列宁认为,只要遵守和贯彻民主制原则,就能保证实行集中制原则,"就能保证党不发生分裂,保证党内思想斗争能够而且应当同严格的组织上的统一,同大家服从共同的代表大会的决议完全一致"③。为了"在党组织中真正实现民主集中制的原则",列宁还指出:"要进行顽强不懈的努力,使基层组织真正成为而不是在口头上成为党的基本组织细胞,使所有的高级机关都成为真正选举产生的、要汇报工作的、可以撤换的机关。要进行顽强不懈的努力来建立一个包括全体觉悟的工人社会民主党人、独立进行政治活动的组织。应该实现直到现在还多半是在纸上承认的所有党组织的自治权。"④ 这就是说,要抓紧落实执行民主制。列宁还希望,统

① 《列宁全集》第 12 卷,人民出版社 2017 年版,第 362 页。
② 《列宁全集》第 12 卷,人民出版社 2017 年版,第 362 页。
③ 《列宁全集》第 12 卷,人民出版社 2017 年版,第 362 页。
④ 《列宁全集》第 13 卷,人民出版社 2017 年版,第 59 页。

一的党内的思想斗争不应该破坏无产阶级行动的一致，民主集中制应当实践"讨论自由，行动一致"①的新原则。列宁自豪地说："现在整个党组织是**按民主原则**建立的。这就是说，**全体**党员选举负责人即委员会的委员等等，**全体**党员讨论和**决定**无产阶级政治运动的问题，**全体**党员**确定**党组织的策略方针。"②列宁还指出，凡是党的涉及群众的重大问题，必须征求群众的意见才能作出决定。他说："为了贯彻民主制，极重要的问题以及那些同**群众本身**的一定行动有直接关系的问题，不仅必须用选派代表的方式，而且必须用征询全体党员意见的方式来决定。"③

1907年6月，在资产阶级民主革命失败后，沙皇开始残酷镇压工农群众和革命者，俄国进入了更为反动专制的时期。列宁被迫再次流亡国外，继续领导布尔什维克党，一方面隐蔽保存骨干，另一方面争取发动群众，把秘密斗争与合法斗争相结合。此时，列宁根据现实斗争的需要，着重强调了集中制的问题。1907年5月，列宁批评俄国社会民主工党彼得堡组织的孟什维克，对集中制执行不力，"由一些专门委员会进行**日常工作**，而这些委员会零星分散，没有由代表会议的一个执行机关把它们统一起来，这种组织的工作能力如何是可以想象的！民主**集中制**在这里变成了空中楼阁。"④列宁还突出了中央集中制的作用，他说："中央集权制的大国是从中世纪的分散状态向将来全世界社会主义的统一迈出的巨大的历史性的一步，除了**通过这样**的国家（同资本主义**紧密**相联的）外，没有也不可能有别的通向社会主义的道路。"⑤当然，列宁也没有忽视民主及自治原则，他指出："决不能忘记，我们维护集中制只是维护**民主**集中制。""民主集中制不仅不排斥地方自治以及

① 《列宁全集》第13卷，人民出版社2017年版，第63页。
② 《列宁全集》第13卷，人民出版社2017年版，第191页。
③ 《列宁全集》第14卷，人民出版社2017年版，第250页。
④ 《列宁全集》第15卷，人民出版社2017年版，第284页。
⑤ 《列宁全集》第24卷，人民出版社2017年版，第149页。

有独特的经济和生活条件、民族成分等等的区域**自治**，相反，它必须**既要求地方自治，也要求区域自治**。"① 可见，列宁十分注意民主集中制在具体条件下的重点以及民主制和集中制的联系和统一。

随着 1917 年十月革命的胜利和社会主义建设的展开，列宁对民主集中制的论述又侧重于这一原则和制度如何贯彻落实的问题，将民主集中制的民主制和集中制紧密地结合起来，应用到国家管理和经济管理的实际工作中去。

首先，实行民主集中制要建立集体领导制度。列宁认为，在社会主义建设中要大力发扬社会主义民主，吸收成千上万的人民群众参加管理。在这样的民主基础上，必须贯彻集体领导的原则，"苏维埃机关的管理工作问题一概通过集体讨论来决定"②。只有建立集体领导制度，才能保证党的统一和政策的正确性。

其次，实行民主集中制要建立个人分工负责制度。列宁写道："民主集中制""建立责任制"③，"应当极其明确地规定**每个**担任公职的人对**执行一定**的具体任务和**实际**工作所担负的**责任**。……明确各个委员或负责人员的分工和责任"④。列宁还强调指出："为了处理工农国家的事务，必须实行集体管理制。但是任何夸大和歪曲集体管理制因而造成办事拖拉和无人负责的现象，任何把实行集体管理的机关变为清谈馆的现象，都是极大的祸害，应不顾一切尽快根除这一祸害。"⑤

最后，实行民主集中制要建立检查监督制度。有了工作责任制后，还要进行监督检查并做出必要的、相应的惩处。列宁指出："民主集中制就是：由

① 《列宁全集》第 24 卷，人民出版社 2017 年版，第 149 页。

② 《列宁全集》第 35 卷，人民出版社 2017 年版，第 359 页。

③ 《列宁全集》第 34 卷，人民出版社 2017 年版，第 514 页。

④ 《列宁全集》第 35 卷，人民出版社 2017 年版，第 359 页。

⑤ 《列宁全集》第 37 卷，人民出版社 2017 年版，第 41 页。

代表大会检查中央的工作，免除中央的职务并任命新的中央。"①党的检查委员会和国家监察部，要进行名副其实的监察，要在经济生活的各个部门建立流动检查小组。

纵观列宁从 1905 年至 1924 年对民主集中制的论述可知，民主集中制在近 20 年间经历了不断的演进发展，尤其是 1917 年十月革命胜利后，无产阶级政党夺取了政权、建立了社会主义国家，情况发生了天翻地覆的变化，布尔什维克成为执政党，其秘密工作的状态已结束，因而，民主集中制中的集中制占主要部分的情况不复存在了。同时，集中制已完全成为与民主制相适应、相衔接的一种民主性质的形式和制度，不需要保存任何不经过民主讨论、商议和民主授权而能够作出的独断专行。此时的民主集中制的制度规定在于，其民主制针对的是专制或官僚集中制，其集中制针对的是无政府主义和分散主义。对此，在 1918 年 3 月写的《〈苏维埃政权的当前任务〉一文初稿》中，列宁明确地说："我们主张民主集中制。因此必须弄明白，民主集中制一方面同官僚主义集中制，另一方面同无政府主义有多么大的区别。"②他提醒人们，不要"把集中制同专横和官僚主义混为一谈"③，要求用"自觉的、民主的、无产阶级的集中制来同资产阶级的、军阀的、官吏的集中制相对立"④。

需要指出的是，1905—1906 年时产生的民主集中制，显然不同于 1847年诞生的民主制，因而完全可以说，列宁创立了不同于马克思恩格斯政党民主制的民主集中制。但在 1917 年之后，布尔什维克党成为社会主义国家的执政党，民主集中制中的民主制，实为狭义概念的民主，执行的是民主原则，集中制也已成为民主的一个部分，完全体现了民主精神，此时民主集中

① 《列宁全集》第 38 卷，人民出版社 2017 年版，第 297 页。
② 《列宁全集》第 34 卷，人民出版社 2017 年版，第 139 页。
③ 《列宁全集》第 24 卷，人民出版社 2017 年版，第 149 页。
④ 《列宁选集》第 3 卷，人民出版社 2012 年版，第 158 页。

制所包含的内涵，实际上已经回归到了马克思恩格斯主张的民主制，等同于民主制。由此可知，列宁创建的民主集中制在发展的进程中呈现出两种形态：在白色恐怖和革命时期为原生形态；在布尔什维克夺取政权后进入社会主义建设时期为再生形态。俄国十月革命的胜利，使民主集中制由第一种原生形态进入第二种再生形态，此时的集中制不再"拥有至高无上的、不受监督的、不对其他人负责的、不经过选举的权力"[1]，而转变为实行"民主的集中"，民主集中制成为全面的民主制。因此，完全可以把 1917 年以后实行的民主集中制直接称为民主制。

但是，为什么列宁领导的布尔什维克党没有把民主集中制改称为民主制呢？这个问题可以从两方面作出理解：一方面，从民主集中制发展的进程看，它经历了由布尔什维克主张集中制而孟什维克主张民主制的激烈争论，到双方达成民主制与集中制的求同共识，最终形成了相互结合的、完整的民主集中制，可以说民主集中制的创立承载着一段难以忘怀的历史，弥足珍贵，值得留存；另一方面，民主集中制从概念本身看，还有一个突出的长处，就是它使党的民主制的内涵更简洁、明晰化了，民主集中制从字面上一看即知，它既有民主（制）也有集中（制），因而比单纯地称民主制更好。同时要看到，列宁创立的民主集中制，其第二种形态也不是简单地回归于马克思恩格斯的政党民主制，而是极大地增添和丰富了"民主的权利"和"民主的集中"两大部分内涵，实现了对马克思恩格斯政党民主制的提升和飞跃。

四、民主集中制设定的主要原则和制度

列宁创立的民主集中制，把民主制和集中制联系在一起，抓住了党的组织制度及其工作活动的两个重要方面，第一，党内绝不能实行专制，搞"一

---

[1] 《列宁全集》第 8 卷，人民出版社 2017 年版，第 361 页。

言堂"、家长制，一定要实行民主制；第二，党内也绝不能处于软弱涣散的、无政府的状态，因而也一定需要集中制，但这个集中制是建立在民主的基础上，它所形成的集中，是民主的集中，因而是民主的集中制。民主制、集中制，究其实质都是民主制度，其中的民主制是民主实施的第一阶段，即民主在党内开展的初始进程，集中制则是民主实施的第二阶段，即民主最终走向完善的进程。为了贯彻执行民主集中制，列宁为民主集中制设定了主要的原则和制度。

1.党内民主。列宁在1906年就提出布尔什维克的"党内民主制"[①]问题，要实行选举原则等党内民主。1934年1月，在苏共十七大制定的《全苏联共产党（布尔什维克）党章》中，首次以党章中的章题形式，写入关于"党内民主和党的纪律"的规定。这个规定正是按照列宁的观点，指出党内民主"是每一个党员根据党内民主制所享有的不可剥夺的权利"[②]。只有实行党内民主，才能"防止少数人强迫党内绝大多数人服从他们的意志"[③]。而1939年9月苏共十八大制定的党章，在第三章专门以"党的组织机构。党内民主"[④]为标题，第一次明确地将党内民主放置于民主集中制的范围之内来论述，党内民主就是为了更好地实行民主集中制，党内民主要健康有序地得以开展。

2.公开性。党的事务要在党内公开，并且这些党内事务在有条件、有必要的情况下也应该尽可能地向社会公开。公开性不仅是对本组织成员的公开，而且也包括对社会的公开。列宁列举了当时的德国社会党组织的例子，称德国社会党之所以是民主的组织，因为在德国社会党内一切都是公开进行的，甚至党代表大会的会议也是公开举行的。列宁认为，公开性是判断是否实行党内民

---

① 参见《列宁全集》第14卷，人民出版社2017年版，第169页。

② 中共中央党校党建教研室编：《苏联共产党章程汇编》，求实出版社1982年版，第79页。

③ 中共中央党校党建教研室编：《苏联共产党章程汇编》，求实出版社1982年版，第79页。

④ 中共中央党校党建教研室编：《苏联共产党章程汇编》，求实出版社1982年版，第86页。

主的鲜明标识，一个没有公开性的政党，谁也不会称之为民主的组织。

3.党员享有各种民主权利。党是领导无产阶级争取民主制的先进战士，每一个党员也就自然成为民主战士，理应享有民主权利。党员一律平等并享有民主权利，是党的民主制开展的前提条件。列宁指出，党员应该"担负一定的工作，保证服从党机关的指示，享有党员的权利"①，必须切实尊重和保障党员享有的各种民主权利。

4.选举制。选举制是民主制的基石，列宁指出："我们的党章十分明确地规定党是民主的组织。整个组织是自下而上在选举制的基础上建立起来的。"② 这就是说，"党的一切负责人员必须由选举产生"③，由"**全体**党员选举负责人即委员会的委员等等"④。这样的选举制，是普遍、直接、平等和无记名投票的选举制。实行普遍、直接、平等和无记名投票的选举，本来是社会民主党人对国家杜马（议会）选举的一种要求，但它同样地也适用于党内的民主选举。

5.讨论和批评自由。列宁指出，对党的工作事务和决定，应该实行讨论自由的原则，由"**全体**党员讨论和**决定**无产阶级政治运动的问题，**全体**党员**确定**党组织的策略方针"⑤。后来，党章作出明确规定，应该"在各个组织内或在全党内自由而切实地讨论党的政策问题"⑥。列宁十分重视在党内开展批评，他指出："共产党人的责任不是隐讳自己运动中的弱点，而是公开地批评这些弱点，以便迅速而彻底地克服它们。"⑦ 敢不敢批评和能不

---

① 《列宁全集》第 7 卷，人民出版社 2013 年版，第 13 页。

② 《列宁全集》第 14 卷，人民出版社 2017 年版，第 257 页。

③ 《列宁全集》第 12 卷，人民出版社 2017 年版，第 362 页。

④ 《列宁全集》第 13 卷，人民出版社 2017 年版，第 191 页。

⑤ 《列宁全集》第 13 卷，人民出版社 2017 年版，第 191 页。

⑥ 中共中央党校党建教研室编：《苏联共产党章程汇编》，求实出版社 1982 年版，第 87 页。

⑦ 《列宁选集》第 4 卷，人民出版社 2012 年版，第 235 页。

能批评，这是衡量一个党成熟与否的标志。"一个政党对自己的错误所抱的态度，是衡量这个党是否郑重，是否**真正**履行它对本**阶级**和劳动**群众**所负义务的一个最重要最可靠的尺度。公开承认错误，揭露犯错误的原因，分析产生错误的环境，仔细讨论改正错误的方法——这才是一个郑重的党的标志"①。

6.行动一致。列宁指出："我们已经不止一次从原则上明确地谈了我们对工人政党的纪律的意义和纪律的概念的看法。**行动一致，讨论和批评自由**"②。讨论自由、批评自由，但行动必须一致。列宁指出："民主集中制和地方机关自治的原则所表明的正是充分的普遍的**批评自由**，只要不因此而破坏**已经确定的行动**的一致，——它也表明不容许有**任何**破坏或者妨害党既定行动的**一致**的批评。"③

7.少数服从多数。列宁说："没有少数服从多数，就不可能有稍微称得上工人党的党。"④"要实行统一，就得少数服从多数"⑤，要彻底消除分裂，"在于建立那种强有力的、能够迫使少数服从多数的无产阶级组织"⑥。实行民主，如果不走向集中和实行集中，就将陷于无休止的吵架之中，不能作出任何的决定，而要走向集中、实行集中，就要实行少数服从多数的原则。少数服从多数还要求"下级机关和全体党员绝对服从上级机关的决议"⑦。

8.保护少数人权利。在党内民主生活中，当一些人的看法、观点、意见、建议不被大家认可，被否决了，这些人成为少数人和少数派。列宁认

① 《列宁选集》第4卷，人民出版社2012年版，第167页。
② 《列宁全集》第14卷，人民出版社2017年版，第121页。
③ 《列宁全集》第13卷，人民出版社2017年版，第129页。
④ 《列宁全集》第9卷，人民出版社2017年版，第5页。
⑤ 《列宁全集》第46卷，人民出版社2017年版，第173页。
⑥ 《列宁全集》第20卷，人民出版社2017年版，第343页。
⑦ 中共中央党校党建教研室编：《苏联共产党章程汇编》，求实出版社1982年版，第69页。

为，必须保护少数人和少数派以及他们的权利。列宁说："在全体党员必须遵守的党章中明文规定了对任何少数派的权利的明确保证。少数派现在有党章保障的绝对权利坚持自己的观点"①。列宁还强调，务必尊重少数人的合法权利，团结少数人，要善于"使少数派能和多数派在一个党内共事"②。

9. 工作报告制。1919年12月，在列宁领导下，俄共（布）召开的第八次全国代表会议制定的党章明确规定，代表大会要"听取和批准中央委员会、检查委员会和其他中央机关的总结报告"③。这之后，作为民主集中制的四项规定之一，党章明确要求党的机关定期向自己的组织报告工作。在列宁时期，党的会议规则还允许，有的报告可以在作了正报告之后再作观点不同的副报告。议案也是如此，可以提出不同的提案、建议，便于展开讨论，激发思路，寻求最佳方案。

10. 定期举行党的会议。1906年4月，在俄国社会民主工党四大制定的党章中就规定了，党的最高机关是党代表大会，其产生的中央委员会是执行机关。定期的代表大会由党的中央委员会召开，每年一次。同时，应提前一个半月将代表大会的议事日程宣布。党章还规定，遇到特殊和紧急情况时，还要专门召开代表大会，如果占代表大会总票数一半的党组织要求召开代表大会，中央委员会必须在两个月以内召开紧急代表大会。列宁还要求："为发挥党员的主动精神，除其他措施外，还绝对必须更经常、更广泛地召开党员大会"④。

11. 中央集权和地方自治制。在一个国家范围内建立全国性的无产阶级政党，必然有着中央组织和地方各级组织，全党必须实行中央集权制。作为民主性的政党，如同党员个人享有民主权利一样，地方组织也享有自治的权

---

① 《列宁全集》第10卷，人民出版社2017年版，第201页。

② 《列宁全集》第10卷，人民出版社2017年版，第201页。

③ 中共中央党校党建教研室编：《苏联共产党章程汇编》，求实出版社1982年版，第20页。

④ 《列宁全集》第39卷，人民出版社2017年版，第323页。

利。列宁指出："党章第 8 条已经规定，任何一个组织都在本地的事务方面享有自治权（自主权）"①，因为"民主集中制不仅不排斥地方自治以及有独特的经济和生活条件、民族成分等等的区域**自治**，相反，它必须**既要求地方自治，也要求区域自治**"②。如果所有的事务都由中央来管，既没有必要也不可能管好，"一个民族成分复杂的大国只有通过地区的自治才**能够**实现真正民主的集中制"③。

12. 质询、监督和撤换制。质询制是指，党的任何一项政策主张和纲要计划等提出后，应允许党内同志对之怀疑和进行问询，然后，由相关负责的同志进行回应答复。监督制是指，对党员干部的言行进行检查，以便查究是否违反了党的纪律规定，并对违反者作出相应的惩处。列宁指出："对于党员在政治舞台上的一举一动进行普遍的（真正普遍的）监督，就可以造成一种能起生物学上所谓'适者生存'的作用的自动机制。完全公开、选举制和普遍监督的'自然选择'作用，能保证每个活动家最后都'各得其所'，担负最适合他的能力的工作，亲身尝到自己的错误的一切后果，并在大家面前证明自己能够认识错误和避免错误。"④ 在实行真正、普遍监督的基础上，列宁特别注重专门性的监督，即由负责专职监督工作的机构来进行。1920 年 9 月，列宁在提交的《关于党的建设的当前任务的决议草案》中指出："有必要成立一个同中央委员会平行的监察委员会，由受党的培养最多、最有经验、最大公无私并最能严格执行党的监督的同志组成。党的代表大会选出的监察委员会应有权接受一切申诉和审理（经与中央委员会协商）一切申诉，必要时可以同中央委员会举行联席会议或把问题提交党代表大会。"⑤ 根据列

---

① 《列宁全集》第 8 卷，人民出版社 2017 年版，第 409 页。

② 《列宁全集》第 24 卷，人民出版社 2017 年版，第 149 页。

③ 《列宁全集》第 25 卷，人民出版社 2017 年版，第 73 页。

④ 《列宁全集》第 6 卷，人民出版社 2013 年版，第 132 页。

⑤ 《列宁全集》第 39 卷，人民出版社 2017 年版，第 323 页。

宁的这个提议，1921 年 3 月，俄共（布）十大专门作出《关于监察委员会》的决定，由党的全国代表大会选举产生了中央监察委员会。监察委员会的任务是"同侵入党内的官僚主义和升官发财思想，同党员滥用自己在党内和苏维埃中的职权的行为，同破坏党内的同志关系、散布毫无根据的侮辱党或个别党员的谣言以及其他诸如此类的破坏党的统一和威信的流言蜚语的现象作斗争"①。对不称职的党员干部及时进行撤换淘汰。

13.严格遵守党的纪律。列宁指出，在无产阶级政党内部"必须实行极严格的集中和极严格的纪律"②。这样的纪律是"全体党员不分上下都必须无例外和无条件地承认党的纪律"！③"不仅**要求**普通党员，而且要求'上层人物'履行党员的义务"④。无产阶级政党需要达到集中统一，集中统一需要用纪律来保证，必须强调严格遵守党的纪律的原则。

以上列宁设定的 13 个主要原则和制度，形成了民主集中制的框架结构，它既包含了民主制，这样的民主制就是民主集中制中的党内民主，即党员的民主权利及其实行运用；也包含了集中制，这样的集中制必须紧密联系于党内民主。列宁关于民主集中制的理论和制度规定，一方面丰富拓展了马克思恩格斯已规定的民主制内涵，另一方面把马克思恩格斯曾经提出来的要加强党的集中的思想更加系统化，并制定出集中制的原则与制度，成为党章中具体的条文规则，要求全体党员严格遵循。

列宁创立的民主集中制，是对马克思主义关于党的组织理论的继承和重大发展，由是，列宁创立了一个完全新型的无产阶级政党。新型的民主集中制的无产阶级政党，既不同于空想社会主义的集中制政党，也不同于资产阶

---

① 中共中央马克思恩格斯列宁斯大林著作编译局译：《苏联共产党代表大会、代表会议和中央全会决议汇编》第二分册，人民出版社 1964 年版，第 70 页。

② 《列宁全集》第 39 卷，人民出版社 2017 年版，第 24 页。

③ 《列宁全集》第 10 卷，人民出版社 2017 年版，第 202 页。

④ 《列宁全集》第 8 卷，人民出版社 2017 年版，第 395 页。

级的民主制政党，更不同于第二国际修正主义、机会主义效仿资产阶级民主自由组成的松散型政党。列宁特别针对第二国际在政治上搞改良主义，在组织上搞所谓的"广泛民主原则"，主张可以自行列名入党、自由行动的各国社会民主党，旗帜鲜明地与其相对立，坚定地创建了一个具有新的革命纲领、新的组织原则和具有严密组织、严明纪律的新型无产阶级政党。

五、民主集中制的基本形式及其相互关系

列宁创立的民主集中制理论，具有三种基本的制度形式：一是作为共产党组织原则和政党制度形式的民主集中制，前面已作了大量论述，这里无须赘述。

二是作为国家形式和国家制度形式的民主集中制。20世纪初的俄国，是一个多民族的国家，共有200多个民族。在民族和国家问题上，为了反对沙皇专制统治，反对大俄罗斯民族主义，列宁从创建俄国社会民主工党开始，就坚持所有民族一律平等、实行民族自决权。1914年2月，列宁在《论民族自决权》中把俄国布尔什维克党关于民族问题的纲领概括为："各民族完全平等，各民族享有自决权，各民族工人打成一片"[1]。列宁在提出民族自决权的政策时，特别强调民族自决权必须服从无产阶级阶级斗争的利益，不能超出无产阶级团结所决定的合理界限。在设想未来国家的方案时，列宁把党的民主集中制的原则和制度运用于国家政权建设，形成了建构"民主集中制的共和国"[2] 这一国家形式的思路。

国家形式，包括国家的结构形式和组织形式。国家结构形式指国家的整体与部分、中央与地方的关系，主要为单一制（中央集权制）、复合制（联

---

[1] 《列宁全集》第25卷，人民出版社2017年版，第288页。

[2] 《列宁选集》第3卷，人民出版社2012年版，第175页。

邦制、邦联制）以及自治制等；国家组织形式即政体，主要有君主立宪制、民主共和制等。列宁在思考俄国的社会主义国家形式的制度建构时，最初曾坚持马克思恩格斯的单一制国家结构和共和国政体形式的思想。因为马克思认为，德国工人阶级"不仅要力求建立统一而不可分割的德意志共和国，而且还要极其坚决地把这个共和国的权力集中在国家政权手中"[①]。恩格斯也指出："无产阶级只能采取单一而不可分的共和国的形式。"[②] 但是，1917 年二月革命后出现了新情况，虽然资产阶级民主革命推翻了沙皇专制制度，然而资产阶级临时政府并未消灭民族压迫，仍然继续老沙皇的大国沙文主义政策。遭受大俄罗斯统治压迫的边疆地区各民族，纷纷开展反抗压迫的民族运动，建立起了本民族的政权机构，如乌克兰于 1917 年 4 月、白俄罗斯于 1917 年 7 月成立了自己的民族政府。在这样的情况下，多民族俄国的国家制度该如何选择的问题，就突出地摆到了俄国布尔什维克党面前。

在 1917 年 8—9 月写的《国家与革命》中，列宁作出了明确的回答。列宁一方面重申，马克思恩格斯主张的单一制共和国或中央集权制共和国，就是集中制的民主共和国，也是民主集中制的共和国。列宁指出，1871 年成立的巴黎公社，就是马克思恩格斯认可的单一制共和国，尽管在公社制度下给予外省实行地方自治的权利，但"马克思关于公社经验的论述中根本没有一点联邦制的痕迹。……联邦制在原则上是从无政府主义的小资产阶级观点产生出来的。马克思是主张集中制的。在他上述的论述中，丝毫也没有离开集中制"[③]。列宁进一步说道，恩格斯同马克思一样，从无产阶级和无产阶级革命的观点出发，"坚持单一而不可分的共和国"[④]。但在另一方面，列宁也阐发了马克思恩格斯关于在特定条件下可以采取联邦制和自治制的思想。列

① 《马克思恩格斯选集》第 1 卷，人民出版社 2012 年版，第 562 页。

② 《马克思恩格斯全集》第 22 卷，人民出版社 1965 年版，第 275 页。

③ 《列宁选集》第 3 卷，人民出版社 2012 年版，第 157 页。

④ 《列宁选集》第 3 卷，人民出版社 2012 年版，第 175 页。

宁说，恩格斯"认为联邦制共和国或者是一种例外，……是由君主国向集中制共和国的过渡，是在一定的特殊条件下的'一个进步'。而在这些特殊条件中，民族问题占有突出的地位"①。对于自治制，恩格斯也认为，美国、法国、澳大利亚、加拿大以及英国的其他殖民地给我们证明了，"省的和市镇的自治远比例如瑞士的联邦制更自由"，"省、县和市镇通过依据普选制选出的官员实行完全的自治"②。这说明，列宁已经认识到并非只有单一制共和国这一种选择，联邦制和自治制的国家形式也是可取的。最终，列宁根据俄国的现实情况，从民主集中制的观点出发，分析和肯定了联邦制和自治制的合理性，他说："民主集中制不但丝毫不排斥自治，反而以必须实行自治为前提。实际上，甚至联邦制，只要它是在合理的（从经济观点来看）范围内实行，只要它是以真正需要某种程度的国家独立性的重大的民族差别为基础，那么它同民主集中制也丝毫不抵触。在真正的民主制度下，尤其是在苏维埃国家制度下，联邦制往往只是达到真正的民主集中制的过渡性步骤。俄罗斯苏维埃共和国的例子特别清楚地表明，我们目前实行的和将要实行的联邦制，正是使俄国各民族最牢固地联合成一个统一的民主集中的苏维埃国家的最可靠的步骤。"③至于地方苏维埃，"根据民主集中制原则，自由联合成俄罗斯苏维埃共和国这一统一的、结合为联邦的全国性苏维埃政权"④，由此为新生的社会主义国家确立了联邦制的国家结构形式，并在一些地方实行民族区域自治。通过列宁在俄国建立联邦制和民族区域自治的实践，可以清楚地看到，他把党的民主集中制理论延伸到了国家领域，把民主集中制作为一个国家制度看待，建立了民主集中制的国家形式。

对列宁提出的国家形式的民主集中制理论，有一个问题需要注意，即列

---

① 《列宁选集》第3卷，人民出版社2012年版，第175页。

② 《马克思恩格斯文集》第4卷，人民出版社2009年版，第416、417页。

③ 《列宁全集》第34卷，人民出版社2017年版，第139页。

④ 《列宁全集》第34卷，人民出版社2017年版，第448页。

宁把统一而不可分的共和国看成是真正的民主集中制，而把实行自治制和联邦制的共和国看成是向着真正的民主集中制的过渡，这么说来，似乎只有单一制共和国才算是民主集中制的国家形态，而联邦制共和国则不能算。其实，从列宁的原意来看，联邦制共和国也是一种民主集中制的国家形态，只不过它和真正的民主集中制比起来是一种过渡性质的形态而已。按照列宁设想的作为向单一制共和国过渡的联邦制共和国，其实是一种较低的民主集中制国家形态。事实证明了这一点，众所周知，列宁逝世后的苏联并没有完成从联邦制向单一制的过渡，一直保持着联邦制。1977 年制定的《苏维埃社会主义共和国联盟宪法》第一章第三条明文规定："苏维埃国家的组织和活动实行民主集中制原则：一切国家权力机关自下而上地选举产生，这些机关向人民报告工作，下级机关必须执行上级机关的决定。民主集中制把统一领导同地方上的主动性和创造积极性、同每一个国家机关和公职人员对本职工作的责任感结合起来。"① 这说明，社会主义联邦制共和国也是民主集中制国家形式。

三是作为经济组织管理形式的民主集中制。列宁在组织社会主义经济建设的实践中，要求在经济管理工作中贯彻执行民主集中制，形成了经济管理形态的民主集中制理论。列宁说："我们目前的任务就是要在经济方面实行民主集中制，保证铁路、邮电和其他运输部门等等经济企业在发挥其职能时绝对的协调和统一"，"它意味着有可能找出改造俄国经济制度的最正确最经济的途径"。② 列宁认识到，民主集中制要求实行集体领导，但在企业里"实行集体管理，无论在委员会人数方面或处理的工作范围方面，都不应超过绝对必需的最低限度"；"只要有一点可能，集体管理就应限于在最小范围的委员会内仅就最重要的问题进行最简短的讨论，……应委托**一位**以坚决果断、

---

① ［日］木下太郎编：《九国宪法选介》，康树华译，群众出版社 1981 年版，第 270 页。
② 《列宁全集》第 34 卷，人民出版社 2017 年版，第 139、140 页。

大胆泼辣、善于处理实际问题著称，又深孚众望的**同志**负责"。① 为此，列宁要求建立"一长制"，即企业等单位只需一个首长（主任、厂长、经理、总经理以至部长）领导，由他领导该企业或该单位并对其状况和活动向国家负全部责任。因此，"一长制"是组织和领导生产的一种经济管理制度和责任制。列宁认为，苏维埃国家的政治制度是民主制，但这并不意味着生产管理上不要权威，不要责任制，"任何时候，在任何情况下，实行集体管理都必须极严格地一并规定**每个**人对**明确**划定的工作所负的个人责任。借口集体管理而无人负责，是最危险的祸害，这种祸害威胁着一切没有很多集体管理工作经验的人"②。

列宁提出的三种形式的民主集中制理论和制度，有着各自的特点，但相互间存在着密切的关系。作为党组织的民主集中制，强调实行民主决策、集体领导、个人负责、加强监督，起着全面的规范组织行为的作用。作为国家形态的民主集中制，强调要建立民族自决、民族区域自治和调动地方积极性与加强中央统一领导的国家制度。作为经济管理形态的民主集中制，强调专业和专长领导，首长负责，严格责任。从列宁提出的民主集中制最基本的三种形态的论述中不难看出，民主集中制是社会主义国家的一个具有普遍适用性的组织原则和领导制度，可以在社会主义国家的实践中，推行到各个领域和各个行业。

列宁关于民主集中制三种形式的思想，给予中国特别大的影响。中国在取得新民主主义革命胜利后，不仅在执政党、在国家权力机关和政府机构、在国有企业经济组织中实行了民主集中制，而且在人民团体组织和各民主党派中，在公共事业单位和社会团体组织中，也都实行了民主集中制，使民主集中制的原则和制度，得到了新的扩展和更加广泛的运用。

---

① 《列宁全集》第37卷，人民出版社2017年版，第41页。

② 《列宁全集》第37卷，人民出版社2017年版，第41—42页。

第三讲

中国共产党在创建时期确立民主集中制

中国是有着五千多年历史的古老的东方大国，文化源远流长，文明灿烂辉煌。但在西方列强的侵略压迫下，近代中国沦为半殖民地半封建社会，遭受了前所未有的劫难，人民生活在水深火热之中。19 世纪末 20 世纪初，在马克思列宁主义传入中国、工人阶级日益成长后，中国共产党诞生了，肩负起中华民族伟大复兴的重任。中国共产党从一开始，就以马克思列宁主义为指导思想，确立了民主集中制的组织原则和制度，成为坚强有力的无产阶级革命政党。

一、马克思列宁主义的政党思想传入中国

马克思列宁主义在中国的传播，是中国共产党建立的思想条件。19 世纪末，马克思主义的政党思想开始传入中国，逐渐为中国人所知晓。

马克思恩格斯撰写的《共产党宣言》，是无产阶级政党的纲领性文献，第一次向全世界公开宣告了共产党人的观点、目的和意图；第一次完整、系统地阐述了科学社会主义的基本理论、基本思想。它像一盏璀璨的明灯，照

亮了世界无产阶级和劳动人民的解放道路，为人民群众翻身解放提供了科学的思想武器。《共产党宣言》深深地影响了世界，也在中国得到了广泛的传播、产生了巨大的影响。

清朝末年，一批有识之士为探索救国富民之路，愈来愈关注国外的理论和思潮。1896年，旅居英国的孙中山先生，在大英博物馆读到《共产党宣言》，成为有文字记载的读到《共产党宣言》的第一个中国人。根据宋庆龄的回忆，那时的孙中山知道马克思和恩格斯，也听到了关于列宁和俄国工人革命活动的消息。早在那个时候，社会主义就对他发生了吸引力，他敦促留学生研究马克思的《资本论》和《共产党宣言》，并阅读了当时的社会主义书刊。1899年初，《共产党宣言》的片断文字传入中国，由英国来华的李提摩太传教士和蔡尔康撰写的《大同学》文章，刊登于上海的《万国公报》第121、122期。这篇文章首次提到了马克思的名字，说："马克思之言曰：'纠股办事之人，其权笼罩五洲，突过于君相之范围一国。'"这句话引的是《共产党宣言》中的一段话，现在的译文是："资产阶级，由于开拓了世界市场，使一切国家的生产和消费都成为世界性的了。"①文章还介绍了《共产党宣言》中的部分思想观点。在同年出版的《大同学》一书的第八章中，恩格斯的名字也被提及。书中指出，德国讲社会主义的学者"有名人焉，一曰马克思，二曰恩格思（即恩格斯）"。

进入20世纪，中国有越来越多的学生出国留学。马克思主义的政党思想和《共产党宣言》，主要通过留学生的途径向中国传播。1903年3月，留日学生赵必振翻译了日本人福井准造写的《近世社会主义》一书，由上海广智书局出版，书中多次提及《共产党宣言》，称其为"一大雄篇"，把马克思译为"加陆·陆马斯"（卡尔·马克思），把恩格斯称为"野契陆斯"，并翻译了《共产党宣言》的最后一句话。1903年9月，中国达识社翻译了日本

---

① 《马克思恩格斯选集》第1卷，人民出版社2012年版，第404页。

社会主义思想家幸德秋水写的《社会主义神髓》，书中提到了《共产党宣言》，但把《共产党宣言》译为《共产党宣言书》，把"阶级斗争"译为"阶级战争"。1906 年 1 月和 4 月，同盟会会员朱执信的《德意志社会革命家小传》，发表于同盟会机关报《民报》第 2、3 号，较为系统地介绍了马克思恩格斯的生平、学说，介绍了《共产党宣言》的写作背景、基本思想和历史意义，称它为"万国共产同盟会奉以为金科玉律"。宋教仁也在同年 6 月出版的《民报》第 5 号上发表《万国社会党大会略史》，第一次向国民介绍了《共产党宣言》和马克思恩格斯领导的第一国际和第二国际，并摘译了《共产党宣言》的结束语，传播了马克思主义政党思想。1908 年 1 月，《天义报》最早刊发了上海译者民鸣根据日文版《共产党宣言》翻译的《共产党宣言》第一章中文译本。此外，中国一些先进的知识分子还在《译书汇编》《新世界》等书刊上介绍了《共产党宣言》及其主要的理论观点。从此，中国的先进知识分子开始越来越多地接触到马克思主义的科学社会主义理论。

1917 年，俄国"十月革命一声炮响，给我们送来了马克思列宁主义"[①]。正是在十月革命的影响下，马克思主义在中国的传播进入了一个新的历史阶段。中国的社会主义运动日益高涨，组织建立中国共产党的条件逐渐成熟，这就更加迫切需要马克思主义政党思想的理论武装。

1919 年 4 月 6 日，中国共产主义运动的先驱陈独秀、李大钊主编的《每周评论》首次发表了成舍我用白话文摘译的《共产党宣言》第二章的最后几段文字，包括十大纲领全文。《每周评论》的编者还加了这样一段按语："这个宣言是马克思和恩格斯最先最重大的意见。他们发表的时候，是由 1847 年的 11 月到 1848 年的正月，其要旨在主张阶级战争，要求各地劳工的联合，是表示新时代的文书。"[②]1919 年 5 月《新青年》出版了"马克思主义研究"

---

① 《毛泽东选集》第四卷，人民出版社 1991 年版，第 1471 页。

② 转引自中共中央党史研究室:《中国共产党历史》第一卷（1921—1949）上册，中共党史出版社 2011 年版，第 47 页。

专号。在这期专号上，李大钊发表了《我的马克思主义观》，对马克思主义的一些基本原理和《共产党宣言》的基本思想作了比较系统而简明的介绍。同月，李大钊编辑的《晨报》刊载了日本早期的马克思主义理论家河上肇写的《马克思主义唯物史观》，把《共产党宣言》的主要内容和基本观点都摘译出来。也刊登了陈溥贤的文章《近世社会主义鼻祖马克思之奋斗生涯》，文章的结尾简要介绍了《共产党宣言》。1920 年初，李大钊领导的北京大学马克思主义研究会直接从德文翻译了《共产党宣言》，并油印了一些进行内部流传。

1920 年 2 月下旬，年仅 29 岁的陈望道受《星期评论》主编戴季陶等人的委托，开始潜心研究和翻译《共产党宣言》。戴季陶向陈望道提供了日文版《共产党宣言》，陈独秀又通过李大钊从北京大学图书馆借出英文版《共产党宣言》供陈望道对照翻译。陈望道深知责任重大，毅然辞去浙江第一师范教师之职，返回自己家乡的小山村从事翻译工作。通过克服重重困难，陈望道仅用了两个多月时间就把《共产党宣言》全部翻译出来。4 月下旬，陈望道带着《共产党宣言》的中文译稿连同日文、英文版书籍一同交给了李汉俊，请他和陈独秀校阅译文。李汉俊、陈独秀很快校阅完毕，最后经陈望道再次改定。陈望道翻译的《共产党宣言》，是中国最早的中文全译本，中译本本来准备由《星期评论》连载发表，但此时的《星期评论》已被迫停刊。陈独秀等人只好筹措经费由社会主义研究社秘密印刷了单行本。1920 年 8 月，马克思恩格斯的《共产党宣言》在上海出版发行。

五四运动前后，一大批具有初步共产主义思想的知识分子，先后从资产阶级民主主义者转变为坚定的共产主义者，都和《共产党宣言》这部具有划时代意义的历史文献分不开。正是在《共产党宣言》和马克思主义政党思想的影响下，催生了中国第一批共产党人。中国共产党的创始人之一李大钊 1914 年留学日本时，就已经通过河上肇的著作研读《共产党宣言》。中共一大代表李达在 1918 年二渡日本时专攻马克思主义，认真研读《共产党宣言》。1920 年，毛泽东在读了《共产党宣言》后，知道人类自原始社会以来就有阶级斗争，阶级斗争是社会发展的原动力。他说，有三本书特别铭记在心，建立了对马克思主义的信仰，其中第一本就是陈望道译的《共产党宣言》。① 周恩来在赴法国勤工俭学之前，也读过《共产党宣言》。他说，五四运动后的一个时期，在国内曾看到《共产党宣言》，在法国又开始读到《阶级斗争》（考茨基）与《共产主义原理》，这些著作对他影响很大，很短时间内，即转变到马克思的唯物主义了。后来，在见到陈望道时，周恩来握着他的手说："陈望道先生，我们都是你教育出来的。"② 意即读了陈望道翻译的《共产党宣言》，受到深刻影响。邓小平说，他学习马克思主义、信仰马克思主义的入门老师是《共产党宣言》，马克思主义真理颠扑不破。③ 1920 年秋，上海干部培训学校给每一个学员发《共产党宣言》，学员中有刘少奇、任弼时、罗亦农、肖劲光、汪寿光等人。刘少奇讲，他是看了《共产党宣言》后，决定加入中国共产党的。朱德、李维汉、陈毅、向警予等人都是在海外读到了汉译本《共产党宣言》，建立起坚定的共产主义信念。

　　1920 年 8 月，陈独秀、李汉俊、李达、俞秀松、陈望道等人在上海正式组成了"中国共产党"，成为中国共产党早期组织之一，并于当年 11 月拟定了《中国共产党宣言》的文件。《中国共产党宣言》虽然只有两千多字，但转述和阐释了《共产党宣言》的基本思想，尤其是宣告中国要建立无产阶级政党——共产党，要通过共产党组织领导劳苦大众，开展阶级斗争。《中国共产党宣言》第一次亮出了"中国共产党"的名称，表明了代表中国无产阶级和劳苦大众的新型政党已经孕育成熟并即将诞生。

---

① 参见[美]埃德加·斯诺：《西行漫记》，董乐山译，生活·读书·新知三联书店 1979 年版，第 131 页。

② 转引自周晔：《周恩来与陈望道》，《学习时报》2022 年 6 月 10 日。

③ 参见《邓小平文选》第三卷，人民出版社 1993 年版，第 382 页。

二、中国共产党创建时对组织理论的认识

1919 年五四爱国运动爆发后，中国先进知识分子经过学习、宣传马克思主义以及"与劳工为伍"的实践锻炼，相继从激进民主主义者转变为马克思主义者。他们在著述中揭示出资本主义社会最终必将在矛盾激化中走向灭亡，社会主义社会必将取代资本主义社会，肯定了中国的出路只能是社会主义的道路，强调要改造中国社会，就必须建立共产党组织。最早酝酿在中国建立共产党的是陈独秀和李大钊，通过对俄国十月革命经验的学习，他们认为，要用马克思主义改造中国，就必须以俄国为榜样，建立列宁的布尔什维克式的无产阶级政党，使其充当中国革命的领导者和组织者。

1920 年春，正当中国先进知识分子积极筹备建党的时候，经共产国际（简称第三国际）批准，俄共（布）远东局海参崴分局外国处派出全权代表维经斯基等人来华，了解五四运动后中国革命运动发展的情况和能否建立共产党组织的问题。维经斯基一行先到北京，会见了李大钊。在李大钊等人的安排下，他们参加了一系列座谈会。然后，经李大钊介绍，维经斯基一行前往上海会见陈独秀。在北京和上海，维经斯基介绍了十月革命后俄国的情况及苏俄的对华政策，介绍了共产国际和国际共产主义运动的状况和经验。他们在了解到中国工人阶级的发展和马克思主义在中国传播的情况后，认为中国已经具备建立共产党的条件，并对李大钊和陈独秀的建党工作给予了帮助。通过多次的交谈，中国先进知识分子对马列主义有了深入的了解，知道了苏俄和俄共（布）的情况。"走俄国人的路——这就是结论。"①

但是，对于创建什么样的共产党、采取什么样的组织原则和制度，在中国先进知识分子群体中发生了严重的思想冲突和争论。由于中国是一个小资产阶级众多的国家，大批的小资产阶级知识分子不满现状，具有反抗旧的社

---

① 《毛泽东选集》第四卷，人民出版社 1991 年版，第 1471 页。

会制度的愿望，他们感觉国际共产主义运动中的无政府主义非常适合自己的口味。无政府主义以革命的面貌出现，反对一切国家和一切权威，反对一切政治斗争和暴力革命，可以任意超越社会发展的历史阶段，鼓吹在社会革命后立即实行"各取所需"的分配原则，提倡个人主义，主张绝对自由，反对任何组织纪律。五四时期，无政府主义在青年知识分子中流传相当广泛，因而，不少人主张把共产党建立成为不要任何组织纪律的无政府主义政党。还有人主张，要把党建立成为一个在书斋里研究学问的学术研究型政党组织。

1920 年 5 月，陈独秀在上海组织了"马克思主义研究会"。8 月，上海的共产党早期组织"中国共产党"成立，其成员有陈独秀、俞秀松、李汉俊、陈公培、陈望道、沈玄庐、杨明斋、施存统、李达、袁振英、邵力子等人，陈独秀任书记。11 月，创办《共产党》月刊，拟定了《中国共产党宣言》。12 月，陈独秀由上海赴广州后，由李汉俊和李达先后代理过书记。上海共产党早期组织的成员文化程度高，留学归来的多，但思想未见得一致。在马克思主义研究会讨论问题时，就出现了两种不同的建党意见：一是主张建立严密的组织，过组织生活；二是赞成成立有严密组织的团体，但自己不能参加组织生活。如陈望道好静，喜欢搞研究工作，不习惯过组织生活；沈玄庐个人英雄主义强，也不接受领导。有的成员本人就是无政府主义者，有的则同无政府主义者共同活动。如，袁振英就是有名的中国早期无政府主义者，他参与上海共产党早期组织创建工作就认为，无政府共产主义与马克思共产主义的手段虽然不同，但是殊途同归。它们最终追求的都是"无政府的世界""大同的世界"，只是实现的途径不同而已，[①] 把马克思主义和无政府主义混淆在一起。

在北京，共产党早期组织是在李大钊的直接指导和筹划下成立的。1920年 3 月，北京大学马克思学说研究会成立，其成员大多是五四运动中的骨干

---

① 参见陈绍康编著：《上海共产主义小组》，知识出版社 1988 年版，第 101 页。

和积极分子。研究会通过收集宣传马克思主义的书籍、举办座谈会讨论、组织出版工作等，把活动开展得有声有色，其成员也发展很快。它既是中国最早学习和研究马克思主义的团体，也为建党做了重要准备。经过一系列准备工作，1920 年 10 月，李大钊等在北京成立共产党早期组织，当时称"共产党小组"。同年底，决定成立共产党北京支部，李大钊为书记。在北京共产党早期组织成员中，同样存在着思想混杂的情况，其中的无政府主义者竟占了一半以上。因此，北京共产党早期组织内部很快出现了裂痕，共产主义者与无政府主义者在讨论党纲时发生了严重的分歧。在组织问题上，黄凌霜等无政府主义者宣称他们"极端反对马克思的集产社会主义"，主张自由的联合，不赞成全国性和地方性的领导，反对职务分工和党内纪律。他们认为政府是一切罪恶的根源，反对建立无产阶级专政的政府，而马克思主义政党恰恰要求有严密的组织和严格的纪律，建立无产阶级专政，这引发了马克思主义者与无政府主义者的论争。经过激烈的争论，无政府主义者始终不赞同马克思主义。最终，他们退出了北京共产党早期组织。1921 年 3 月，李大钊对列宁的政党和组织理论作了介绍："俄国社会民主党成立于一八九八年，到一九〇三年，他们在布鲁塞尔和伦敦开第二次会议的时候，他们分成二派：一派主张中央集权，为多数派，列宁为首；一派反对中央集权，为少数派，马尔托夫为首。"[1] 李大钊明确地指出，我们必须学习俄罗斯，学习列宁，因为建立布尔什维克政党，"组织更精密，势力更强大。……俄罗斯共产党，党员六十万人，以六十万人之大活跃，而建设了一个赤色国家。这种团体的组织与训练，真正可骇"[2]。

广州的共产党早期组织也经历了曲折的建立过程。1920 年 9 月，俄共（布）党员斯托扬诺维奇和别斯林到广州，准备建立共产党组织。因这些俄

---

① 《李大钊文集》第 4 卷，人民出版社 1999 年版，第 87 页。

② 《李大钊文集》第 4 卷，人民出版社 1999 年版，第 77 页。

国人是经参加北京党组织的无政府主义者黄凌霜引荐的，所以他们到广州后即与无政府主义者区声白等取得联系，并于同年底开始建党活动。参加这个组织的共 9 人，除两个俄国人以外，7 个中国人都是无政府主义者。同年 12 月，陈独秀从上海到达广州。不久，他把自己起草的党纲拿到这个组织进行讨论，一些无政府主义者反对党纲中关于无产阶级专政的条文。陈独秀与他们进行了非常激烈的争论，并且认为必须摆脱这些无政府主义者。于是，无政府主义者退出了党组织。在陈独秀的主持下，于 1921 年春成立了"广州共产党"。广州的共产党早期组织先由陈独秀、后由谭平山任书记。

上海、北京和广州等地建立中国共产党早期组织的事实表明，无政府主义的组织思想观点成为建立中国马克思主义政党的拦路虎、绊脚石。要建立一个真正的以马克思主义指导的无产阶级政党，就要与之进行坚决、严肃的思想斗争，彻底批判无政府主义及各种错误思潮，把什么是马克思主义政党的组织原则和制度弄清楚。当时，在众多的刊物中，上海的共产党早期组织创办的《共产党》月刊在探讨马克思主义建党思想和介绍列宁建党学说方面，发挥了突出的作用。该刊从 1920 年 11 月至 1921 年 7 月，先后出版了 6 期，每期 50 页左右，共发表了 53 篇文章，其中有关探索建党思想的文章就占了 38 篇。从第 1 至 5 期刊载的《短言》，都对无政府主义者进行了批判。1920 年 9 月即成为中国共产党早期组织机关刊物的《新青年》，也在 1921 年出版的第 9 卷第 4 号特别办了一期关于"无政府主义讨论"的专辑，展开对无政府主义的斗争。

李达发表在《共产党》第二号上的《社会革命底商榷》与第五号上的《无政府主义之解剖》两篇文章，对无政府主义理论进行了系统驳斥，澄清了马克思主义与无政府主义根本区别。在《社会革命底商榷》中，李达旗帜鲜明地指出，社会主义的派别很多，有"两个主潮，就是马克思派的共产主义和无政府主义"，它们的区别在于"共产主义的生产组织是集中的，无政府主义的生产组织是分散的。共产主义的原则主张把一切农业工业的生产机关，都移归中央管理，有时因生产机关的种类不同，或移归地方管理。无政府主义的原则却不然，主张破坏中央的权力，要将一切生产机关，委诸自由人的自由联合管理"。① 无政府主义者反对任何集中、反对一切权威，更反对建立无产阶级专政国家，实行以生产资料公有制为基础的社会主义经济制度，组织社会化的大生产和实行按劳分配的原则。这些批判，击中了无政府主义的要害。李达充分肯定了组织马克思主义政党的重要性，他指出，英美国家要比俄国发达十数倍，"何以社会革命不在英美两国发生，反在俄国实现呢？这就是因为俄国社会革命党实行的力量比英美两国的大的原故"②。在《无政府主义之解剖》中，李达全面剖析了无政府主义的基本类型——个人无政府主义和社会无政府主义，批判了施蒂纳、蒲鲁东、巴枯宁、克鲁泡特金等各种无政府主义流派，摧毁了无政府主义的理论基础。李达最后得出结论："共产主义也好，团体主义也好，都不能成为无政府主义。""要干这种革命事业，必定要具有一种能够作战的新势力方能办到的。说到这里，我要推荐马克思主义了。"③ 由此，李达认定了无产阶级革命和无产阶级政党必须坚信马克思主义。

相较而言，陈独秀对无政府主义的批判更为犀利、猛烈。1921 年 5 月，陈独秀写了《中国式的无政府主义》一文，痛斥所谓"中央集权的政治组织与中国的国民性不能容，马氏主义是中央集权，故我不信其能实行""中国底国民性既不容中央集权的政治组织，而中国底社会情形又向来是无政府已惯的""我是中国式的无政府主义者"等无耻论调，他把中国式的无政府主义称为"腐败涣散的国民性，永远堕落在人类普通资格之水平线以下"。④随后不久，陈独秀与名噪一时的无政府主义者区声白进行论战，双方共写了

① 《李达文集》第 1 卷，人民出版社 1980 年版，第 49 页。

② 《李达文集》第 1 卷，人民出版社 1980 年版，第 56 页。

③ 《李达文集》第 1 卷，人民出版社 1980 年版，第 90 页。

④ 《陈独秀文集》第 2 卷，人民出版社 2013 年版，第 159 页。

六封长信。陈独秀在论战中尖锐地指出，无政府主义是什么事也办不成的混账逻辑，他举了一个例子说，譬如有一条大街，住户一百，内有数户的住屋，因公共利益的关系必须拆毁，而此数户的住民因为他们自己交通或职业或特别嗜好之关系，决计不愿迁移；这时候若不拆屋，那主张拆屋的多数人之自由在哪里？这时若竟拆屋，那不愿迁移的少数人之自由又在哪里？陈独秀接着说，无政府主义"既不主张多数压服少数，更不主张少数压服多数"，因此，无政府主义者面对实际总是束手无策，根本无法解决问题。他指出："要绝对自由就不能联合，要联合就不能绝对自由"，无政府主义反对集中，"常常固执个人或小团体的绝对自由，自由退出，自由加入，东挪西变，仍是一堆散沙"，因而"无政府主义真是破产了"。① 陈独秀得出结论说："其实权力集中是革命的手段中必要条件。"② 无产阶级如果没有集中，就不可能战胜资本家阶级和反动统治。陈独秀还初步阐述了民主集中制的少数服从多数的原则，他说："一群或一团体之意见无法一致，而又当不能分裂或不宜分裂的境况，不得已只有少数服从多数的办法"③。通过批判无政府主义，陈独秀对建立一个什么样的党的观点愈加鲜明："实行无产阶级革命与专政，无产阶级非有强大的组织力和战斗力不可，要造成这样强大的组织力和战斗力，都非有一个强大的共产党做无产阶级底先锋队与指导者不可。"④

除批判无政府主义外，更重要的是，《共产党》月刊大量地介绍了关于第三国际和共产主义运动的实际情况、文献资料以及俄国共产党的经验和苏俄领导人的著作，如《第三国际党（即国际共产党）大会的缘起》《俄罗斯的新问题》《英国共产党成立》《国家与革命》等。通过介绍国际共产主义运动和文献资料以及翻译列宁等人的著作，准备酝酿成立中国共产党的早期马

---

① 《陈独秀文集》第 2 卷，人民出版社 2013 年版，第 181 页。

② 《陈独秀文集》第 2 卷，人民出版社 2013 年版，第 185 页。

③ 《陈独秀文集》第 2 卷，人民出版社 2013 年版，第 185 页。

④ 《陈独秀文集》第 2 卷，人民出版社 2013 年版，第 264—265 页。

克思主义者，已清楚地了解了共产主义是什么，共产党的党纲和内部组织是怎样的。特别是在创刊的《共产党》第一号上发表的由 A.T.（即杨明斋）撰写的《列宁的历史》，文中说，"列宁绝对的主张该党应采用中央集权制，组织中央掌权指示全体作用的机关"[①]。《共产党》的第二号，载有 P. 生（即沈雁冰）翻译的《共产党国际联盟对美国 I.W.W. 的恳请》（I.W.W. 为"世界工业劳动者同盟"的简称）一文，其中有一节"民主主义的集中权"，指出"最高的集权"是"民主主义的集权"[②]。《共产党》的第三号，载有《加入第三次国际大会的条件》的译文，其中第十三条为："属于万国共产党的党派，须行民主主义的中央集权的原则组织。"[③] 在这三篇文章里，分别出现了"中央集权制""民主主义的集中权""民主主义的中央集权"。这与李大钊、陈独秀先前曾用的"中央集权"一样，都是对列宁主张的集中制和民主集中制的最早的译名。这说明，中国共产党早期马克思主义者在创建党的时候，就已经学习和领会了什么是布尔什维克党的集中制和民主集中制的知识。

在创建中国的马克思主义政党、实行布尔什维克主义的组织原则和制度的认识方面，蔡和森和毛泽东也作出了重要贡献。蔡和森是中国共产党早期卓越的领导人之一，也是杰出的马克思主义理论家和宣传家。1919 年底，蔡和森远赴法国勤工俭学，在到达后系统地学习了马克思主义的革命原理，接受了马克思的唯物史观，自认为是"极端的马克思派""极端主张唯物主义"。1920 年 8 月 13 日，他在给毛泽东的信中说道，党是无产阶级革命运动的利器，党是"发动者、领袖者、先锋队、作战部，为无产阶级运动的神经中枢"[④]。蔡和森明确提出了在中国要组织共产党的主张，并且希望"中

---

① 参见《共产党》第一号（1920 年 11 月 7 日），人民出版社 1954 年影印版，第 30 页。

② 参见《共产党》第二号（1920 年 12 月 7 日），人民出版社 1954 年影印版，第 22 页。

③ 参见《共产党》第三号（1921 年 4 月 7 日），人民出版社 1954 年影印版，第 32 页。

④ 《蔡和森文集》（上），人民出版社 2013 年版，第 56 页。

国于二年内须成立一主义明确，方法得当和俄一致的党"①。同年9月16日，他在给毛泽东的信中继续强调他的观点，建立共产党一定要以列宁领导的俄国布尔什维克党为榜样，"我以为非组织与俄一致的（原理方法都一致）共产党，则民众运动、劳动运动、改造运动皆不会有力，不会彻底"②。蔡和森在通信中还探讨了共产党的组织原则和纪律问题。他指出，共产党必须有铁的纪律，"党的组织为极集权的组织，党的纪律为铁的纪律，必如此才能养成少数极觉悟极有组织的份子，适应战争时代及担负偌大的改造事业"③。这里讲的"极集权的组织"和"铁的纪律"就是指民主集中制中的集中制。他说，俄国布尔什维克党员加入的条件是极严格的，十月革命时党员仅万人，但这个党有极强的战斗力。党员必须是无产阶级的先进分子，要"严格的物色确实党员，分布各职业机关，工厂、农场、议会等处"④。毛泽东在接到蔡和森的来信后，不但十分高兴，而且表示非常赞同信中的观点。他在回信中对蔡和森表示，你的信"见地极当，我没有一个字不赞成"⑤。

三、党的一大召开确立了民主集中制

在国内的上海、北京、湖南、湖北、山东、广东等地以及国外的法国、日本留学生相继建立了党的早期组织、为建立全国统一的中国共产党组织准备了条件的情况下，1921年7月23日，中国共产党第一次全国代表大会在上海开幕。党的一大的任务是，把各地分散的共产主义小组联合在一起，宣告中国共产党的成立，组成由一个中心来领导的政党，由大会制定党的纲领

① 《蔡和森文集》（上），人民出版社2013年版，第58页。
② 《蔡和森文集》（上），人民出版社2013年版，第73页。
③ 《蔡和森文集》（上），人民出版社2013年版，第74页。
④ 《蔡和森文集》（上），人民出版社2013年版，第75页。
⑤ 转引自《蔡和森文集》（上），人民出版社2013年版，第77页。

和党的决议，通过实际的工作计划，选举产生党的中央领导机构。

尽管创建中国共产党的先驱者在一大召开前，思想认识上比较一致了，但在大会召开时，仍存在着一些意见分歧。党的一大共举行了7次会议，其中的第三、四、五次会议，连续三天进行党的纲领和决议的讨论。代表们各抒己见，不时发生争论。在讨论党的基本任务和组织原则问题时，主要与两种思想展开了激烈的斗争：

一方面是以李汉俊为首的少数人主张，党要建立成一个从事马克思主义研究和宣传工作的先进知识分子的不定型的合法组织。李汉俊认为，中国的无产阶级尚很幼稚，不了解马克思主义的思想，需要做长期的宣传教育工作。首先应当把知识分子组织起来并用马克思主义理论加以武装，当知识分子的头脑用马克思主义武装起来之后，才能在知识分子帮助下着手组织和教育工人群众。基于这样的认识，李汉俊建议无须建立真正的无产阶级政党，主张建立一个合法的马克思主义政党，以研究和学习为中心。因此，在党的组织问题上，他认为无产阶级的党，不需要是一个有纪律的、战斗的党，只需联合知识分子、使党成为公开的组织与和平的政党，研究马克思主义就行。他得出结论：凡承认和宣传马克思原则的都可成为党员，参加党某一组织和在里面进行实际工作是不必要的。此外，李汉俊也不赞成党的组织采用中央集权制。早在一大召开之前，1921年2月，陈独秀起草了党章草案，从广州寄给在上海的李汉俊，主张党的组织应采用中央集权制。李汉俊对陈独秀提出的加强党的集中统一和纪律、实行中央集权制表示了坚决反对，认为这是陈独秀要在党内搞个人独裁。他自己也草拟了一个党章草案，主张党的组织采用地方分权制。

另一方面是以刘仁静为首的"左"的观点，认为建立无产阶级专政是斗争的直接目标，通过武装起义夺取政权是唯一的斗争形式。革命的马克思主义的态度是完全拒绝利用一切合法的和议会的斗争形式，拒绝同包括国民党在内的其他政治力量结成任何同盟或实行联合。反对任何用公开的形式的工作，一切知识分子都是资产阶级思想的代表者，照例应拒绝知识分子入党。

经过大会激烈的讨论，大部分代表都反对这两种不正确的观点，主张组织一个面向工人阶级并以建立无产阶级专政为奋斗目标的政党。党的基本任务不仅不拒绝、相反要积极号召无产阶级参加和领导资产阶级民主运动，要把党建设成为有战斗能力及有组织纪律性的无产阶级政党。这里要说的是，虽然陈独秀因为当时在广州另有事务而没有出席党的一大，但他托人带来了一封致各位代表的信，向大会提出了关于组织和政策问题的四点意见，其中的第二、三点说，党要有"民主主义之指导"（即党要实行民主制），也要有"纪律"。① 这些意见表明，他是主张党的组织原则应是既有民主、又有集中统一和纪律的民主集中制。陈独秀的意见为大会的多数代表所接受，并在一大的纲领中得到相应的体现。一大纲领关于党的组织原则和接收入党的条件，要求以民主集中制为组织原则，采取俄国布尔什维克党的经验和做法。

党的一大在 7 月 30 日进行第六次会议，但会议开始不久，会场闯入一个穿长衫的中年男子，会议立即休会，代表们分批撤离，后转移到浙江嘉兴，在南湖的一艘游船上，召开最后一次会议，讨论并通过了《中国共产党第一个纲领》和《中国共产党第一个决议》。《中国共产党第一个纲领》是一个马克思主义的政党纲领。纲领阐述了党的性质宗旨，确定党的奋斗目标是：以无产阶级的革命军队推翻资产阶级政权，由劳动阶级重建国家，直至消灭阶级差别；采用无产阶级专政，以达到阶级斗争的目的——消灭阶级；废除资本家所有制，没收一切生产资料归社会所有。

党的一大没有制定党章，可能是因为时间过于紧迫、一时难以完成。经过商议，委托新产生的党的中央局起草党章。虽然一大没来得及制定出党章，但是，《中国共产党第一个纲领》实际上已具有了党章的特点，从纲领

---

① 转引自王勇主编：《全面从严治党》，人民出版社 2016 年版，第 117 页。

的第三条到第十五条，规定了党的组织原则和吸收党员以及相关的组织关系问题。其中的第三条规定："党承认苏维埃管理制度"①。这里说的"苏维埃管理制度"，包含民主集中制的精神实质。由于列宁把党的民主集中制运用于苏维埃国家政权建设，形成了"民主集中制的共和国"②，因此，中国共产党决定采纳苏维埃管理制度，就是确立了民主集中制的组织原则和制度。纲领还规定：地方委员会的财政、活动和政策，应受中央执行委员会的监督；纲领须经全国代表大会三分之二代表的同意始得修改，这些规定基本上包含了民主集中制要求少数服从多数、党的地方组织和每个党员服从中央的原则。同时，纲领规定，党必须从下到上，即从基本支部直到中央成立委员会。此外，纲领还规定了其他一些党的组织纪律，包括慎重发展党员、严格履行入党手续等。正因为作出了这些规定，中国共产党自诞生之日起就是一个实行民主集中制的、具有铁的纪律的、组织化的马克思主义政党。

　　1917年的俄国革命和1919年的五四运动，促成了中国先进知识分子为中华民族伟大复兴，在马克思列宁主义指导下建立了无产阶级政党，确立了民主集中制的组织原则和制度。中国产生了共产党，这是开天辟地的大事变。中国共产党从成立的那一天起，就是具有坚强组织纪律的中国工人阶级的先锋队与中国人民和中华民族的先锋队。

---

① 中共中央文献研究室、中央档案馆编：《建党以来重要文献选编（一九二一——一九四九）》第一册，中央文献出版社2011年版，第1页。

② 《列宁选集》第3卷，人民出版社2012年版，第175页。

第四讲

新民主主义革命时期民主集中制的发展

中国共产党创立后，立即投入领导新民主主义革命的伟大斗争中去。领导一场伟大的革命，需要一个伟大的党。要使党成长为伟大的党，必须加强党的建设，尤其是要加强党的民主集中制组织原则和制度的建设。在新民主主义革命时期，党在实践中努力探索和阐释民主集中制的原则与理论，总结、提炼和制定民主集中制的领导方法与制度，提高党员干部执行民主集中制的能力和水平，为民主集中制在中国革命中的运用和发展积累了成功的经验，作出了突出的贡献。

一、建党之初和大革命时期党对民主集中制的规定和实践

党的一大因时间紧迫而来不及制定党章，制定党章的任务由党的二大完成。1922 年 7 月，党的二大在制定党章时，通过了《关于共产党的组织章程决议案》。《决议案》指出："凡一个革命的党，若是缺少严密的集权的有纪律的组织与训练，那就只有革命的愿望便不能够有力量去做革命的运动。"[1] 在党的历史上，《决议案》第一次明确、详尽地规定了民主集中制的

---

[1] 中共中央文献研究室、中央档案馆编：《建党以来重要文献选编》（一九二一——一九四九）第一册，中央文献出版社 2011 年版，第 162 页。

七条原则，其中第一条规定："自中央机关以至小团体的基本组织要有严密系统才免得乌合的状态；要有集权精神与铁似的纪律，才免得安那其的状态。"①《决议案》还指出："我们的组织与训练必须是很严密的集权的有纪律的"②。党的二大制定了中国共产党的第一个章程，党章中规定："全国大会及中央执行委员会之议决，本党党员皆须绝对服从之"；"下级机关须完全执行上级机关之命令"；"少数绝对服从多数"；等等。③ 至此，中国共产党形成了民主集中制组织原则和制度的具体规定，而且主要偏重于集中的问题。此外，党的二大还通过了《中国共产党加入第三国际决议案》，表示"完全承认第三国际所决议的加入条件二十一条，中国共产党为国际共产党之中国支部"④。二十一条中的第十二条规定："凡属于国际共产党的党，必须建筑于德莫克乃西的中央集权的原则之上。"⑤ 此条文中的"德莫克乃西"系英语"民主"的音译，"德莫克乃西的中央集权"即"民主的中央集权"。这表明，中国共产党按照共产国际的要求，把民主集中制确立为党的组织原则和制度。

虽然党的二大形成了民主集中制的组织原则和制度，但当时还没有使用"民主集中制"的译法，多译为"中央集权制"或"民主主义的中央集权"。1923年5月，时任中国社会主义青年团中央书记的施存统，将党的组织原则和制度称作"民主的集中制"，并解释道："民主的集中制，有两种重要精神：一是执行期间的绝对服从，一是任何主张及行动均以多数意见为基础并

---

① 中共中央文献研究室、中央档案馆编：《建党以来重要文献选编》（一九二一——一九四九）第一册，中央文献出版社2011年版，第162页。

② 中共中央文献研究室、中央档案馆编：《建党以来重要文献选编》（一九二一——一九四九）第一册，中央文献出版社2011年版，第163页。

③ 中国革命博物馆：《中国共产党党章汇编》，人民出版社1979年版，第8页。

④ 中共中央文献研究室、中央档案馆编：《建党以来重要文献选编》（一九二一——一九四九）第一册，中央文献出版社2011年版，第141页。

⑤ 中共中央文献研究室、中央档案馆编：《建党以来重要文献选编》（一九二一——一九四九）第一册，中央文献出版社2011年版，第144页。

得由多数意见加以最后的判决。简单说，就是一种由下而上的集权制，不是由上而下的专制制"①。1924 年 1 月，刘仁静在中国共产党机关报《向导》上发表的文章《悼列宁》，把列宁创立的布尔什维克党的组织原则定名为"民主集中制"，指出："列宁是为人民奋斗的共产党的创始者。……每个党员必须加入一个秘密的组织。他的党员都是绝对相信民主集中制的"②。这是"民主集中制"在中文中的首次出现。1927 年 6 月，党的第五届中央政治局会议通过的《中国共产党第三次修正章程议决案》规定："党部的指导原则为民主集中制"，"按照民主集中制的原则在一定区域内建立这一区域内党的最高机关，管理这一区域内党的部分组织"，"党部之执行机关概以党员大会或其代表大会选举，上级机关批准为原则；但特殊情形之下，上级机关得指定之"。③ 同时规定："党部机关之决议，应当敏捷的与正确的执行之，但对于党内一切争论问题，在未解决以前，完全自由讨论之。""党的一切决议取决于多数，少数绝对服从多数。党员及下级机关对于上级机关决议不同意时，得各该党部过半数党员的同意，得对于上级机关提出抗议，但在抗议时期内，未解决以前仍须执行上级机关之命令。"④ 这是党的组织制度的名称在党章中第一次正式地确定为"民主集中制"，并对民主集中制的民主和集中两个方面作出清晰的阐述。

民主集中制确立和形成后，无论是理论还是制度，都经受着实践的严峻考验。1923 年 6 月，党的三大根据马克思列宁主义的策略原理和中国的实际情况，正式确定了建立国共合作统一战线的策略方针，但很快就经历了第

---

① 存统：《本团的问题》，《先驱》第十七号（1923 年 5 月 10 日）。

② 仁静：《悼列宁》，《向导》第五十二期（1924 年 1 月 20 日）（《向导》第五十二期标注的日期为 1924 年 1 月 20 日，又注明每星期三出版。列宁逝世于 1924 年 1 月 21 日，此文不可能早一天就写作并发表。查 1924 年 1 月 23 日为星期三，故实际的出版日期应是 1924 年 1 月 23 日）。

③ 中国革命博物馆：《中国共产党党章汇编》，人民出版社 1979 年版，第 23 页。

④ 中国革命博物馆：《中国共产党党章汇编》，人民出版社 1979 年版，第 30 页。

一次国共合作与破裂以及大革命的失败。民主集中制在革命实践中遇到的最大难题就是，一方面要实行民主，另一方面又要实行集中，必须妥善处理好民主和集中的关系，而时任党的总书记的陈独秀并没有很好地做到。到了1926年底，家长制占了统治地位，民主集中制的原则和制度被完全破坏。例如，1927年6月召开党的中央扩大会议，会议讨论的中心议题是国共合作问题，陈独秀从右倾机会主义的立场出发，提出了一个放弃革命领导权的国共两党决议案。会议讨论这一决议案时，遭到了多数同志的反对。时任团中央总书记的任弼时，针对决议案的右倾错误，提出了书面批评意见，主张给反动派以坚决打击。当任弼时把意见书交给陈独秀、请让大家传阅时，陈独秀却大施"权威"，将其撕得粉碎。任弼时要求发言，陈独秀竟厉声训斥说，这是党的会议，青年团没有资格发言，致使会议无人再敢发表意见，决议案也就视为通过了。其时，虽然任弼时担任团中央总书记，但他已在1927年5月召开的党的第五次全国代表大会上当选为中央委员了。[①] 作为一个中央委员，怎么没有资格在中央扩大会议上发言呢？显而易见，这完全是陈独秀在大耍专横霸道。

轰轰烈烈的大革命失败后，党内开始批判陈独秀的家长制作风。1927年党的八七会议认为，革命失败的主要原因是犯了机会主义错误，而机会主义错误在组织方面的原因是，"一切问题只有党的上层领袖决定，而'首领'的意见不但总应当认为是必须服从的，而且总以为无条件的每次都是对的。这种条件之下，党内的民权主义完全变成空话"[②]。这里说的党内民权主义就是指党内民主问题。对陈独秀的家长制，蔡和森撰写了《党的机会主义史》的长文进行了批判。他指出："我们本是民主集中

① 参见王健英编著：《中国共产党组织史汇编（领导机构沿革和成员名录）》，中共中央党校出版社1995年版，第67页。

② 中共中央文献研究室、中央档案馆编：《建党以来重要文献选编》（一九二一——一九四九）第四册，中央文献出版社2011年版，第437—438页。

制。然八年以来，只有从上而下的集中，而没有从下而上的民主。""党内
生活全未形成，既无党的讨论，又无选举制度"。① 针对陈独秀的家长制问
题，蔡和森指出："要铲除政治方面机会主义的系统，同时亦要铲除组织方
面的机会主义系统，我们现在应改造真正成为列宁主义的铁的组织铁的纪
律，真正成为无产阶级的民主集中制。这种真正的民主集中制和铁的纪律
不是削弱党员群众及下级党部的自觉自动与创造精神的，不是弛缓党的纪
律和组织。乃是强固党的纪律和组织"。蔡和森强调"由下而上的党内讨
论尽可能的发展，由下而上的选举制度尽可能的采用"。② 至于民主要发展
到什么程度、什么界限，蔡和森提出一个非常正确的判断标准："以不妨害
集中制和革命行动的需要为界限。超越此界限的极端民主的要求亦是不能
容许的。"③ 为了克服家长制和专制主义，党的八七会议提出，即使在政治
压迫非常严重之下，处于秘密状态之中，需要最大限度的集权，"也必须
实际上实现党的民权主义，使党的政策在党员群众之中讨论，在下级党部
讨论"，"集权制度不应当变成消灭党内的民权主义"。④ 1927 年 12 月，中
央在关于组织工作的第二十号通告中，甚至要求各级党组织"扩大党的民
主化至最高限度"⑤。1928 年 1 月，中央又提出"党内的民主主义""应当尽
可能的扩大实行"⑥。但同时，在关于组织工作问题的《中央通告第三十二
号》中也强调："尽可能的实行民主主义""决不是要下级负责同志或每个

---

① 《蔡和森文集》（下），人民出版社 2013 年版，第 913 页。

② 《蔡和森文集》（下），人民出版社 2013 年版，第 914 页。

③ 《蔡和森文集》（下），人民出版社 2013 年版，第 915 页。

④ 中央档案馆编：《中共中央文件选集》第三册(一九二七)，中共中央党校出版社 1989 年版，
第 290、305 页。

⑤ 中央档案馆编：《中共中央文件选集》第三册(一九二七)，中共中央党校出版社 1989 年版，
第 560 页。

⑥ 中央档案馆编：《中共中央文件选集》第四册(一九二八)，中共中央党校出版社 1989 年版，
第 38 页。

党员无理的攻击上级机关负责的同志，决不是要上级机关无威权，一切都要解决于党员群众"。①

1928 年 6—7 月，党的六大制定的党章，对民主集中制进行了明确的阐述，把党的各级组织应由选举产生、定期向党员报告工作、下级服从上级列为民主集中制的三项主要原则。不过，六大党章也有一个不足，没有提及"少数服从多数"这一重要原则规定，不利于集中的形成。②对党章规定的民主集中制，党的六大通过的《政治议决案》作出一个非常重要的决定，第一次提出要"实行真正的民主集中制"，要求即使在党组织处于"秘密条件"的情况下，也要"尽可能的保证党内的民主主义"，"实行集体的讨论和集体的决定"。③《政治议决案》提出的"集体的决定"，实际上强调了要实行少数服从多数的原则。

党的六大之后，为了迅速贯彻关于实行真正的民主集中制的精神，1928 年 11 月，中共中央制定了《中央通告第七十八号——关于职工运动的策略》。在这份文件中，中央指出："民主集中制是无产阶级群众的而能战斗的最好的形式，只有这种组织制度上才能使工会的组织真正能够反映出多数群众的意识，发挥民主集中制的作用"④。中央还就"怎样实现民主集中制"提出了六条具体的办法：一是工会机关（工会、工厂委员会）负责人员须是群众选举出来的。二是工会执行机关人员，须有群众之日常监督，如有违背公意时，得由群众召回而改选之。三是机关负责人员，须按时报告其工作情形于工人群众，尽可能地召集群众会议，或代表会议，搜求群众意见，讨论制定方略。

---

① 中央档案馆编：《中共中央文件选集》第四册（一九二八），中共中央党校出版社 1989 年版，第 82 页。

② 参见中国革命博物馆：《中国共产党党章汇编》，人民出版社 1979 年版，第 36 页。

③ 中共中央文献研究室、中央档案馆编：《建党以来重要文献选编》（一九二一——一九四九）第五册，中央文献出版社 2011 年版，第 395 页。

④ 中共中央文献研究室、中央档案馆编：《建党以来重要文献选编》（一九二一——一九四九）第五册，中央文献出版社 2011 年版，第 732 页。

四是在工厂中应按时举行工厂代表会议（每星期一次或二次），以便一般群众的意见完全无阻挡地表现出来，同时使他们知道他们的指导机关所做的是什么。五是工会或工厂委员会的指导机关负责人员（包含被选举出来及被雇的），如果将一切事件通通揽在手里去办，是最容易形成包办的形势。要使大多数的群众都能过工会的生活，经常有多数的积极活动分子，才能保证民主集中制的真正效能。六是在组织人数很少的工厂中民主制的运用更为容易，尽量使全部分子积极参加都是应该的。[①]这六条方法虽然是针对职工运动和工会组织而提出来的，但它对怎样贯彻落实民主集中制具有普遍适用的意义。

党的六大提出的"实行真正的民主集中制"和贯彻六大精神提出的"保证民主集中制的真正效能"，既强调了实行民主，也强调了实行集中，并要注意实施民主和集中各自的程度和界限，表明了党在经历了陈独秀家长式的独断专行领导后，对民主集中制有了全新的感悟和认知。

二、井冈山和中央苏区根据地民主集中制的实行

1927年10月至1928年2月，毛泽东率领秋收起义部队把革命的红旗插上了井冈山，通过打土豪、分田地的游击暴动，先后建立了茶陵、宁冈、遂川三县工农兵苏维埃政府，井冈山革命根据地初具规模。1928年5月20日，在武装割据顺利进展的局势下，湘赣边界党的一大在宁冈茅坪召开，成立了井冈山根据地范围内地方党组织的最高领导机构——湘赣边界特委，毛泽东任书记。会后，高于县一级苏维埃政权的湘赣边界工农兵政府成立，成为根据地内最高行政领导机构，毛泽东任主席。工农兵政府内设土地部、军事部、财政部、政法部、工农运动委员会、青年委员会和妇女委员会等机

---

① 参见中共中央文献研究室、中央档案馆编：《建党以来重要文献选编》（一九二一——一九四九）第五册，中央文献出版社2011年版，第732—733页。

构，形成较齐全的行政工作系统。此后，湘赣边界苏维埃政府深入开展红色区域的土地革命，根据地内的政权建设有了很大发展，永新、莲花、鄞县等先后成立了县苏维埃政府，其下设有区、乡苏维埃，凡在有党组织的地方都建有苏维埃组织，建立健全了苏维埃政权体制。毛泽东在井冈山革命根据地的实践中发现，封建时代独裁专断的家长制恶习深植于群众乃至一般党员的头脑中，一时扫除不净，不少人遇事贪图便利，不喜欢麻烦的民主制度，民主集中制在政府工作中用得不习惯。为此，他要求："民主集中主义的制度，一定要在革命斗争中显出了它的效力，使群众了解它是最能发动群众力量和最利于斗争的，方能普遍地真实地应用于群众组织。"[①]

毛泽东在建立了井冈山革命根据地后，把民主集中制的组织原则和制度运用于政权建设，成为工农民主专政的人民革命政权区别于买办豪绅阶级独裁反动政权的一个重要标志，也是边界红色政权工作的中心环节。在毛泽东领导下，井冈山根据地建立了各级苏维埃政府，但如何处理好党和政府的关系是政权建设中一个棘手的问题。由于边界红色政权是在党的领导下创建的，党在边界的干部和群众中享有崇高的威信，虽然有了苏维埃政府，但在根据地的县，所有的军事、政治、经济等大小工作均由县委来决定，就连政府的一些纯粹的行政事务，也须经由县委核准。因而，在如何认识和处理党与工农兵政府的关系上，事实上发生了把党和政府关系演变成党对政权的命令和包办代替的关系。对此，毛泽东指出："党在群众中有极大的威权，政府的威权却差得多。这是由于许多事情为图省便，党在那里直接做了，把政权机关搁置一边。这种情形是很多的。"[②] 中共中央在 1928 年 6 月给朱德和毛泽东的来信中也指出，应"绝对防止党命令苏维埃的毛病"[③]。针对这些问

---

① 《毛泽东选集》第一卷，人民出版社 1991 年版，第 72 页。

② 《毛泽东选集》第一卷，人民出版社 1991 年版，第 73 页。

③ 中共中央文献研究室、中央档案馆编：《建党以来重要文献选编》（一九二一——一九四九）第五册，中央文献出版社 2011 年版，第 233 页。

题，毛泽东提出了解决的根本方法：一是"以后党要执行领导政府的任务；党的主张办法，除宣传外，执行的时候必须通过政府的组织"①。在这段重要的论述里，毛泽东提出了党"领导政府"的任务，但也明确了党绝不能代替苏维埃，党的领导凡是涉及苏维埃工作的，必须由苏维埃来完成。党和政府的工作一定要分开，苏维埃的日常工作要建立起来，对于苏维埃的法令一定要由苏维埃全部去实现。二是加强苏维埃政权自身的建设。苏维埃政府负责承担革命根据地大量的行政工作，关系到能否进一步巩固革命根据地的大问题。但不少工农群众乃至党员并没有认识到苏维埃政权的意义，政府机构内也不重视民主，专断独裁的事时有发生。为了克服各级工农兵苏维埃政府中种种不民主的现象，毛泽东提倡健全各级苏维埃执行委员会的民主集中制原则，要求在各级政府执行委员会和政府委员中厉行民主集中制，改变对民主集中制用得不习惯的状况。同时，对少数苏维埃政府中的贪污腐化分子，进行彻底清理和严肃处理，以保持红色政权的性质。

中国的革命斗争，首要的是军事斗争。中国共产党必须拥有自己的军队，通过武装斗争才能建立苏维埃，若没有军队开辟革命根据地，苏维埃政权就不可能存在和生存下去。为此，建设一支忠于党、忠于人民、忠于革命的工农红军至关重要。1927年秋收起义后，毛泽东缔造了第一支工农革命军，1928年4月底，朱德、陈毅率领南昌起义保留下来的部队和湘南起义农军到达井冈山，与毛泽东领导的秋收起义部队胜利会师，成立了当时最强大的中国工农革命军，后改称中国工农红军第四军。

在红军发展的历史进程中，毛泽东作出了一个首创，把民主集中制的组织原则和制度运用于军队建设。当时在红军队伍中存在极端民主化的倾向。正如1929年6月党的六届二中全会的《组织问题决议案》所指出的："有些同志不顾党的主观条件如何，不顾党的秘密存在与严厉的白色恐怖，要求无

① 《毛泽东选集》第一卷，人民出版社1991年版，第73页。

条件的实行党内民主化"①。《决议案》强调指出:"在目前党内无产阶级基础削弱党员政治水平线低微的条件下,加以客观上白色恐怖的严重党内民主化的执行限度是应当有条件的,同时党在各地必须实行列宁的民主集中制。最高机关的决议,下级机关应当无疑地执行。……一方面民主集中,一方面逐渐实行党内民主"②。特别是针对红四军党内的极端民主化,1928年8月,中央在指示信(即《八月来信》)中指出:"党的一切工作、一切事务、一切问题都要拿到支部中去讨论去解决——这是极端民主化的主张。民主集中制的党既绝不容许,尤其在红军中,在日有战斗的红军中更绝对不容许有此种倾向之生长。所谓集权制当然是指在集体指导组织中的集权,绝不是个人的集权。自然在一个委员会中,既有一个书记,他在会议席上、在处理日常事务上,必然要比别人多负点责任。尤其在军队中,在作战的军队中,党的书记当然更要多负些处理日常事务与临时紧急处置的责任——这是书记的责任,绝对不是家长制。"③1929年9月,中央再次发出指示信(即《九月来信》)指出:"党的一切权力集中于前委指导机关,这是正确的,绝不能动摇。不能机械地引用'家长制'这个名词来削弱指导机关的权力,来作极端民主化的掩护。前委对于一切问题毫无疑义应先有决定后交下级讨论,绝不能先征求下级同意或者不作决定俟下级发表意见后再定办法,这样不但削弱上级指导机关的权力,而且也不是下级党部的正确生活,这就是极端民主化发展到极度的现象。"④

在中央的《九月来信》之后,为了彻底解决红四军党内军内存在的各种

---

① 中央档案馆编:《中共中央文件选集》第五册(一九二九),中共中央党校出版社1989年版,第216页。

② 中央档案馆编:《中共中央文件选集》第五册(一九二九),中共中央党校出版社1989年版,第217页。

③ 中共中央文献研究室、中央档案馆编:《建党以来重要文献选编》(一九二一——一九四九)第六册,中央文献出版社2011年版,第396页。

④ 中共中央文献研究室、中央档案馆编:《建党以来重要文献选编》(一九二一——一九四九)第六册,中央文献出版社2011年版,第520页。

非无产阶级思想，毛泽东提议召开红四军党的第九次代表大会。1929 年 12 月，红四军的第九次代表大会在福建上杭古田召开，也称古田会议。毛泽东为大会起草了《中国共产党红军第四军第九次代表大会决议案》（简称《古田会议决议》）。《古田会议决议》提出了肃清极端民主化思想的根本的纠正方法："从理论上铲除极端民主化的根苗。首先，要指出极端民主化的危险，在于损伤以至完全破坏党的组织，削弱以至完全毁灭党的战斗力，使党担负不起斗争的责任，由此造成革命的失败。其次，要指出极端民主化的来源，在于小资产阶级的自由散漫性。这种自由散漫性带到党内，就成了政治上的和组织上的极端民主化的思想。这种思想是和无产阶级的斗争任务根本不相容的。"① 同时，制定了"厉行集中指导下的民主生活"的五条具体办法：一是党的领导机关要有正确的指导路线，遇事要拿出办法，以建立领导的中枢。二是上级机关要明了下级机关的情况和群众生活的情况，成为正确指导的客观基础。三是党的各级机关解决问题，不要太随便。一成决议，就须坚决执行。四是上级机关的决议，凡属重要一点的，必须迅速地传达到下级机关和党员群众中去。五是党的下级机关和党员群众对于上级机关的指示，要经过详尽的讨论，以求彻底地了解指示的意义，并决定对它的执行方法。②《古田会议决议》重申了民主集中制的少数服从多数的基本原则，并作出具体要求：一是开会时要使到会的人尽量发表意见。有争论的问题，要把是非弄明白，不要调和敷衍。一次不能解决的，二次再议（以不妨碍工作为条件），以期得到明晰的结论。二是少数服从多数。"少数人在自己的意见被否决之后，必须拥护多数人所通过的决议。除必要时得在下一次会议再提出讨论外，不得在行动上有任何反对的表示。"③《古田会议决议》形成了党的集体领导制度，第一次明确地规定了贯彻民主集中制的细则，有利于正确地实行集中和开展民主生活。

---

① 《毛泽东选集》第一卷，人民出版社 1991 年版，第 88—89 页。

② 参见《毛泽东选集》第一卷，人民出版社 1991 年版，第 89 页。

③ 《毛泽东文集》第一卷，人民出版社 1993 年版，第 82 页。

1929 年 1 月，毛泽东、朱德率领红四军向赣南进军，开辟赣南和闽西苏区，使赣南、闽西两块革命根据地连成一片，形成了以瑞金为中心的中央根据地，先后建立了江西、福建、闽赣、粤赣、赣南五个省级苏维埃政权。1931 年 2 月，中央决定由毛泽东担任中华苏维埃共和国临时中央政府主席，1931 年 11 月 7 日，中共中央在瑞金召开中华工农兵苏维埃第一次全国代表大会，选举毛泽东为中央执行委员会主席和人民委员会主席，建立了中华苏维埃共和国。1934 年 1 月 21 日，第二次全国工农兵代表大会在江西瑞金沙洲坝开幕，选举毛泽东为中央执行委员会主席，张闻天为中央人民委员会主席。在中央苏区长达五年多的时间里，毛泽东和张闻天认真贯彻了党的民主集中制，卓有成效地开展了苏维埃代表大会的工作。

为了指导苏维埃具体工作的开展，毛泽东和张闻天将注意力集中于基层，高度重视区乡苏维埃建设问题，他们合著了《区乡苏维埃怎样工作》一书。该书上篇《乡苏怎样工作?》为毛泽东所著，下篇《区苏维埃怎样工作》为张闻天所著。毛泽东在《乡苏怎样工作?》中指出，乡代表会议是全乡最高政权机关，经过代表会议的讨论，实行苏维埃的一切法令政策，完成苏维埃的各种任务。代表会议要经常开会，议论主要问题，通常是十天开一次，每次会议都要作报告和进行讨论，经讨论后作出决定，并要切实负责。乡苏应设立主席团，主席团是代表会议闭会后的全乡最高政权机关，它应该坚决执行代表会议和上级苏维埃的决议与指示，它应该积极领导全乡的工作。乡苏之下，应该组织各种辅助乡苏管理各种专门工作的委员会，在里面起领导作用，把委员会制度看作联系广大群众推进苏维埃工作的一种重要方法。[①] 毛泽东在这里讲的乡苏的工作制度和领导方法，实际上是他用通俗的语言讲解了苏维埃怎样运用民主集中制的制度和领导方法。

张闻天则从区苏主席团与其各部之间的关系上阐释了民主集中制的问题。

---

① 参见《毛泽东文集》第一卷，人民出版社 1993 年版，第 343—359 页。

他说:"在这里,基本的原则,是在使区苏主席团成为区苏整个工作的领导者与组织者,使一切重要问题的解决都经过主席团,同时使主席团与各部之间保持着适当的关系,使主席团的集中领导不妨碍而且帮助各部本身工作的建立。"① 张闻天批评有的地方"缺乏主席团的集中领导,而形成各部各自为政的散漫现象",有的地方"则恰恰相反,主席团的领导固然非常集中,但结果使主席团代替,包办,或取消了各部的工作"。"这两种倾向,显然都是违反我们上述的基本原则的"。"主席团的集中领导与各部经常工作的建立的中心目的,是在使**区苏对于乡苏的领导**真正加强起来。这里的基本原则,是在使区苏具体的领导乡苏,并且经过乡苏的主席团,乡苏的代表会议与乡苏下的各个委员会来完成一定的任务。"② 显然,张闻天讲的"基本原则",就是民主集中制的民主和集中相结合的原则和方法。

三、长征路上运用民主集中制取得的胜利

在党和根据地政权、军队积极反对极端民主化、努力贯彻民主集中制时,由于缺乏经验以及思想方法上的片面性等原因,又出现了过分强调集中的问题,这为李立三、王明推行错误路线提供了便利。1931 年 1 月,党的六届四中全会开始了王明"左"倾教条主义、冒险主义在党中央的统治,他们把马列主义教条化,把共产国际指示神圣化,在党内实行专制主义和宗派主义,严重破坏了党的民主集中制原则。党中央负责人博古,不懂军事却要领导军队,只能迷信和求助于外国顾问李德,李德又以"太上皇"姿态凌驾于党和军委之上,独断专行。同时,共产国际直接干预中国共产党的内部事务,由共产国际指定的中央领导人缺乏民主作风,使民主集中制失去了贯彻

① 《张闻天文集》第一卷,中共党史资料出版社 1990 年版,第 485 页。

② 《张闻天文集》第一卷,中共党史资料出版社 1990 年版,第 485—486、488 页。

落实的条件。王明"左"倾教条主义更以"国际指示"为令箭，作为其在党内搞独断专行的"根据"。其时，党中央的各种会议，尽管有时也讨论，但结论却必须与"国际指示"一致，必须"一律遵行"，这当然就使民主失去了存在的意义。"左"倾教条主义者为推行其错误路线而实行了宗派主义的干部政策，压制正确意见，在党内把一切因为错误路线行不通而对它采取怀疑、不同意、不满意、不积极拥护、不坚决执行的同志，不问青红皂白，一律戴上"右倾机会主义""富农路线""罗明路线""调和路线""两面派"等大帽子，加以"残酷斗争""无情打击"，甚至以对罪犯和敌人作斗争的方式来进行这种"党内斗争"。在王明统治党中央领导机关四年的时间里，无论在革命根据地还是在白区的革命力量都受到极大损失，红军只能离开中央苏区进行长征。民主集中制遭到破坏，是红军被迫长征和在长征初期屡屡受挫的一个重要原因。

从 1934 年 10 月至 1936 年 10 月，中央红军（红一方面军），红二和红六军团（红二方面军），红四方面军和红 25 军相继撤离长江南北各苏区，用两年的时间进行长征和战略大转移。但在长征开始前，对长征的准备工作，博古、李德独断专行，他们对长征这样的重大问题，没有在党的干部与红军指战员中进行任何解释，甚至在政治局的会议上也没有提出讨论，把数十万人行动的政治方略和目标，当成一般事项，对为什么退出中央苏区，当前任务怎样，到何处去等基本的任务与方向问题，始终秘而不宣，因此在军事上、特别在政治上，不能提高红军战士的热忱与积极性，这是违反民主集中制原则的严重错误。关于这一时期民主集中制缺失的情况，邓小平曾指出："'左'倾机会主义在党内居于统治地位的时候，上下级关系中的偏向是过度集中。在那个时期，下级组织对于上级领导机关实际上几乎没有发言权。当时的上级领导者不但没有兴趣听取下级的情况和意见，而且要给那些根据实际情况向他们提出合理的不同意见的人们以种种打击。"① 长征途中，以博古

① 《邓小平文选》第一卷，人民出版社 1994 年版，第 226 页。

为首的"三人团"又实行退却中的逃跑主义，使红军损失惨重。很显然，如再不用民主集中制的方法解决红军长征前进的方向和领导班子的问题，革命将难以为继。

长征初期的失利，激起党中央运用民主集中制的方式，展开了对"左"倾机会主义的斗争。同时，在商讨决定党和红军前途命运的重大战略决策时，民主集中制也发挥了重要作用。党中央在长征途中召开了一系列重要的会议，其中以遵义会议最为重要和最为著名，遵义会议是贯彻执行民主集中制的一次成功实践。

遵义会议的召开，并不是孤立的、突然的，在此之前的一些会议为其准备了条件、提供了支持，遵义会议精神的执行和落实也要依靠一系列的后续会议。因此，确切地说，遵义会议实际上表现为系列会议。表1是以遵义会议为中心，前后召开的系列会议情况。

表 1　遵义会议与前后系列会议

会议时间	会议名称	与会人员	会议内容	会议成效
1934 年 12 月 12 日	通道会议	博古、周恩来、李德、张闻天、毛泽东、王稼祥等	商讨红军前进路线和战略方针问题	毛泽东劝说博古、李德，放弃与红二、六军团汇合的计划，未取得成果
1934 年 12 月 18 日	黎平会议	周恩来、博古、朱德、张闻天、毛泽东、王稼祥、李德等	改变红军既有的行军方向问题	通过《中央政治局关于战略方针之决定》，放弃与红二、六军团汇合的原定计划
1934 年 12 月 31 日	猴场会议	毛泽东、周恩来、张闻天、王稼祥、李富春、李德、博古、伍修权等	确认红军的前进方向，重申黎平会议作出的决定	作出《中共中央政治局关于渡江后新的行动方针的决定》，基本结束"三人团"的军事指挥

会议时间	会议名称	与会人员	会议内容	会议成效
1935年1月15日—1月17日	遵义会议	中央政治局委员、候补委员、军团军事首脑等在内的党内重要人员	召开政治局扩大会议，对第五次反"围剿"斗争和长征以来的情况进行总结	肯定了毛泽东的军事战略主张；选举毛泽东为中央政治局常委；取消"三人团"；常委进行了再分工
1935年2月5日—2月9日	扎西会议	毛泽东、周恩来、张闻天、王稼祥、邓发、李德、凯丰、刘少奇等	落实遵义会议作出的决定，讨论中央政治局常委的分工决定，形成遵义会议决议	张闻天代替博古在党中央负总责，通过了《中共中央关于反对敌人五次"围剿"的总结决议》；作出了挥兵黔北"缩编"决策
1935年3月10日—3月12日	苟坝会议	中央政治局委员、候补委员、中革军委成员等	对遵义会议决议的进一步落实，完成对军事领导机构的改组	成立毛泽东、周恩来、王稼祥中央政治局最高军事指挥"三人团"，确立毛泽东的指挥地位

从表1所列可知，遵义会议前后的系列会议，始于1934年12月12日的通道会议，中共中央负责人就红军行军路线和战略方针问题在湖南省的通道举行紧急会议。会上毛泽东提出放弃与红二、六军团会合的原定计划，进入敌人防守薄弱的贵州，毛泽东的正确主张得到了周恩来、王稼祥、张闻天等同志的支持。通道会议的多数领导者已初步形成了必须改变战略转移大方向的共识，博古、李德的权威开始受到质疑。

1934年12月15日，中央红军占领黎平。18日，中央政治局在黎平举行会议，会议由周恩来主持，博古、朱德、张闻天、毛泽东、王稼祥、李德等参加了会议，会上就红军战略方针进行了激烈争论，最后同意了毛泽东主张放弃同红二、六军团会合的原定计划，继续西进，在川黔边建立新的根据地的正确主张。

黎平会议后，李德仍然坚持与红二、六军团会合的计划。1934年12月31日晚至次日凌晨，中共中央在贵州瓮安的猴场召开了政治局会议。猴场会议通过激烈的争论，再次否定李德等人与红二、六军团会合的错误主张，重申黎平会议决定，并实际上结束了李德、博古对红军的军事指挥权。

中央红军于 1935 年 1 月 2 日攻占遵义，在毛泽东、张闻天、王稼祥的努力下，15 日到 17 日，在遵义召开中共中央政治局扩大会议，这就是著名的遵义会议。遵义会议对第五次反"围剿"和长征以来的情况进行总结。博古首先作"主报告"，把第五次反"围剿"失败的原因归结为国民党军事力量的强大、全国革命力量的薄弱，却不检讨军事指挥上的错误。接着，作为"三人团"成员的周恩来作"副报告"。周恩来检讨了"三人团"指挥上的重大失误，并主动承担了责任。紧接着张闻天作报告，他完全不同意博古的观点，将其称为"机会主义"，可以说是"反报告"。此时，毛泽东也作了长时间讲话，他将博古、李德的错误概括为"先是冒险主义，继而是保守主义，然后是逃跑主义"，并层层剖析、入情入理，真正构成了分量极重的"重报告"。接着王稼祥发言，他直截了当地讲了三点意见：一是完全赞同张闻天、毛泽东的发言；二是红军应当由毛泽东这样富有实际经验的人来指挥；三是取消李德、博古的军事指挥权，解散"三人团"。参加会议的 20 名代表经过广泛的议论和决定，有 16 人完全支持毛泽东当选为中央政治局常委，进行领导权的变动。遵义会议事实上确立了毛泽东在红军和党中央的领导地位，结束了"左"倾教条主义错误在中央的统治。

遵义会议后，1935 年 2 月 5 日至 9 日，中央政治局在云南威信水田寨、大河滩、扎西镇等地（川滇黔交界的鸡鸣三省之地）连续召开会议，统称为扎西会议。扎西会议讨论通过了中央政治局常委的分工决定：张闻天代替博古在党中央负总责。会议还通过了由张闻天起草的遵义会议决议。至此，遵义会议所决定的事项基本完成。

1935 年 3 月 10 日至 12 日，中共中央总负责人张闻天在遵义县苟坝村召开中央会议，讨论攻打打鼓新场问题。苟坝会议是继扎西会议之后，对遵义会议决议的进一步落实，完成了遵义会议没有来得及完成的中央对领导机构特别是军事领导机构的改组，成立由周恩来、毛泽东、王稼祥三人组成军事小组。苟坝会议进一步确立了毛泽东在红军中的指挥地位，明确了毛泽东在红军中的职权，为实现红军摆脱几十万敌军的围堵奠定了思想基础和组织基础。

以遵义会议为核心的一系列会议和以往截然不同，都是按照民主集中制的原则，通过围绕对红军行军路线和中国革命战争的发展发表不同的报告、提出不同的看法而展开充分讨论和激辩，最后少数服从多数，作出民主选择的决定。通过这一系列会议可以看出，民主集中制是一种制度机制，深入调查研究是贯彻民主集中制的基本前提；充分讨论、集思广益是党的民主集中制的主要方法；集体领导是贯彻民主集中制的关键；最终目的是实现决策过程的科学性和民主决定的正确性。遵义会议最重要的成果之一，就是在实践中开始形成以毛泽东同志为核心的党的第一代中央领导集体。遵义会议确立了集体领导和个人分工负责相结合的领导制度，在形成集体领导班子后，常委又进行了分工，特别是确定了由毛泽东负责红军和军事的指挥。

遵义会议是恢复和实行民主集中制的典范。首先，实行民主集中制要充分发扬民主。民主集中制内在的逻辑关系在于民主是集中的基础和前提。遵义会议的经验说明了，任何正确的集中，总是要在民主的基础上，才能真正地有效地实现。充分发扬民主，就是要让党员和党组织充分表达其意愿和主张。其次，实行民主集中制要坚持少数服从多数。在研究决定重大问题的时候，出现意见不一致是很正常的事，在非决策不可之时，只能少数服从多数。因此，少数服从多数应当是民主集中制的核心要义。少数人可以保留自己的意见，但必须在思想上行动上服从多数人通过的决定，并予以坚决的贯彻执行。最后，实行民主集中制要维护中央的权威。中国共产党组织上的坚强和有力量，在于其思想上行动上的高度一致，形成了内部的高度团结和统一，而这是以维护中央权威、服从中央统一指挥为标志的。中央一定要树立核心，没有核心，群龙无首，就会处于涣散状态。

遵义会议运用民主集中制的组织原则和制度，解决了党内路线斗争的紧迫问题，开始形成以毛泽东同志为核心的党的第一代中央领导集体，坚定地确立和实行了民主集中制的工作方法，这也为挫败在此之后发生的张国焘分裂中央的恶劣行径提供了斗争的有力武器。张国焘出于其自身的政治野心，对中央会议决议总是阳奉阴违，并不断向党伸手要权，但是，民主集中制的实行使得张国焘的错误主张在党内一直处于下风，其篡夺党和红军最高领导权的阴谋也一直未能得逞。无奈之下，1935 年 9 月，刚与中央红军会师不久的张国焘，只能背着党中央突然率部南下，10 月 5 日，更公然另立"中央"，自任"主席"，公开走上分裂党、分裂红军的道路。张国焘彻底破坏民主集中制的做法，遭到了党内大多数人的反对、抵制和否决。针对张国焘的反党分裂活动，党中央与其进行了坚决斗争，中共中央政治局作出了《关于张国焘同志错误的决定》，不仅系统揭露批判了张国焘的严重错误，而且也对全党进行了一次很好的民主集中制教育，增强了广大党员干部坚持和执行民主集中制的自觉性。最后，张国焘只好被迫宣布取消"中央"、继续北上。

历史的巧合是，长征开始前不久，因上海的中央局被敌人破坏，中共中央失去了与共产国际的无线电联系。在长征这样流动性很强的战略转移和行军作战过程中，很难迅速恢复与共产国际的联系。这就使中国共产党暂时摆脱了共产国际的"遥控"，避免了可能来自共产国际的种种干预，从而消除了实行民主集中制的障碍。1935 年 7 月，共产国际第七次代表大会意识到了干预各国党内事务易产生不良后果，正确地作出了一般不直接干预各国党内部组织事宜的决定。此后，共产国际对各国党原则上只进行一般的指导而不再干预各国党的内部事务，这无疑有利于遵义会议等重要会议取得的成果得到承认和巩固，并为中国共产党自主坚持和发展民主集中制创造了条件。

民主集中制的实行，保证了长征的胜利。在长征途中，中国共产党领导红军冲破国民党上百万兵力的围追堵截，四渡赤水，巧渡金沙江，强渡大渡河，激战腊子口，翻越终年积雪的崇山峻岭，穿过人迹罕至的茫茫草地，纵横十余省，行程二万五千里，胜利到达陕甘宁地区，实现了红军三大主力的大会师。为什么红军能够在数倍于己的敌人围追堵截之中，在严酷的自然环境里，打不烂、拖不垮？这是因为，党在遵义会议后的每次重大战略方针的调整，都是以会议的方式，通过集体讨论决定的，从而达到了统一思想、明确任务的目的，更保证了决策的科学与正确。党运用了强有力的民主集中制的组织原则和领导方式进行工作，因而长征的胜利是党正确实施民主集中制的伟大胜利。

四、延安时期民主集中制的成熟和发展

1935 年 10 月，中共中央随中央红军长征到达陕北，前后在延安度过了 13 年。在经历了从土地革命战争到全民族抗日战争再向全国解放战争的转变和发展，中国共产党对民主集中制又作出了新的理论和实践的探索。

1937 年 5 月，为了动员全党全国人民争取民主，实现全面抗战，毛泽东强调了贯彻实行民主集中制的必要性，要用"民主与集体的领导"取代"命令主义与包办的领导"。他指出："要党有力量，依靠实行党的民主集中制去发动全党的积极性。在反动和内战时期，集中制表现得多一些。在新时期，集中制应该密切联系于民主制。用民主制的实行，发挥全党的积极性。"[1] 这说明，民主集中制在推翻国民党反动统治的革命时期和在全面抗战具备了社会民主条件建立了国共统一战线的新时期有所不同。革命时期的民主集中制，需要集中制多一些；而在建立统一战线新时期，民主制则表现得多一些，并且要把集中制与民主制紧密联系起来。毛泽东的这些论述预示了在革命胜利后，作为革命时期的集中制将要发生明显变化，必然要求它成为联系民主制的集中制，从民主集中制的原生形态向着再生形态转变、发展。同时，毛泽东在论述民主集中制中的民主制和集中制的关系时，认为实行民主

---

[1] 《毛泽东选集》第一卷，人民出版社 1991 年版，第 278 页。

制最能发挥积极性，把对民主集中制的认识和有效实施，向前推进了一步。

　　1937 年 10 月，毛泽东在与英国记者贝特兰的谈话中指出，政府也需要实行民主集中制："政府的组织形式是民主集中制，它是民主的，又是集中的，将民主和集中两个似乎相冲突的东西，在一定形式上统一起来。……只有采取民主集中制，政府的力量才特别强大"①。当贝兰特问毛泽东："民主集中"在名词上不是矛盾的东西吗？毛泽东指出："应当不但看名词，而且看实际。民主和集中之间，并没有不可越过的深沟"②。本来，民主制和集中制是尖锐对立的两种制度，列宁把它们结合起来了，但没有说明何以能够结合。毛泽东根据唯物辩证法的原理认为，任何对立的事物在一定条件下都是可以统一的，民主需要集中，集中也离不开民主。毛泽东还进一步区分了两种根本不同的集中制，一种是与民主制相联系、以民主制为基础的集中制，一种是"只要集中不要民主的绝对集中主义"③。

　　这之后，1940 年 1 月，毛泽东在《新民主主义论》中进一步把民主集中制作为国家的"政体"问题来看待。他说："政体——民主集中制。这就是新民主主义的政治"，"民主集中制的政府"④。毛泽东对民主集中制结构的分析，完全继承了列宁的思想，同时更清晰地阐明民主制和集中制的关系，以及两种集中制的区分问题。毛泽东也和列宁一样，把民主集中制引入政府的领域和政体的范畴，开辟了民主集中制新的运用范围。随后，陕甘宁边区政府第三次政府委员会通过的《陕甘宁边区简政实施纲要》明确规定："新民主主义政体，是民主集中制。"⑤

① 《毛泽东选集》第二卷，人民出版社 1991 年版，第 383 页。
② 《毛泽东选集》第二卷，人民出版社 1991 年版，第 383 页。
③ 《毛泽东选集》第二卷，人民出版社 1991 年版，第 384 页。
④ 《毛泽东选集》第二卷，人民出版社 1991 年版，第 677 页。
⑤ 中央档案馆编：《中共中央文件选集》第十三册（一九四一——一九四二），中共中央党校出版社 1991 年版，第 547 页。

1938 年 9 月至 11 月，党在延安召开六届六中全会，毛泽东和张闻天提出了关于民主集中制建设和中国具体实际相结合的重要思想。毛泽东提出了"马克思主义的中国化"① 问题。张闻天在报告中也指出，要"熟习马列主义的基本原则"，但要"使组织工作中国化"。② 这是最早的关于马克思主义中国化和马克思主义组织工作中国化的提法。毛泽东在报告中提出："必须在党内施行有关民主生活的教育，使党员懂得什么是民主生活，什么是民主制和集中制的关系，并如何实行民主集中制。这样才能做到：一方面，确实扩大党内的民主生活；又一方面，不至于走到极端民主化，走到破坏纪律的自由放任主义。"③ 六中全会还针对张国焘的分裂主义、王明的宗派主义以及其他自由主义和分散主义，重申了党的四大纪律：个人服从组织，少数服从多数，下级服从上级，全党服从中央。为了使民主集中制原则在全党贯彻落实，全会还制定了详细的党内法规：《关于中央委员会工作规则与纪律的决定》《关于各级党委暂行组织机构的决定》《关于各级党部工作规则与纪律的决定》。这些决定，分别规定了中央委员会、各级党委会、各级党部的工作任务、职责范围和纪律，特别强调每个党员都必须遵守民主集中制的原则，推进了民主集中制的制度化建设。

中国共产党对民主集中制的深刻认识，还体现在毛泽东把民主集中制上升到马克思主义哲学认识的高度。1943 年 6 月，他在《关于领导方法的若干问题》中阐述道："凡属正确的领导，必须是从群众中来，到群众中去。这就是说，将群众的意见（分散的无系统的意见）集中起来（经过研究，化为集中的系统的意见），又到群众中去作宣传解释，化为群众的意见，使群

---

① 中央档案馆编：《中共中央文件选集》第十一册（一九三六——一九三八），中共中央党校出版社 1991 年版，第 658—659 页。

② 中央档案馆编：《中共中央文件选集》第十一册（一九三六——一九三八），中共中央党校出版社 1991 年版，第 663 页。

③ 《毛泽东选集》第二卷，人民出版社 1991 年版，第 529 页。

众坚持下去，见之于行动，并在群众行动中考验这些意见是否正确。然后再从群众中集中起来，再到群众中坚持下去。如此无限循环，一次比一次地更正确、更生动、更丰富。这就是马克思主义的认识论。"[1]民主集中制遵循的是辩证唯物主义的认识论原理和历史唯物主义的群众路线，从群众中来和到群众中去的过程，是既实行民主又实行集中的过程，民主集中制是群众路线在党内生活中的生动运用。由是，毛泽东把民主集中制和群众路线有机地联系在一起，科学地阐明它们之间的内在关系。

1945 年 4—6 月，党的七大在延安召开，成为民主集中制发展进程中的一座丰碑。毛泽东在七大报告《论联合政府》中，为民主集中制作出了科学论述："在民主基础上的集中，在集中指导下的民主。"[2]《在中国共产党第七次全国代表大会上的结论》中，他又专门讲了民主集中制问题，从马克思主义哲学的角度阐述了民主与集中的辩证关系，在刘少奇提出的"放手的民主，高度的集中"的基础上，作出了"高度的民主，高度的集中"的论断："民主要有很高程度的民主，集中也要很高程度的集中，这两个东西有没有矛盾呢？有矛盾的，但是可以统一的，民主集中制就是这两个带着矛盾性的东西的统一。""要在高度民主的基础上，建立高度的集中"。[3]

根据毛泽东的论述，七大制定的党章给民主集中制下了一个科学定义：民主集中制"即是在民主基础上的集中和在集中领导下的民主"[4]。七大党章还明确规定了实行民主集中制的四大条件："（一）党的各级领导机关由选举制产生。（二）党的各级领导机关向选举自己的党的组织作定期的工作报告。（三）党员个人服从所属的党组织，少数服从多数，下级组织服从上级组织，

---

[1]　《毛泽东选集》第三卷，人民出版社 1991 年版，第 899 页。

[2]　《毛泽东选集》第三卷，人民出版社 1991 年版，第 1057 页。

[3]　《毛泽东文集》第三卷，人民出版社 1996 年版，第 398、399、400 页。

[4]　中国革命博物馆：《中国共产党党章汇编》，人民出版社 1979 年版，第 51 页。

部分组织统一服从中央。（四）严格地遵守党纪和无条件地执行决议。"① 这四大条件，前两条体现了民主制，后两条体现了集中制。在党的历史上，七大党章第一次规定了党员的义务和权利。其中关于权利的四条规定：可以在党的会议或党的刊物上参加关于党的政策实施问题的讨论，拥有党内的选举权和被选举权，可以向党的任何机关直至中央提出建议和声明，在党的会议上批评党的任何工作人员，充分体现了民主制；关于义务的规定：严格遵守党纪，模范地遵守革命政府和革命组织的纪律，则体现了集中制。毛泽东的论述和七大党章的制定，标志着党的民主集中制组织原则和制度的科学化、定型化。

在延安时期，刘少奇作为中国共产党杰出的马克思主义理论家，撰写了《民主集中制未被正确实施》《党规党法的报告》《共产党员修养的两份报告大纲》《论共产党员的修养》《党内团结与党内民主集中制的执行》《论党员在组织上和纪律上的修养》《论党》等著作，主要从加强党的建设方面，阐述了民主集中制的必要性与重要性、民主和集中的辩证关系、运用民主集中制的方法和建设民主集中制的途径等重大问题，把党的民主集中制高度概括为党的组织建设规律，对推进民主集中制的发展作出了杰出的贡献。

首先，刘少奇论述了全体党员坚持和加强民主集中制的必要性与重要性。刘少奇高度重视民主集中制的意义，"民主集中制的目的是为了保证党思想上的一致，保证党组织上的统一"②。他将民主集中制提升到纪律修养和组织修养的高度，概括了坚持和加强民主集中制的必要性和重要性。坚持和加强民主集中制是每个党员提升纪律修养的需要，刘少奇指出："我们的党，不是许多党员简单的数目字的总和，而是由全体党员按照一定规律组织起来的统一的有机体，而是党的领导者被领导者的结合体，是党的首脑（中央）、

---

① 中国革命博物馆：《中国共产党党章汇编》，人民出版社 1979 年版，第 52 页。

② 中共中央文献研究室、中共中央党校编：《刘少奇论党的建设》，中央文献出版社 1991 年版，第 322 页。

党的各级组织和广大党员群众依照一定规律结合起来的统一体。这种规律，就是党内的民主的集中制。"① 党内民主集中制的重要性在于，它反映了党的领导者与被领导者的关系，反映了党的上级组织与下级组织的关系，反映了党员个人与党的整体的关系，反映了党的中央、党的各级组织与党员群众的关系。党员必须用党组织的纪律约束自己、改造自己、提高自己，党员通过坚持和加强民主集中制提高自己的过程，就是提升纪律修养、组织修养的过程，只有通过这样的过程才能维护党组织的团结统一。

其次，刘少奇论述了党内民主与集中的辩证关系和深刻内涵。刘少奇指出，党内的民主集中制，"即是在民主基础上的集中和在集中指导下的民主。它是民主的，又是集中的"②。民主需要集中、集中需要民主，民主和集中互为前提、互相依赖。刘少奇指出："必须放手地扩大我们党内的民主生活，必须实行高度的党内民主，同时，在实行高度民主的基础上实行党的领导上的高度集中。"③ 为什么要实行高度的党内民主呢？刘少奇转述了毛泽东的一段论述指出，因为不实行党内民主就会妨碍全体党员群众的"积极性的充分发挥"，从而妨碍党内的群众路线的贯彻执行。他说："党内民主的实质，就是要发扬党员的自动性与积极性，提高党员对党的事业的责任心，发动党员或党员的代表在党章规定的范围内尽量发表意见，以积极参加党对于人民事业的领导工作，并以此来巩固党的纪律和统一。只有认真地扩大党内民主，才能巩固党内的自觉的纪律，才能建立与巩固党内的集中制"④。刘少

---

① 中共中央文献研究室、中共中央党校编：《刘少奇论党的建设》，中央文献出版社1991年版，第457页。

② 中共中央文献研究室、中共中央党校编：《刘少奇论党的建设》，中央文献出版社1991年版，第457页。

③ 中共中央文献研究室、中共中央党校编：《刘少奇论党的建设》，中央文献出版社1991年版，第460页。

④ 中共中央文献研究室、中共中央党校编：《刘少奇论党的建设》，中央文献出版社1991年版，第465页。

奇还特别指出，也不能把集中当做是脱离了民主的集中。他说："有些同志，不了解党的集中制是在民主基础上的集中制，如是就使自己的领导脱离党内的民主，脱离党员群众，并把此种状态名之曰'集中'。他们认为自己的领导上的权力，无须由党员群众授予，而是可以自己攫取的。"党内实行的集中制，绝不能变成反民主的个人专制主义的集中，绝不能"利用党内的集中制来压制下级和党员的民主权利"①。刘少奇的这些论述充分说明，民主集中制的民主和集中这两方面是密切联系的。同时，他进一步发挥了毛泽东提出的论断，指出"高度的民主"就是高度的党内民主、"高度的集中"就是党的领导的高度集中。

再次，刘少奇论述了以民主集中制加强党的建设和通过制度建设加强民主集中制的实行。民主集中制是党的制度的精髓，"我们党内的制度是民主集中制，这种民主集中制就是我们党内结合的形式，就是我们党内上级与下级结合的一种形式，一种制度"②。这是一个根本的制度，党的制度建设的方方面面都必须围绕着坚持、巩固和完善党的民主集中制来进行。在《党规党法的报告》中，刘少奇明确指出，要"按民主集中制来建设我们的党"③，这是在党的建设历史上首次提出，党的建设必须加强民主集中制的制度建设。为此，在《关于建设党的几个问题》中，刘少奇形成了两个基本的思路。其一，要以民主集中制指导党的建设。坚持民主集中制，是完成党的历史使命，保持党的先锋队性质，实现党的正确领导的客观要求，也是党的制度建设所必须遵循的指导思想。民主集中制作为根本的原则和制度，必须指导和

① 中共中央文献研究室、中共中央党校编：《刘少奇论党的建设》，中央文献出版社1991年版，第458—459页。

② 中共中央文献研究室、中共中央党校编：《刘少奇论党的建设》，中央文献出版社1991年版，第385页。

③ 中共中央文献研究室、中共中央党校编：《刘少奇论党的建设》，中央文献出版社1991年版，第46页。

规定其他各项具体制度。"民主集中制，这既成为制度，就非遵守不可"[1]，党的其他各项具体制度建设如果离开了民主集中制这个根本制度的指导，就会在实际工作中遭受挫折。其二，要把健全民主集中制作为党的制度建设的基本内容。党的制度建设是把民主集中制的原则和制度切实贯彻到党内生活的各个方面，使之具体化、制度化。如，党的领导制度是民主集中制在党的领导工作中的运用和具体化；党内生活制度是民主集中制在党内生活中的运用和具体化。要把民主集中制作为人们必须遵循的行为准则，必须制定一整套与之相适应的具有可操作性的制度。刘少奇提出，必须健全党的代表大会制度，健全党内选举制度，健全党的集体领导制度和分工负责制度，健全党内监督制度等。

在延安时期，毛泽东、刘少奇关于民主集中制的诸多重要论述，特别是他们在党的七大上所作的报告以及七大通过的党章，标志着中国共产党深刻认识民主集中制取得了重大成果并走向了成熟。邓小平指出："从我们党的历史来看，我们全党成熟的标志是第七次全国代表大会，那是在一九四五年。"[2] 党的七大，推进了民主集中制在中国的具体化、成熟化。它树起了民主集中制的丰碑，迎来解放战争胜利的曙光。

五、解放战争时期运用民主集中制的成效

解放战争时期，随着革命形势和任务的发展变化，为了更好地实行民主集中制原则和制度，克服无组织、无纪律和无政府状态的现象，党中央又提出新的具体要求，运用民主集中制取得新成效。

1948 年 1 月，党中央发出了《关于建立报告制度的指示》。同年 9 月，

[1]　中共中央文献研究室、中共中央党校编：《刘少奇论党的建设》，中央文献出版社 1991 年版，第 387 页。

[2]　《邓小平文选》第一卷，人民出版社 1994 年版，第 344 页。

党中央召开政治局会议，通过了《中共中央关于召开党的各级代表大会和代表会议的决议》，对扩大和建立党内正常的民主生活作出了许多具体规定，健全了党的代表大会制度。这个决议明确规定：（一）在一切巩固的解放区，党的各级委员，必须遵照党章的规定，定期召开党的各级代表大会及代表会议，讨论中央的指示和各种工作，并选举和补选党的各级委员会。（二）对于各级党的代表大会和代表会议，必须赋予党章所规定的一切权力，不许侵犯。（三）党的下级组织的代表大会、委员会及代表会议的重要决议，必须呈报党的上级组织批准以后，方准执行。（四）各级党的领导机关，必须将不同意见的争论，及时地、真实地向上级报告，其中重要的争论必须报告中央。（五）各级党委会召集各级代表大会或代表会议，必须有充分的准备，以便缩短开会时间，获得完满结果。（六）健全党委制，是良好地实现全党民主集中制的重要环节。①《决议》特别指出，必须健全党委制，实行集体领导与个人负责相结合的制度；必须实行重要问题均经党委集体讨论和作出决定的制度，而绝不应当由个人决定重大问题。

为此，毛泽东为中共中央起草了《关于健全党委制》的决定，针对党内存在的个人包办和个人解决重要问题的不良风气，他明确指出："党委制是保证集体领导、防止个人包办的党的重要制度。""今后从中央局至地委，……都必须建立健全的党委会议制度，一切重要问题（当然不是无关重要的小问题或者已经会议讨论解决只待执行的问题）均须交委员会讨论，由到会委员充分发表意见，做出明确决定，然后分别执行。"② 同时要求："在会议之前，对于复杂的和有分歧意见的重要问题，又须有个人商谈，使委员们有思想准备，以免会议决定流于形式或不能做出决定。委员会又须分别为常委会和全体会两种，不可混在一起。此外，还须注意，集体领导和个人负责，二者不

---

① 参见中央档案馆编：《中共中央文件选集》第十七册（一九四八），中共中央党校出版社1993年版，第351—355页。

② 《毛泽东选集》第四卷，人民出版社1991年版，第1340—1341页。

可偏废。军队在作战时和情况需要时，首长有临机处置之权。"[①] 这个决定不仅对当时加强党的集体领导起到了重大的积极作用，而且为此后党的领导制度和党内民主生活制度的建设起到了长远的指导作用。

　　在解放战争即将胜利的前夕，1949 年 3 月 13 日，毛泽东又对党委会的工作方法总结了十二条经验，指出："除了开好代表大会以外，党的各级委员会把自己的领导工作做好，是极为重要的。我们一定要讲究工作方法，把党委的领导工作提高一步。"[②] 这标志着党的领导制度和方法的进一步科学化、系统化。

[①]　《毛泽东选集》第四卷，人民出版社 1991 年版，第 1341 页。
[②]　《毛泽东选集》第四卷，人民出版社 1991 年版，第 1444 页。

第五讲

社会主义革命和建设时期民主集中制的发展

从 1949 年中华人民共和国成立，到 1956 年基本完成对生产资料私有制的社会主义改造、初步建立起社会主义基本制度，中国相继实现了从半殖民地半封建的旧社会到民族独立、人民当家作主的新社会，从新民主主义社会到社会主义社会的两个历史性转变。1956 年后，中国进入社会主义建设时期，民主集中制也进入新的发展阶段，取得了新的实践经验和理论提升，但也不幸发生了失误，值得反思记取。

一、新中国成立与党的八大形成的新局面

1949 年 4 月，中国人民解放军占领南京，国民党反动政权被推翻，新中国成立的步伐大大加快。6 月，毛泽东撰写了《论人民民主专政》，指出中国共产党建立的新中国，是人民民主专政的共和国，"中国人民在几十年中积累起来的一切经验，都叫我们实行人民民主专政，……对人民内部的民主方面和对反动派的专政方面，互相结合起来，就是人民民主专政"[1]。人民民主专政，是新中国的国体，国体问题是国家性质的问题，即国家的阶级本

---

[1] 《毛泽东选集》第四卷，人民出版社 1991 年版，第 1475 页。

质，它规定了社会各阶级在国家中所处的地位。"人民民主专政的基础是工人阶级、农民阶级和城市小资产阶级的联盟，而主要是工人和农民的联盟，因为这两个阶级占了中国人口的百分之八十到九十。……人民民主专政需要工人阶级的领导。"① 当新中国成为人民民主专政的社会主义国家后，毛泽东进一步指出："我们的国家是工人阶级领导的以工农联盟为基础的人民民主专政的国家。……专政的制度不适用于人民内部。……在人民内部是实行民主集中制。"② 由此，他把民主集中制作为人民民主专政"国体"中的一个重要部分。他说："没有民主集中制，无产阶级专政不可能巩固。在人民内部实行民主，对人民的敌人实行专政，这两个方面是分不开的，把这两个方面结合起来，就是无产阶级专政，或者叫人民民主专政。"③ 人民民主专政作为中华人民共和国的国体，表明工人阶级是领导阶级，工农联盟和所有人民群众是国家的主人，在人民群众内部必然要实行民主，必然要采取民主集中制。因此，民主集中制构成了我国人民民主专政"国体"的民主方面。继把民主集中制引入政体之后，毛泽东又把民主集中制引入国体，拓宽了对国家政治体制认识的视野，奠定了民主集中制是社会主义国家根本制度的地位。

　　1956 年 9 月，在基本完成了对生产资料私有制的社会主义改造、初步建立了社会主义制度后，党的八大召开了。随着社会主义改造的胜利和国家基本状况的变化，党本身的状况也发生了很大的变化，刘少奇在八大作的政治报告中指出："党已经成为领导全国政权的党，在人民群众中具有很高的威信。"④ 邓小平在《关于修改党的章程的报告》中也明确指出："中国共产党已经是执政的党，已经在全部国家工作中居于领导地位。"⑤ 这是中国共产党

① 《毛泽东选集》第四卷，人民出版社 1991 年版，第 1478—1479 页。
② 《毛泽东文集》第七卷，人民出版社 1999 年版，第 206—207 页。
③ 《毛泽东文集》第八卷，人民出版社 1999 年版，第 297 页。
④ 《刘少奇选集》下卷，人民出版社 1985 年版，第 263 页。
⑤ 《邓小平文选》第一卷，人民出版社 1994 年版，第 214 页。

第一次把自己称为掌握全国政权的领导党和执政党。

正因为从过去革命的环境转入现在执政的环境，刘少奇指出："必须在党的各级组织中无例外地贯彻执行党的集体领导原则和扩大党内民主。"[①] 这就是说，在社会主义国家共产党执政的条件下，发展民主集中制的重点在于贯彻执行集体领导和扩大党内民主。尤其是扩大党内民主，成为一个着力点，这是因为，过去在革命战争年代没有充分实行党内民主的良好条件，现在在和平执政年代则完全具备了。而且，由于执政党的地位很容易使共产党员沾染上官僚主义、滋长骄傲自满情绪，要打掉执政党身上的"官""骄"二气，邓小平指出，"我们需要实行党的内部的监督，也需要来自人民群众和党外人士对于我们党的组织和党员的监督。无论党内的监督和党外的监督，其关键都在于发展党和国家的民主生活"[②]。后来，1957 年 4 月，他在《共产党要接受监督》一文中又指出："我们党是执政的党……党要领导得好，就要不断地克服主观主义、官僚主义、宗派主义，就要受监督，就要扩大党和国家的民主生活。如果我们不受监督，不注意扩大党和国家的民主生活，就一定要脱离群众，犯大错误。"[③] 显而易见，刘少奇、邓小平关于发展党和国家的民主生活、加强党内监督思想，对开创执政党发展民主集中制的新局面，产生了深远的影响。正是在这个新局面下，八大制定的党章规定："中国共产党的组织原则是民主集中制。这就是在民主基础上的集中和在集中指导下的民主。党必须采取有效的办法发扬党内民主"[④]。八大党章的这个规定，把七大党章中"集中领导下的民主"改为"集中指导下的民主"，使集中与民主的关系由领导变为指导，更加有利于党内民主的发展。

八大党章关于民主集中制是"在民主基础上的集中和在集中指导下的民

① 《刘少奇选集》下卷，人民出版社 1985 年版，第 270 页。

② 《邓小平文选》第一卷，人民出版社 1994 年版，第 215 页。

③ 《邓小平文选》第一卷，人民出版社 1994 年版，第 270 页。

④ 中国革命博物馆：《中国共产党党章汇编》，人民出版社 1979 年版，第 149 页。

主"的新表述，说明了民主和集中是实行民主集中制的两个过程，前一个过程即民主基础上的集中过程，是充分发扬民主、广泛听取意见、开展议论商讨并进行表决、少数服从多数作出决定、形成集中、走向集中的过程；后一个过程即集中指导下的民主过程，则是在多数同意、形成决定和经上级批准以后，需要完全服从、坚决执行的过程，这样的过程维护的是多数人的民主意志、体现了民主的权威。对此，时任中共中央副秘书长的宋任穷曾作了很好的解释，他说："在问题尚未决定以前，允许自由发表意见，进行辩论；但在问题已经多数决定和上级批准以后，就需要完全服从，坚决执行。"[①] 因此，民主集中制的两个过程："民主→集中"的过程和"集中→民主"的过程，归根到底都是为了实现民主的过程，是建构了以民主为出发点到以民主为落脚点的"民主→集中→民主"形态的全民主过程。

党的八大不但确立了扩大党内民主的着力点，而且就怎样扩大和发展党内民主进行了积极的探索，提出了要实行五项重大的规定和做法，这标志着把党内民主推向了一个前所未有的高度。

一是实行一切党内事务公开。在八大期间，开了很多的大会，如开幕式、闭幕式、政治报告和专门报告、选举中央委员和候补委员等。而且，许多代表的发言也安排在大会上进行。在八大的大会上，还有各国共产党与工人党的领导人和我国各民主党派的领导人以及国内外新闻记者，可以说是八方人士云集、民主气氛浓郁，大会上的报告和发言第二天就能见报。八大会后不久，党就公开出版了八大的文献汇编，除汇集了大会主要文献外，还收入了作为大会代表的中央各部门、地方各级主要负责人和有关方面代表性人物在大会上的发言。八大所公布的会议资料，为历次党的代表大会以来的第一次，这使所有参加大会的代表都很满意，产生了很好的影响。

二是旗帜鲜明地反对个人崇拜。坚持民主集中制，开展党内民主，必须

---

① 中共中央办公厅编：《中国共产党第八次全国代表大会文献》，人民出版社 1957 年版，第 324 页。

同离开民主的个人集权、个人专断、个人决定重大问题的倾向作坚决斗争。而个人集权、个人专断往往与个人崇拜密切相连，由于对个人的崇拜，便会导致个人集权、个人专断的畅通无阻。因此，党内一旦形成了个人崇拜，党内民主和党的民主集中制就将被破坏殆尽。由于在党的八大召开之前，斯大林大搞个人迷信和个人崇拜以及造成的危害，已经被披露并为党所充分认识，因而，党的八大坚决地举起了反对个人崇拜的旗帜。邓小平在《关于修改党的章程的报告》中强调了坚持集体领导原则和反对个人崇拜的重要意义，分析了把个人神化会造成严重的恶果，他指出："个人崇拜是一种有长远历史的社会现象，这种现象，也不会不在我们党的生活和社会生活中，有它的某些反映。我们的任务是，继续坚决地执行中央反对把个人突出、反对对个人歌功颂德的方针，真正巩固领导者同群众的联系，使党的民主原则和群众路线，在一切方面都得到贯彻执行。"①

三是建立党代会的常任制。在开展党内民主方面，八大之前的1956年4月28日，在中共中央政治局扩大会议上，毛泽东就提出，是否可以仿照人大的办法，设党的常任代表。党的八大明确地提出了要建立和健全党代会的常任制度，针对以往党的代表大会和代表会议开得不经常的状况，为了把党的民主生活提到更高水平，邓小平在《关于修改党的章程的报告》中宣布，党中央"决定采取一项根本的改革，就是把党的全国的、省一级的和县一级的代表大会，都改作常任制"②。建立党代会常任制促进了党内民主的发展，因为党的代表大会的代表是常任的，要向选举他们的单位和"选民"负责，就便于经常地收集党组织的、党员群众的和人民群众的意见和经验，在代表大会的会议上他们就有了更大的代表性，而且在代表大会闭会期间，也可以按照适当的方式，监督党的机关的工作。因此，"这种改革，必然可以使党

---

① 《邓小平文选》第一卷，人民出版社1994年版，第235页。

② 《邓小平文选》第一卷，人民出版社1994年版，第233页。

内民主得到重大的发展"①。

四是保护和扩大党员的民主权利。党内民主生活的主体是全体党员，要发展党内民主，就要坚持党员主体原则。为此，邓小平在《关于修改党的章程的报告》中指出："必须注意保护和扩大党员的民主权利。"② 八大党章在党员权利方面列出了七条：（一）在党的会议上或者在党的报刊上参加关于党的政策的理论和实际问题的自由的、切实的讨论；（二）对于党的工作提出建议；在工作中充分发挥创造性；（三）党内的选举权和被选举权；（四）在党的会议上批评党的任何组织和任何工作人员；（五）在党组织对自己作出处分或者鉴定性的决议的时候，要求亲自参加；（六）对于党的决议如果有不同意的地方，除了无条件地执行以外，可以保留和向党的领导机关提出自己的意见；（七）向党的任何一级组织直到中央委员会提出声明、申诉和控诉。这七条规定丰富和发展了七大党章关于党员权利的四条规定。八大党章赋予党员的这些民主权利，事实上使党员拥有五权：第一，党内言论权，即党员可以在党的舆论阵地范围内发表自己的观点、看法，批评党的任何组织和任何工作人员，直至党的最高领导人；第二，党内选举权，即党员拥有选举和被选举的权利，党内的各级职务由民主选举产生；第三，党内建议权，即党员积极参与党的各项活动，可以充分发挥出创造性，向党提出工作建议；第四，党内申诉权，即党员受到不公正的对待时，可以提出申诉；第五，党内控诉权，即党员遭到报复、打击和迫害时，可以提出控诉。此外，党章还专门作出规定，侵害党员的权利，就是违反党的纪律，应当给予纪律处分。这是对于党员民主权利的有力保障。

五是确定贯彻民主集中制的基本条件。八大党章对民主集中制作出了六个基本条件的规定："（一）党的各级领导机关都由选举产生。（二）党

---

① 《邓小平文选》第一卷，人民出版社 1994 年版，第 233 页。

② 《邓小平文选》第一卷，人民出版社 1994 年版，第 248 页。

的最高领导机关是全国代表大会，在地方范围内是地方各级代表大会。全国代表大会和地方各级代表大会选举中央委员会和地方各级委员会，这些委员会向代表大会负责并且报告工作。（三）党的各级领导机关必须经常听取下级组织和党员群众的意见，研究他们的经验，及时地解决他们的问题。（四）党的下级组织必须定期向上级组织报告工作。下级组织的工作中应当由上级组织决定的问题，必须及时向上级请求指示。（五）党的各级组织实行集体领导和个人负责相结合的原则，任何重大问题都由集体决定，同时使个人充分发挥应有的作用。（六）党的决议必须无条件地执行，党员个人必须服从党的组织，少数必须服从多数，下级组织必须服从上级组织，全国的各个组织必须统一服从全国代表大会和中央委员会。"① 这六条规定，前三条体现了民主基础上的集中过程和发扬党内民主的要求，后三条体现了集中指导下的民主过程和有了集中才能保证党内民主更好地发展。

二、七千人大会对民主集中制的深刻认识

七千人大会，是指 1962 年 1 月 11 日至 2 月 7 日在北京举行的扩大的中央工作会议。因为参加会议的有中央、各中央局、各省市自治区党委及地委、县委、重要厂矿企业和部队的负责干部共约 7000 多人，故称"七千人大会"。这次会议长达近一个月，主要目的在于，总结经验，统一认识，加强党的民主集中制建设。因此，七千人大会是社会主义建设时期中国共产党对民主集中制的认识达到的又一个高峰。那么，为什么党要召开七千人大会，七千人大会究竟取得了哪些深刻的认识呢？

1956 年，党的八大虽然为社会主义建设时期贯彻执行民主集中制开创

---

① 中国革命博物馆：《中国共产党党章汇编》，人民出版社 1979 年版，第 155—156 页。

了崭新的局面，但是由于全党对什么是社会主义以及怎样建设社会主义这一历史性课题认识不深、准备不足、实践经验更是缺乏，再加上国内外错综复杂形势的干扰和影响，因而八大制定的正确的路线方针政策并没有得到很好的贯彻执行，党的民主集中制的优良传统和好的做法也逐步遭到破坏，党内民主生活、党和国家的政治生活开始不正常。在八大召开后不久，由于发生了 1957 年反右派斗争扩大化、大跃进运动和 1959 年庐山会议反右倾斗争，贯彻落实八大制定的民主集中制的前进步伐被打断。在组织上，从中央政治局、中央委员会到基层的民主生活遭到严重损害，一言堂、家长制等现象进一步滋长和蔓延，党中央的集体领导被丢弃，助长了个人专断的倾向和个人崇拜的现象。

关于反右派斗争扩大化。1956 年 11 月，根据党的八届二中全会作出的次年开展全党整风的决定，1957 年 4 月，中共中央正式发出了《关于整风运动的指示》。该指示指出，由于党已经在全国范围内处于执政的地位，得到广大群众的拥护，有许多同志就容易采取单纯的行政命令的办法去处理问题，而有一部分立场不坚定的分子，就容易沾染旧社会作风的残余，形成一种特权思想，甚至用打击压迫的方法对待群众。因此，有必要在全党进行一次普遍、深入的反对官僚主义、宗派主义和主观主义的整风运动。这次整风运动，应该是一次既严肃认真又和风细雨的思想教育运动，应该是一次恰如其分的批评和自我批评的运动，应该多采取个别谈心或开小型的座谈会和小组会的方式，一般不要开批评大会或斗争大会。对这样的整风运动，毛泽东在《一九五七年夏季的形势》一文中期望达到如下目的："造成一个又有集中又有民主，又有纪律又有自由，又有统一意志、又有个人心情舒畅、生动活泼，那样一种政治局面"①。整风开始后，党内外广大党员干部和人民群众积极响应党的号召，对党和政府的工作以及党政干部的思想作风提出了大量

---

① 《毛泽东年谱》（1949—1976），中央文献出版社 2013 年版，第 192 页。

批评和建议，各民主党派和人士也坦诚地向党提出了意见。然而，却有极少数资产阶级右派反革命分子利用中国共产党开展整风运动，趁机向社会主义制度进行猖狂进攻，甚至扬言取消党的领导，实行西方"轮流坐庄"的政党制度，走资本主义道路，使得这场运动后来发展到以反右派斗争为主，并造成了扩大化的严重后果。

关于大跃进运动。1958年5月，党的八大二次会议提出了鼓足干劲、力争上游、多快好省地建设社会主义的总路线。这条总路线反映了广大群众迫切要求尽快改变中国经济文化落后状况的愿望，但在实践上忽视了客观经济规律，否定了国民经济计划的综合平衡，夸大了主观意志和主观努力的作用。这次会议又对1956年下半年的反冒进进行了批评，还指责当时许多比较实事求是，对高指标、大跃进抱怀疑观望的同志是"观潮派"，批评他们举的是白旗而不是红旗，号召全国各地、各部门都要拔白旗，插红旗。由此助长了浮夸不实之风，使急于求成的"左"倾错误思想急剧膨胀起来，党内生活开始不正常了。

关于庐山会议反右倾斗争。1959年7月至8月的庐山会议，原本是要统一全党对形势的认识，在肯定成绩的前提下总结经验教训，研究若干具体政策，进一步纠"左"。会议后期，当时的中央政治局委员、国防部部长彭德怀，鉴于大跃进过程中出现的问题，给毛泽东写了一封信，对大跃进以来工作中存在的缺点和错误作了实事求是的、中肯的分析，批评了"浮夸风气""不够实事求是的毛病"，却被认为表现了资产阶级的动摇性，是向党进攻，是右倾机会主义的纲领，是向党中央下战书。庐山会议错误地发动了对彭德怀的批判，给党的政治生活造成了巨大损失，破坏了民主集中制原则，助长了个人专断作风，助长了个人崇拜现象。会后，反右倾斗争波及了全党范围。

由于反右派、大跃进和反右倾斗争造成了严重的后果，党和人民面临着新中国成立以来前所未有的经济困难。为了克服国民经济和人民生活遭受的严重困难，党中央和毛泽东决心发扬民主、纠正错误。为此，党中央在北京召开扩大的中央工作会议即七千人大会。会议期间，代表们"在谈到这几年党内的民主生活时，一些人更是牢骚满腹、怨气很多。他们说，这几年在党内不敢讲真话。……有一位发言时还流了泪，对党内生活表现出极大的困惑"①。这说明，由于党内缺失民主，"没有在党的组织、国家组织和群众组织中严格地按照民主集中制办事，……违反了党的生活、国家生活和群众组织生活中的民主集中制的原则。这是我们这几年在某些工作中犯了严重错误的根本原因"②。事实表明，党和国家的工作顺利与否，都与民主集中制执行的好坏密切相关。因此，七千人大会的议题聚焦于民主集中制，在大会的报告或讲话中，毛泽东、刘少奇、邓小平都专门讲了如何发扬和健全民主集中制的问题。七千人大会对民主集中制形成了以下四个方面重要的认识。

第一，强调民主对于集中的极端重要性，没有民主就没有集中。刘少奇在讲话中严肃批评了党内生活中的不民主现象。他指出："不少的负责人，没有充分地发扬民主，没有把任务提交给群众和干部，让他们认真地而不是形式地进行讨论，并且由他们根据实际的可能作出决定。然后，这些负责人又在群众中和干部中进行了错误的过火的批评和斗争，混淆了是非，压制了民主，使群众和干部不敢讲话，不敢讲真心话。"③毛泽东在讲话中直接指出："没有民主就没有集中。""没有民主，不可能有正确的集中"，"我们的集中制，是建立在民主基础上的集中制。无产阶级的集中，是在广泛民主基础上的集中。"④他强调说："在我们国家，如果不充分发扬人民民主和党内民主，不充分实行无产阶级的民主制，就不可能有真正的无产阶级的集中制。

① 张素华：《变局——七千人大会始末》，中国青年出版社 2006 年版，第 154—156 页。

② 《刘少奇选集》下卷，人民出版社 1985 年版，第 424 页。

③ 《刘少奇选集》下卷，人民出版社 1985 年版，第 432 页。

④ 《毛泽东文集》第八卷，人民出版社 1999 年版，第 293、294 页。

没有高度的民主，不可能有高度的集中，而没有高度的集中，就不可能建立社会主义经济。"①

第二，强调充分发扬民主，必须实行切实的民主原则。毛泽东提出四条重要原则：一是要让人讲话，"提倡不抓辫子、不戴帽子、不打棍子，目的就是要使人心里不怕，敢于讲意见"②。二是工作中的是非问题、正确与错误的问题，只能用讨论、说理、批评和自我批评的方法，"一个人犯了错误，只要他真心愿意改正，只要他确实有了自我批评，我们就要表示欢迎"③。三是不论党内党外，都要有充分的民主生活，不同的意见都可以发表，应当容许少数人保留意见，绝不能动不动就捕人、杀人，那样"会弄得人人自危，不敢讲话。在这种风气下面，就不会有多少民主"④。四是发扬党内民主必须遵守两条界限："一个是，遵守党的纪律，少数服从多数，全党服从中央。另一个是，不准组织秘密集团。"⑤

第三，强调要健全党的集体领导，加强党的监督。党委领导是集体领导，毛泽东指出："在党委会内部只应当实行民主集中制。第一书记同其他书记和委员之间的关系是少数服从多数。"⑥刘少奇也指出："在党委内部，应该实行集体领导、分工负责。但是，有些党委，把分工负责变为长期固定的'分片包干'，而那些'包干'的同志，又往往独断专行。因此，在一个党委内部，形成了一种各自为政、多头领导的状态。"⑦实行集体领导，当然也要强调其中第一书记作为班长的作用，邓小平说："一定要树立核心。不建立

① 《毛泽东文集》第八卷，人民出版社1999年版，第296—297页。
② 《毛泽东文集》第八卷，人民出版社1999年版，第309页。
③ 《毛泽东文集》第八卷，人民出版社1999年版，第309页。
④ 《毛泽东文集》第八卷，人民出版社1999年版，第309页。
⑤ 《毛泽东文集》第八卷，人民出版社1999年版，第307页。
⑥ 《毛泽东文集》第八卷，人民出版社1999年版，第294页。
⑦ 《刘少奇选集》下卷，人民出版社1985年版，第408页。

核心，处于涣散的状况，这个党委的工作是做不好的。"①实行集体领导，必须加强党的监督。刘少奇指出："各级党的监察委员会，有权不经过同级党委，向上级党委和上级监察委员会，直到党的中央，直接反映情况和检举违法乱纪行为。"②

第四，强调民主集中制是根本制度，决定党和国家的前途命运。刘少奇指出，民主集中制"是在高度民主基础上的高度集中和在高度集中指导下的高度民主"③。在社会主义的条件下，他更加坚定地把民主和集中的关系上升为高度民主和高度集中的关系。为此，他得出结论："民主集中制，是我们党和国家的根本制度，是在党章和宪法中明白规定了的，是我们在工作中必须遵守的。"④对于这样的根本制度，邓小平着重强调了它的极端重要性："民主集中制执行得不好，党是可以变质的，国家也是可以变质的，社会主义也是可以变质的。干部可以变质，个人也可以变质。"⑤民主集中制执行的好坏和效果的好坏，"是关系我们党和国家命运的事情"⑥。

七千人大会反复强调了民主集中制的问题，在会后的几年中曾产生了积极的效果。但是，由于当时党和国家的领导体制存在权力过分集中的弊端，已积累和形成了持续的"左"倾错误，无法从根本上改变党内不民主的状况，使民主集中制遭受到破坏，导致1966年发生了"文化大革命"，又加剧破坏了民主集中制。1969年4月召开的党的九大，通过的党章已不再像七大和八大的党章在总纲中阐述民主集中制的重要性，而是删除了相关论述。虽然九大党章在第三章党的组织原则中保留了关于民主集中制原则的规定，但是

---

① 《邓小平文选》第一卷，人民出版社1994年版，第310页。
② 《刘少奇选集》下卷，人民出版社1985年版，第414页。
③ 《刘少奇选集》下卷，人民出版社1985年版，第364页。
④ 《刘少奇选集》下卷，人民出版社1985年版，第432页。
⑤ 《邓小平文选》第一卷，人民出版社1994年版，第303页。
⑥ 《邓小平文选》第一卷，人民出版社1994年版，第312页。

条文非常简单，甚至没有关于民主集中制的定义，也不再像七大和八大的党章那样，分别具体地列出民主集中制的四条和六条的基本条件，只是简单地罗列了"四个服从"的内容，这是对民主集中制原则和制度的肢解与倒退。1973 年 8 月召开的党的十大，其党章中关于民主集中制的提法，仍延续了九大的体例。九大和十大的党章使党多年来包括七千人大会在内的对民主集中制探索的成果付之东流。

三、认真汲取实行民主集中制的经验教训

从 1949 年到 1976 年，在中国共产党执政的 27 年里，实行民主集中制经历了两起两落的曲折发展。

在中华人民共和国成立到 1956 年生产资料私有制的社会主义改造基本完成的时期中，党保持和发扬了战争年代的优良传统和作风。党中央能坚持集体领导，各级党组织注意密切联系群众，领导群众进行社会主义革命和建设。共产党员在各条战线上发挥了先锋模范作用。广大人民群众满怀翻身的喜悦，以主人翁的姿态战斗在自己的岗位上。无论党内党外，民主生活都较活跃。党全心全意为人民，人民无限信赖党，党和国家各方面的工作都取得了巨大成绩，出现了新中国建立后经济建设的高潮。尤其是 1956 年 9 月党的八大的召开，作出了关于民主集中制的制度化规定，为执政党的建设指明了方向。此为第一起。从 1957 年 4 月到 1962 年 1 月扩大的中央工作会议召开之前，在这段时间里，虽然社会主义建设取得了不少成绩，但也发生了较多的失误。随着 1957 年反右派运动出现了扩大化，1958 年批评反冒进和 1959 年庐山会议开展反右倾斗争，伤害了不少敢于坚持实事求是、对党的事业负责的好同志，使党内外的民主生活和民主集中制受到严重损害。由于广大党员、群众的积极性受到压制和挫伤，经济工作也接连出现失误，加上自然灾害等原因，国民经济从 1959 年到 1961 年发生严重困难，出现了新

中国建立后经济建设的低潮。此为第一落。此后，从 1962 年 1 月扩大的中央工作会议到 1966 年 5 月"文化大革命"开始之前，由于扩大的中央工作会议开得很成功，党内生活逐步恢复正常，民主集中制得到了执行贯彻。会后，经济上实行了"调整、巩固、充实、提高"的八字方针，并采取了一系列的具体措施，群策群力使国民经济得到了较快的恢复和发展，出现了经济建设的又一个高潮。此为第二起。从 1966 年 6 月到 1976 年 10 月，是"文化大革命"的十年内乱。在十年内乱中，个人专断取代了党的集体领导，民主集中制遭到严重破坏，党内生活极不正常，国民经济濒临崩溃的边缘，出现了经济建设的又一次低潮。此为第二落。

在 27 年的社会主义革命和建设实践中，实行民主集中制经历的两起两落，既为中国共产党积累了实行民主集中制的丰富经验，也留下了沉痛的教训，值得认真分析和汲取。

在实行民主集中制取得的经验方面，首先，中国共产党认识到进入社会主义后，与革命时期相比，由于以后的道路更漫长、任务更艰巨，因而充分肯定了民主集中制在党和国家的政治生活中地位和作用更为重要，由此把它确立为党和国家的根本制度，同时，要求把落实民主集中制的具体制度建设好。其次，实行民主集中制，关键是要运用马克思主义的辩证唯物主义认识论，透彻地领悟和把握民主与集中的辩证关系。没有民主，就没有集中，集中也不能离开民主，集中必须建立在民主的基础上；当然，民主也必须走向集中，必须在集中的正确指导下开展。正确处理民主和集中的关系要真正做到，民主不能缺位，集中必须到位。再次，实行民主集中制，还必须根据各个不同历史时期的具体情况，制定适合实际情况的工作重点。新中国成立后，尤其是党的八大召开后，党中央十分强调贯彻民主集中制要以发展党内民主为着力点，这是因为过去在战争年代，客观上情况紧急，处于白色恐怖之中，没有条件充分开展民主，大多数时间民主程序比较简单，民主过程比较缺乏，加之中国是一个封建历史悠久的国家，封建专制残余长期存在，这就特别需要培养党员干部的民主意识、民主作风。复次，实行民主集中制，必须依靠制度，严格遵守制度。要坚持集体领导和个人分工负责的原则和制度，健全党委会制度，少数必须服从多数。要加强对违反民主集中制规定的人与事的监督和处理，要加强"四个服从"的民主集中制的组织纪律。最后，实行民主集中制，党的各级领导班子成员和"一把手"起着重要作用。民主集中制实行的好坏，在很大程度上取决于领导者个人的民主作风如何。要靠良好的作风和传统来促进民主集中制的实现，尤其是制度建设和健全制度有一个较长的过程，因而在党的制度不太健全，还未使之制度化、法律化的情况下，靠党的优良传统和作风来促进民主集中制的实行是不可缺少的。

在实行民主集中制存在的教训方面，首先，党和国家的领导体制存在的问题。出现了权力过分集中于个人的倾向，甚至到了可以独断专行的程度，而无法被制止和纠正。其次，思想认识上封建专制意识作怪的问题。近代中国沦为半殖民地半封建社会后，封建专制主义虽然受到冲击，但专制主义思想体系并未受到彻底的批判肃清，封建主义意识形态腐蚀着党的肌体，破坏了党的优良传统和作风，削弱和阻碍了民主集中制的贯彻执行。再次，与脱离实际、主观主义盛行密切相关的问题。当党取得了巨大的成绩和辉煌的胜利之后，领导人在群众中享有很高的威望，容易产生骄傲的情绪和官僚主义作风，逐渐变得不再谦虚谨慎，不再深入实际，脱离了群众，就容易助长专断作风，个人凌驾于组织之上，无视党和国家的民主生活和集体领导原则。最后，制度不完善和易于被干扰破坏、缺乏有力监督的问题。党必须建立健全和完善民主集中制的制度体系，使民主集中制的执行有章可循、有法可依。但同时也要看到，在党内生活中发生了许多不正常的、破坏民主集中制的现象，并非全是无章可循的问题，而是已有的规章制度没有被执行，或者被曲解，甚至被废弃。例如，八大党章中关于民主集中制的很多规定就被粗暴地否定了。这就要求必须树立制度的权威，对制度施以严格的遵循和执行，同时予以严格的监督和落实。

　　"文化大革命"和"左"倾路线造成的破坏，直至 1976 年 10 月中国共产党一举粉碎了"四人帮"反党集团才得以结束，民主集中制迎来了新的转机。1977 年 8 月召开的党的十一大，在党章的总纲部分恢复了对民主集中制的阐述："全党要坚持民主集中制的组织原则，实行在民主基础上的集中和在集中指导下的民主。要充分发扬党内民主，发挥全体党员和党的各级组织的积极性和创造性，反对官僚主义、命令主义和军阀主义。"① 虽然在第二章党的组织制度里，还来不及具体阐述民主集中制的更多规定，留有九大、十大党章的痕迹，但是，叶剑英作的《关于修改党的章程的报告》，对"文化大革命"中违背民主集中制的错误进行了严厉的批判："'四人帮'蓄意践踏我们党的组织原则，大搞反党宗派活动和分裂活动。他们既破坏民主，也破坏集中。他们专横跋扈，称王称霸，对有不同意见的人乱扣帽子，乱打棍子，严重地摧残党内民主。"② 同时，他明确指出："要在全党认真进行民主集中制的教育，把民主集中制健全起来。"③ 叶剑英在报告中还说明了民主集中制的具体内容和要求，使其恢复并达到了八大党章关于民主集中制的论述与规定的水平。与叶剑英的报告相呼应，邓小平在十一大闭幕词中强调："我们一定要恢复和发扬毛主席为我们党树立的民主集中制的优良传统和作风，在全党、全军、全国努力造成一个又有集中又有民主，又有纪律又有自由，又有统一意志、又有个人心情舒畅、生动活泼，那样一种政治局面。"④ 这些为即将来临的改革开放和社会主义现代化建设时期做好了理论准备。

① 中国革命博物馆：《中国共产党党章汇编》，人民出版社 1979 年版，第 227 页。

② 中国革命博物馆：《中国共产党党章汇编》，人民出版社 1979 年版，第 242 页。

③ 中国革命博物馆：《中国共产党党章汇编》，人民出版社 1979 年版，第 242 页。

④ 《邓小平思想年谱》(1975—1997)，中央文献出版社 1998 年版，第 35 页。

第六讲

改革开放和社会主义现代化建设
时期民主集中制的发展

　　1978 年 12 月，党的十一届三中全会召开，标志着中国进入改革开放和社会主义现代化建设时期。在经历了"文化大革命"的十年内乱之后，党中央和全党同志痛定思痛，更感到民主集中制的重要性。在这一时期，中国共产党注重发扬实事求是的作风，以宽阔的历史眼光和深厚的理论积淀，解放思想，拨乱反正，总结经验教训、务实开拓创新，为民主集中制增添了前所未有的新认识，推进了民主集中制的深化发展。

一、开展解放思想、实事求是的拨乱反正

　　党的十一届三中全会重新确立了解放思想、实事求是的思想路线，实现了伟大的历史性转折，果断作出了停止"以阶级斗争为纲"、把党的工作中心转移到社会主义现代化建设上来的重要决定，开创了改革开放的新时期，迎来了发展的大好局面。在这样的大趋势、大格局下，全会认真地讨论了"文化大革命"中发生的一些重大政治事件，讨论了"文化大革命"前遗留下来的历史问题，激发了全党解放思想、实事求是、拨乱反正的热潮。全会

公报率先对民主集中制问题作出了认真的反思，公报指出："必须有充分的民主，才能做到正确的集中。由于在过去一个时期内，民主集中制没有真正实行，离开民主讲集中，民主太少，当前这个时期特别需要强调民主，强调民主和集中的辩证统一关系"，要"健全党的民主集中制，健全党规党法，严肃党纪。""一切不符合党的民主集中制和集体领导原则的做法应该坚决纠正。"①

在解放思想、实事求是、拨乱反正时期，邓小平思考的一个重大问题是，党的思想路线和民主集中制究竟有着怎样的关系。邓小平把解放思想、实事求是的党的思想路线和民主集中制紧密地联系起来，揭示了它们之间内在的统一关系。邓小平指出："解放思想，开动脑筋，一个十分重要的条件就是要真正实行无产阶级的民主集中制。"②这是因为，要鼓励、支持党员和群众解放思想，开动脑筋，敢想、敢干、敢闯，必须有制度上的保证，这就是民主集中制。只有真正实行民主集中制，使广大党员和人民群众的意愿主张充分表达，积极性创造性充分发挥，并在科学的基础上形成统一意志、统一行动，才能真正形成生动活泼的社会主义民主政治局面。民主集中制与解放思想是统一的，与实事求是也是统一的。要真正做到实事求是，民主集中制同样是一个重要条件。邓小平说："实事求是，是无产阶级世界观的基础，是马克思主义的思想基础。"一个党，一个国家，一个民族，没有了实事求是，"一切从本本出发，思想僵化，迷信盛行，那它就不能前进，它的生机就停止了，就要亡党亡国"。③而要坚持实事求是，一切从实际出发，理论联系实际，就离不开充分发扬民主，离不开民主集中制。

邓小平思考的另一个重大问题是，为什么过去一个时期、尤其在"文化

① 中共中央文献研究室编：《三中全会以来重要文献选编》（上），中央文献出版社 2011 年版，第 9、11、12 页。
② 《邓小平文选》第二卷，人民出版社 1994 年版，第 144 页。
③ 《邓小平文选》第二卷，人民出版社 1994 年版，第 143 页。

大革命"中民主集中制的贯彻执行出了问题？邓小平认为，这与党的领导人、特别是党的领袖自身的言行有着极大的关系。他坦率地说，如果"家长制或家长作风发展起来了，颂扬个人的东西多了，整个政治生活不那么健康，以至最后导致了'文化大革命'"①。事实说明，如果党的领导人特别是"一把手"，不带头实行民主集中制，民主集中制是很难在实践中搞好的。为了切实有效地防止党的领导人和"一把手"违反民主集中制的规定，邓小平提出了解决问题的根本思路，即要加强制度建设。邓小平指出："我们过去发生的各种错误，固然与某些领导人的思想、作风有关，但是组织制度、工作制度方面的问题更重要。这些方面的制度好可以使坏人无法任意横行，制度不好可以使好人无法充分做好事，甚至会走向反面。……不是说个人没有责任，而是说领导制度、组织制度问题更带有根本性、全局性、稳定性和长期性。这种制度问题，关系到党和国家是否改变颜色，必须引起全党的高度重视。"②邓小平还指出，实行民主集中制还要发扬优良传统，使其转化为制度。过去有很好的传统，"可惜，这些好的传统没有坚持下来，也没有形成严格的完善的制度"③。今后必须加强民主集中制的制度建设，只有这样才能使民主集中制的原则更加有效地落到实处，才能使党的生活走向制度化，才能使我国走向法治化，"认真建立社会主义的民主制度和社会主义法制。只有这样，才能解决问题"④。

在新的历史时期，陈云作为党的中央领导集体的重要成员，也积极倡导恢复党的民主集中制的优良传统和作风，深刻总结中国共产党实行民主集中制的经验教训。"文化大革命"结束后，全党都在思考和总结这场历时十年的内乱发生的原因，陈云同样在思考这个问题。陈云认为，发生"文化大革

---

① 《邓小平文选》第二卷，人民出版社 1994 年版，第 345 页。

② 《邓小平文选》第二卷，人民出版社 1994 年版，第 333 页。

③ 《邓小平文选》第二卷，人民出版社 1994 年版，第 330 页。

④ 《邓小平文选》第二卷，人民出版社 1994 年版，第 348 页。

命"的一个根本原因，是党内民主集中制不断受到削弱乃至于破坏。他在一次谈话中说："'文化大革命'的经验教训对我们党很深刻。这个问题关系到民主集中制。"① 他在审阅党的十二大报告讨论稿时又进一步指出："关于民主制度、民主生活很不够是'文化大革命'得以发生的重要原因之一，这个问题实际上应该说，党内民主集中制没有了，集体领导没有了，这是'文化大革命'发生的一个根本原因。"② 陈云认为，在新时期要坚持和发展民主集中制，必须维护党规党法，加强纪律监督。"文化大革命"期间，中央和地方的监察机构被取消就是一个教训。1978 年 12 月 22 日，党的十一届三中全会选举产生了以陈云为第一书记的由 100 人组成的中共中央纪律检查委员会。作为新成立的中央纪律检查委员会第一书记，1979 年 1 月 4 日至 22 日，陈云主持召开新成立的中央纪律检查委员会第一次全体会议。他在开幕会上明确提出："党的中央纪律检查委员会的基本任务，就是要维护党规党法，整顿党风。"③ 在当时，陈云所说的党规党法和党风问题，重点就在于健全民主集中制、发扬民主集中制的优良作风。这是因为，中国共产党的优良传统和作风就是强调领导机关和领导干部要带头坚持和发扬民主作风，尊重党员的民主权利。在新的历史时期，陈云强调，在各级领导班子中要充分发扬民主，倾听各种意见，特别是要注意倾听不同意见。要照党章办事，不要一个人说了算。"党的任何一级组织，允许不同意见存在，我看这不是坏事。有不同意见，大家可以谨慎一些，把事情办得更合理一些。允许有不同意见的辩论，这样可以少犯错误。一个人讲了算，一言堂，一边倒，我认为不好。"④ 陈云为推动新时期党内民主的发展、贯彻民主集中制，发挥了重要

① 中共中央文献研究室编、金冲及、陈群主编：《陈云传》下，中央文献出版社 2005 年版，第 1511 页。

② 《陈云文选》第三卷，人民出版社 1995 年版，第 274 页。

③ 《陈云文选》第三卷，人民出版社 1995 年版，第 240 页。

④ 《陈云文选》第三卷，人民出版社 1995 年版，第 270 页。

作用。

1981 年 6 月，党的十一届六中全会通过的《关于建国以来党的若干历史问题的决议》为民主集中制问题作出了一个新的历史总结。《决议》根据"文化大革命"的教训和党的现状，提出"必须把我们党建设成为具有健全的民主集中制的党"的伟大任务。同时重申了"一定要树立党必须由在群众斗争中产生的德才兼备的领袖们实行集体领导的马克思主义观点，禁止任何形式的个人崇拜。一定要维护党的领袖人物的威信，同时保证他们的活动处于党和人民的监督之下。在高度民主的基础上实行高度的集中，坚持少数服从多数、个人服从组织、下级服从上级、全党服从中央"①。通过党的十一届三中全会以来的解放思想、实事求是、拨乱反正，党中央采取了许多切实的措施，使党的民主集中制的优良传统和正确做法得到了很大的恢复和发展。

二、民主集中制的深化创新

在这一时期，邓小平对民主集中制的问题在致力于解放思想、拨乱反正的同时，又作出了突破性的创新发展。他作出的许多重要论述，全面地深化了党对民主集中制的理论认识。这集中表现为三个方面。

一是邓小平作出了"民主集中制是社会主义制度的一个不可分的组成部分"②新论断。前已述及，邓小平当年在七千人大会上就提出了"民主集中制是党和国家的最根本的制度"的论断。现在，他进一步指出，在社会主义制度的大系统中，民主集中制作为党和国家最根本的制度，不是处于一种孤立的、超然的状态，而是它必须与其他制度紧密地联系和结合在一起，并且作为一条主线深深地贯穿于党和国家所有的制度之中。在中国这样的社会主

---

① 中共中央文献研究室编：《三中全会以来重要文献选编》（下），中央文献出版社 2011 年版，第 171 页。

② 《邓小平文选》第二卷，人民出版社 1994 年版，第 175 页。

义国家里，民主集中制不仅执政党、人大、政府、政协要遵守，民主党派、企事业单位和人民团体、社会团体组织也都要遵守。

民主集中制作为社会主义制度的一个不可分割的组成部分，是党和政府调节人民内部利益关系的重要手段。在社会主义制度下，党和国家面临着各种利益关系的矛盾、冲突和调整，如何正确处理和调节各种利益的相互关系，是一个关系全局的问题。要做到个人利益服从集体利益，局部利益服从整体利益，暂时利益服从长远利益，处理好各方面的利益关系。邓小平说，这些"民主和集中的关系，权利和义务的关系，归根结底，就是以上所说的各种利益的相互关系在政治上和法律上的表现"①。处理的方法就是必须贯彻民主集中制的原则。

从"民主集中制是社会主义制度的一个不可分的组成部分"的新论断出发，邓小平还充分肯定了民主集中制的优越性。民主集中制的优越性是和社会主义制度的优越性联系在一起的，而且体现了社会主义制度鲜明的特点。邓小平强调说："民主集中制也是我们的优越性。这种制度更利于团结人民，比西方的民主好得多。我们做某一项决定，可以立即实施。"②民主集中制在决策的缜密性和执行的快捷性方面，都是西方国家的"三权分立"造成党派恶斗、相互掣肘、毫无效率所不可同日而语的。邓小平的这一重要论断，不但是对列宁、毛泽东的民主集中制思想的发展，也是对民主集中制的性质、意义作出的开拓性阐释，确立了民主集中制在党和国家制度中的重要地位，高度评价了民主集中制的品质和效能。

邓小平将民主集中制提升到党和国家的优越性、社会主义制度优越性的高度来认识，彰显了民主集中制是无产阶级政党的根本组织原则，是无产阶级世界观和先进性的必然要求，是科学的合理的有效率的制度。实践证明，

---

① 《邓小平文选》第二卷，人民出版社1994年版，第176页。
② 《邓小平文选》第三卷，人民出版社1993年版，第257页。

民主集中制是马克思主义政党建设的一个伟大创造，是一项科学合理、富有效率的制度，它不仅有利于体现人民群众的根本利益和愿望，有利于党的路线方针政策的正确制定和执行，即使发生失误了也能得到及时、有效的纠正；而且革除了专制制度类型的集中的种种弊端，成为最能发挥全党积极性、提高全党战斗力、避免各种片面性和绝对化的组织原则。同时，它又同党的先进性相一致，适应了党实现政治任务和目标的需要，是一个阶级性与科学性相统一的组织原则，它是无产阶级政党优越性的重要体现，也是社会主义制度优越性的重要体现。邓小平说：民主集中制是"最便利的制度，最合理的制度，是我们的根本制度"[1]。所以，在整个中国特色社会主义事业建设过程中，都必须始终坚持民主集中制，不仅在任何时候、任何情况下都不能有丝毫的动摇和削弱，而且还要用新的实践经验来完善和发展民主集中制的理论和制度。

二是邓小平作出了"民主集中制的中心是民主"[2] 的新论断。民主集中制既包含民主、又包含集中，但是，怎样才能把握和处理好民主与集中的关系呢？这是一个难点。在以往的实践中，往往出现了不重视民主而过于偏重集中的倾向，终致酿成"文化大革命"那样严重挫折的发生。经过痛定思痛的思考，邓小平针对"文化大革命"的教训指出，我们过去"民主集中制没有真正实行，离开民主讲集中，民主太少"[3]。由是，邓小平提出民主集中制必须以民主为中心。

邓小平的分析实事求是，睿智深刻，石破天惊，它解决了民主集中制长期以来饱受困扰和争议的症结问题。从新中国成立以来的历史看，民主集中

---

[1]　中共中央文献研究室编：《邓小平思想年编》(1975—1997)，中央文献出版社 2011 年版，第 712 页。

[2]　中共中央文献研究室编：《邓小平思想年谱》(1975—1997)，中央文献出版社 1998 年版，第 198 页。

[3]　《邓小平文选》第二卷，人民出版社 1994 年版，第 144 页。

制之所以出现偏差，总的来说是因为过分地强调了集中，不是从民主的出发点谈集中，使集中真正成为民主的集中，造成全党民主的风气，达到真正的集中统一；而是从集中的角度谈民主，在集中的前提下讲民主，颠倒了民主和集中的关系。似乎一讲民主，就会成为实现集中的羁绊、累赘，以致民主被排挤、压缩，失去应有的价值和位置，其结果是民主不见了，剩下的全是集中。现在按照邓小平确立的民主集中制的中心是民主后，贯彻执行民主集中制就必然要立足和围绕着民主这个中心。这是一个思路上的根本转换，它完全符合在民主基础上的集中和在集中指导下的民主的两个发展过程，即先从民主到集中，再由集中到民主，使民主既成为民主集中制围绕的中心，也成为集中要达到的目的。

　　民主集中制的中心是民主，必须围绕和立足于民主这个中心，这从民主集中制的科学运行规程分析也正是如此。首先，贯彻执行民主集中制要实行"民主"，这个"民主"的过程，显然讲的是民主本身；其次，贯彻执行民主集中制当然也要实行"集中"，但这个"集中"的过程讲的也还是民主本身。为什么呢？因为"集中"是"在民主基础上的集中"，它是对多数人的认识和意见的"集中"，这种"集中"体现的正是民主，从根本上说，体现的是对大多数人的民主权利的尊重，究其实质也还是体现了民主。所以，邓小平说："没有民主，就没有集中；而这个集中，总是要在民主的基础上，才能真正地正确地实现。"[1] 因此，归根到底，民主集中制的"民主"和"集中"这两个方面，也都是为了发展全过程民主，更好地推动了全过程民主。

　　三是邓小平作出了"民主基础上的集中和集中指导下的民主相结合"[2]的新论断。苏联在列宁、斯大林时期，对什么是民主集中制，一直没有一个明确的定义表述。对民主集中制，只有一些具体的规定，这就是1934年苏

----

[1]　《邓小平文选》第一卷，人民出版社1994年版，第304页。
[2]　《邓小平文选》第二卷，人民出版社1994年版，第175页。

联共产党第十七次代表大会通过的党章列出来的四个方面："（一）党的一切领导机关从上到下都由选举产生；（二）党的机关定期向自己的党组织报告工作；（三）严格地遵守党的纪律，少数服从多数；（四）下级机关和全体党员绝对服从上级机关的决议。"①这四条规定，在此后几十年基本不变。在中国，党的七大党章首次对民主集中制作出了定义，民主集中制是"在民主基础上的集中和在集中领导下的民主"②。1956年在社会主义制度基本建立后，党的八大党章又在七大党章的基础上，作出新的表述，民主集中制"是在民主基础上的集中和在集中指导下的民主③。这个定义把民主集中制分为两个过程，即"民主基础上的集中"过程和"集中指导下的民主"过程，或曰第一个过程和第二个过程。至于这样的两个过程有着怎样的关系，并不明确。1979年3月，邓小平在《坚持四项基本原则》的讲话中指出："我们实行的是民主集中制，这就是民主基础上的集中和集中指导下的民主相结合。"④与以往历次党章的论述相比，邓小平为民主集中制作出的定义表述增加了"相结合"三个字，形成了关于民主集中制的完整的"20字定义"。邓小平增加的"相结合"三个字非常重要，它使民主集中制的两大过程有机地结合起来了，避免被割裂。而且，两大过程的"相结合"，是循环往复、不断发展、没有止境的。

邓小平提出的"民主基础上的集中"和"集中指导下的民主"两个过程"相结合"的新论断，包含着深刻的理论见解。首先，对民主集中制的两个过程，不能任意颠倒它们的顺序，把第一个过程变成第二个过程，把第二个过程变成第一个过程。民主集中制总是先从"民主基础上的集中"开始，再到"集中指导下的民主"为止，这样的顺序规定非常重要，说明了民主集中制总是

---

① 中共中央党校党建教研室编：《苏联共产党章程汇编》，求实出版社1982年版，第68页。

② 中国革命博物馆：《中国共产党党章汇编》，人民出版社1979年版，第51页。

③ 中国革命博物馆：《中国共产党党章汇编》，人民出版社1979年版，第149页。

④ 《邓小平文选》第二卷，人民出版社1994年版，第175页。

起步于民主，是从民主的进程而走向集中的进程，必须是有了"民主基础上的集中"，才有"集中指导下的民主"。如果有人贸然把"集中指导下的民主"放到前面去，使它成为第一个过程，那么，就从根本上改变了制度的民主性和民主化程序。其次，不能轻视民主集中制的第一个过程而片面地看重和强调第二个过程，甚至把第一个过程舍弃，只要第二个过程。现在在一些党组织和领导者那里，似乎"集中指导下的民主"特别符合自己的口味，而"民主基础上的集中"则不那么习惯自觉，因而就把"民主基础上的集中"搞得轻飘飘的无足轻重；反过来，把"集中指导下的民主"当成最为重要的方面，不断地突出强化，致使民主集中制变成没有"民主"的进程，只剩下了"集中"的进程，这是完全割裂民主集中制两个过程的错误行为。最后，"民主基础上的集中"和"集中指导下的民主"这两个过程，谁也离不开谁，二者要紧密联系，相得益彰。具体地说，当民主集中制的第一个过程走完之后，必须及时地转入第二个过程，使之成为一个完整的过程。当一个完整的民主集中制进程结束后，还会再开启新的民主集中制的进程，因此，这两个过程是不会完结的，而是不断发展的。邓小平提出的"相结合"，使民主集中制的两大过程有机地结合起来，避免和克服了以往常常被孤立、被割裂的状况，民主集中制由此获得了勃勃生机。

邓小平提出的这个新论断，也表明突破了民主集中制自诞生以来一直是由民主制和集中制两个制度构成的状态，而强调它是由民主和集中相结合构成的一个制度。基于此，1992年10月，党的十四大通过的党章在总纲中第一次把民主集中制与党的基本路线、党的思想路线、党的宗旨相提并论，作为党的建设必须坚决实现的四项基本要求之一，并采纳了邓小平关于民主集中制的新提法，作为中国共产党对民主集中制的正式表述。在第二章党的组织制度中，专门阐述了民主集中制具体的六条基本原则：（一）党员个人服从党的组织，少数服从多数，下级组织服从上级组织，全党各个组织和全体党员服从党的全国代表大会和中央委员会。（二）党的各级领导机关，除它们派出的代表机关和在非党组织中的党组外，都由选举产生。（三）党的最高领导机关，是党的全国代表大会和它所产生的中央委员会。党的地方各级领导机关，是党的地方各级代表大会和它们所产生的委员会。党的各级委员会向同级的代表大会负责并报告工作。（四）党的上级组织要经常听取下级组织和党员群众的意见，及时解决他们提出的问题。党的下级组织既要向上级组织请示和报告工作，又要独立负责地解决自己职责范围内的问题。上下级组织之间要互通情报、互相支持和互相监督。党的各级组织要按规定实行党务公开，使党员对党内事务有更多的了解和参与。（五）党的各级委员会实行集体领导和个人分工负责相结合的制度。凡属重大问题都要按照集体领导、民主集中、个别酝酿、会议决定的原则，由党的委员会集体讨论，作出决定；委员会成员要根据集体的决定和分工，切实履行自己的职责。（六）党禁止任何形式的个人崇拜。要保证党的领导人的活动处于党和人民的监督之下，同时维护一切代表党和人民利益的领导人的威信。六条基本原则使民主的内容和集中的要求都得以体现，并且突出了民主的中心，民主集中制形成了以民主为中心的一个制度。此后，1994 年 9 月，党的十四届四中全会制定的《中共中央关于加强党的建设几个重大问题的决定》指出："民主集中制是民主基础上的集中和集中指导下的民主相结合的制度，……实行这种制度，就是要努力造成又有集中又有民主，又有纪律又有自由，又有统一意志又有个人心情舒畅、生动活泼的政治局面。"① 由此可见，《决定》明确表达了民主集中制已不再是两个制度，而是一个制度，是包含民主与集中相结合过程的一个完整的制度。载入十四大党章的这些规定和十四届四中全会确定的这些提法以及论述的内容，一直沿用至今。

---

① 中共中央文献研究室编：《十四大以来重要文献选编》（中），中央文献出版社 2011 年版，第 6 页。

三、民主集中制的持续提升

1989 年，党的十三届四中全会选举江泽民为中央委员会总书记。在推进改革开放和社会主义现代化建设的进程中，江泽民加强民主集中制建设，拓展了对民主集中制的新认识，提出了发展民主集中制的新措施、新办法。

其一，社会主义市场经济更需要民主集中制。1992 年，党的十四大作出建立和完善社会主义市场经济体制改革的重大决策后，党内外有些人对民主集中制的合理性、适应性等问题提出了质疑，借此否定民主集中制的必要性，民主集中制面临新的挑战。对此，江泽民明确指出："以为实行改革开放，建立社会主义市场经济体制，就可以不要民主集中制，就可以各自为政，不讲集中统一，不讲组织纪律性，这完全是误解。"[①] 后来，他在党的十五大报告中又强调："在改革开放和发展社会主义市场经济的条件下，民主集中制不仅不能削弱，而且必须完善和发展。要进一步发扬民主，保障党员的民主权利，疏通和拓宽党内民主渠道，充分发挥全党的积极性和创造性；要维护中央权威，在思想上、政治上同中央保持一致，保证党的路线和中央的决策顺利贯彻执行；要完善党的代表大会制度，健全各级党委集体领导和个人分工负责相结合的制度，更好地发挥地方党委在同级各种组织中的领导核心作用。领导干部要带头遵守民主集中制的各项规定，维护大局，严守纪律，防止个人专断和各自为政，反对有令不行、有禁不止。"[②] 坚持和健全民主集中制，是适应社会主义市场经济建立过程中不断活跃的党内政治生活的必然要求。

其二，民主集中制要建立一套科学的、具体的议事和决策机制。江泽民指出，"不断推进决策的科学化、民主化。按照集体领导、民主集中、个

[①]　中共中央文献研究室编：《江泽民论有中国特色社会主义（专题摘编）》，中央文献出版社 2002 年版，第 593 页。

[②]　《江泽民文选》第二卷，人民出版社 2006 年版，第 44 页。

别酝酿、会议决定的原则,进一步完善党委内部的议事和决策机制"①。"集体领导",这是与个人专断相对立的,体现了党委制的实质,是党委领导的最高原则,是民主集中制的精髓要旨。"民主集中",这是党委集体讨论和实现集体领导的根本保证。没有民主,就没有集中;没有集中,也不可能形成决策、形成全党的统一意志。充分发扬民主,是实现正确集中的前提,领导干部必须具有良好的民主作风和善于集中的能力,才能形成正确的路线方针政策。"个别酝酿",这是充分发扬民主,实行集体科学决策的一个必要过程,是保证民主集中制有效运行的一个重要机制。党的十四届四中全会作出的《决定》规定,凡是"重大问题的决定,要充分酝酿、协商和讨论"②。要在党委领导班子中,书记和委员之间、委员与委员之间就党委的中心工作所涉及的问题以单独交换的形式个别交换意见。"会议决定",这是党委集体领导的最终形式,也是集体领导的最高形式。个别酝酿是必要的程序,但个别酝酿不能代替会议决定,即使每个成员都表示同意,也要在会议上进行充分的讨论作出正式的决定。这"十六字"原则的四个方面互相联系,构成科学决策的运作机制,使民主集中制建设由根本制度推进到决策机制的层面,这是对毛泽东、邓小平领导方法的创造性运用,也是对毛泽东、邓小平党的组织制度理论和实践的新发展。"十六字"原则的议事决策"口诀"简便易行,成为全党的共识,后来载入了十六大通过的党章中。

其三,确立"党内民主是党的生命"的命题。在党的十六大报告中,江泽民指出:"党内民主是党的生命,对人民民主具有重要的示范和带动作用。"③ 这是因为,发展党内民主是中国共产党的一个基本原则和优良作风,发展党内民主有利于最大限度地调动全党的积极性、主动性和创造性,发

---

① 《江泽民文选》第三卷,人民出版社 2006 年版,第 287 页。

② 中共中央文献研究室编:《十四大以来重要文献选编》(中),中央文献出版社 2011 年版,第 10 页。

③ 《江泽民文选》第三卷,人民出版社 2006 年版,第 570 页。

展党内民主是增强党组织凝聚力和生机活力的基本途径，发展党内民主是防止和纠正各种错误思想和行为的有效手段，发展党内民主对发展人民民主具有极为重大的作用。对如何有效推进党内民主建设的问题，江泽民作出了明确回答，他说："要以保障党员民主权利为基础，以完善党的代表大会制度和党的委员会制度为重点，从改革体制机制入手，建立健全充分反映党员和党组织意愿的党内民主制度。"① 这一基本思路和总体要求，构成了健全党内民主制度的有机整体。"保障党员民主权利"：这是建立健全党内民主制度的基础，这一规定实质上突出地强调了党员主体，是在发展党内民主问题上的一个重大突破，实现了发展党内民主由以往传统的组织本位、领导主体，向着权利本位、党员主体的调整和完善。"完善党的代表大会制度和党的委员会制度"：这是建立健全党内民主制度的重点，因为党的代表大会是党的整体意志和智慧的最高体现，是党员自己或者通过党员代表行使管理党内事务权利的最重要渠道，它具有党内任何其他会议不可替代的作用。党的委员会制度即党的集体领导制度，是党的领导的最高原则之一，是党的群众路线和民主集中制原则在党的领导活动中运用的基本制度。党的代表大会和委员会，都是党的最高领导机关，负有总揽全局、协调各方的重大职责。"党内民主是党的生命"的命题，是江泽民第一次把党内民主提高到党的生命的高度，代表着中国共产党认识民主集中制必须牢固地建立在党内民主的基础上的最新境界。

其四，大力加强民主集中制的制度建设。解决贯彻民主集中制存在的问题，根本途径在于加强制度建设，健全民主集中制的各项具体制度，加强和健全党内监督。党的十四大后，江泽民指出，进一步建立和完善民主集中制的具体制度，是贯彻执行民主集中制的重要一环。党的十四届四中全会的《决定》要求，"必须进一步坚持和健全民主集中制，特别要注重制度建设"②。

---

① 《江泽民文选》第三卷，人民出版社 2006 年版，第 570 页。

② 中共中央文献研究室编：《十四大以来重要文献选编》（中），中央文献出版社 2011 年版，第 5 页。

贯彻《决定》精神，民主集中制在制度建设方面取得了重大进展。一是坚持和完善党代表大会制度。开始在若干省（市）进行党代表大会代表常任制的试点；二是制定中央和地方党委工作条例，进一步明确和规范党委及其常委会的工作规范；三是制定《中国共产党党内监督条例（试行）》和《中国共产党纪律处分条例》等有关监督法规，以完善党内监督制度；四是制定《中国共产党党员权利保障条例》，以充分保障党员的各项民主权利。有了制度后，就要抓好制度的落实。江泽民认为，首先要坚决执行制度。他指出，重大问题的决策、重要人事任免，都必须坚持民主集中制，坚持集体讨论，会议决定，严格按照规则和程序办事。其次要严格监督制度。要加强对执行情况的监督检查，对有章不循的要严肃批评，限期改正，情节严重的要按照纪律处理。他说："严格执行党内监督制度。不管是什么人，只要违反民主集中制，就应受到批评；破坏民主集中制，就应给予必要的制裁。"① 三是坚持党要管党的原则和从严治党的方针。在民主集中制具体制度建设、执行和监督方面，各级党组织和每个党员都要严格按照党的章程和党内法规行事，都要自重、自省、自警、自励，始终注意讲学习、讲政治、讲正气。

四、民主集中制的不断拓展

2002 年 11 月，胡锦涛在党的十六大当选中共中央总书记。他十分注重在新的历史条件下推进党的制度建设问题，致力于丰富和发展马克思主义关于党的制度建设的理论和实践，更加坚定地加强民主集中制建设。

胡锦涛提出"要坚持以党章为根本"②，以此加强党的民主集中制建设。邓小平曾指出："国要有国法，党要有党规党法。党章是最根本的党规党

---

① 《江泽民文选》第一卷，人民出版社 2006 年版，第 98 页。
② 《胡锦涛文选》第三卷，人民出版社 2016 年版，第 534 页。

法。"①胡锦涛非常赞成邓小平的这一观点，在中央纪律检查委员会第六次全体会议上更明确地强调："要始终把学习党章、遵守党章、贯彻党章、维护党章作为全党的一项重大任务抓紧抓好。""只有把党章学习好、遵守好、贯彻好、维护好，才能确保我们党始终沿着正确的方向前进，始终成为中国特色社会主义事业的领导核心，始终凝聚起全党同志的意志和力量，为实现党的理想和目标而共同奋斗。"②这是因为，党章是规范全党行为的总章程，是立党、管党、治党的总章程，在党内具有最高的权威性和最大的约束力。所以，推进党的制度建设，规范党员和党组织的行为，要坚持以党章为根本，遵循党章的要求，健全和完善党的制度，监督执行党的制度，对党内一切违法乱纪的人与事进行严肃的处置。胡锦涛具体指出了按照党章规定，贯彻执行民主集中制，增强党性，需要强调以下五个要点：第一是党章规定的"四个服从"，这"四个服从"都是党性的要求，一个也不能少，都要认真执行。第二是坚决维护中央的权威，保证中央的政令畅通。党的中央领导集体和集体中的核心是在实践中形成的，是在民主集中制基础上产生的。只有维护中央权威，才能增强党的战斗力，保证国家统一、民族团结和社会稳定。这是全党全国人民的最高利益所在，也是共产党员党性原则的内在要求。第三是要坚持党委集体领导和个人分工负责相结合。第四是中央和地方国家机关、人民团体中的党组或党员负责干部，要自觉接受中央和地方党委的领导。第五是要加强和健全党内监督。③这五点是民主集中制最主要的制度规范。

胡锦涛提出树立"以民主集中制为核心"④的理念，推进了党的核心制度和制度体系的建设。胡锦涛认为，党的制度建设是制度体系的建设，在这

---

① 《邓小平文选》第二卷，人民出版社 1994 年版，第 147 页。

② 中共中央文献研究室编：《十六大以来重要文献选编》（下），中央文献出版社 2008 年版，第 173、174 页。

③ 参见《胡锦涛文选》第一卷，人民出版社 2016 年版，第 175—176 页。

④ 《胡锦涛文选》第三卷，人民出版社 2016 年版，第 534 页。

样的制度体系建设中，需要形成一个核心，这个核心就是民主集中制，因为它是根本的、关键的制度。民主集中制构成党的制度建设的核心，对民主集中制自身的健全完善也必然提出了新的、更高的要求。在现实中，往往还存在着民主集中制有效执行仍然不到位、不自觉、没有得到落实的情况，例如，在实际工作中，一些决策者缺乏实施这种制度的知识和能力，致使民主集中制名存实亡；也有一些决策者虽然具有实行民主集中制的知识和能力，但出于某种个人利益得失的考虑，不按民主集中制的原则办事，致使民主集中制无法发挥应有的作用。另有一些决策者在实际操作中没有严格遵循民主决策的科学程序，决策前不发扬民主，不了解民情民意，从而使决策丧失应有的群众和社会基础，或把发扬民主当作一种"走过场"的程序性形式，而没有认真收集、总结或归纳群众的批评和建议，把群众的意见完全当"耳边风"，或是在发扬民主后没有进行科学的集中，只是简单采纳群众的现成意见，还美其名曰"尊重民意"，实则把民主集中制简单化甚至庸俗化。所有这些问题，都这样或那样地影响着民主集中制的实施和效果。而如果不把民主集中制这个核心制度建设好，其他党的制度也就建设不好。这就给以民主集中制为核心的党的制度建设提出新的挑战。为了把民主集中制这个核心制度建设好，胡锦涛提出，必须把与民主集中制密切相关的党内民主制度建设好，"健全党内民主制度体系"[1]，这主要包括：保障党员主体地位，健全党员民主权利保障制度，推进党内民主决策制度建设，推进党内民主选举制度建设，积极稳妥推进党务公开，完善党内民主监督制度等。

胡锦涛提出进一步完善党的领导制度，促进党的民主集中制建设。完善党的领导制度包含完善党的领导方式和执政方式的基本要求，2004年9月，党的十六届四中全会通过的《中共中央关于加强党的执政能力建设的决定》，首次提出了党要"科学执政、民主执政、依法执政"的理念和实现的目标。

---

[1] 《胡锦涛文选》第三卷，人民出版社2016年版，第655页。

2007 年 10 月，党的十七大把"坚持科学执政、民主执政、依法执政"写入新修订的党章，成为党的根本大法。科学执政、民主执政、依法执政作为党的领导制度和领导方式、执政方式，与民主集中制紧密相连，只有贯彻实行民主集中制，才能做到科学执政、民主执政、依法执政。因此，胡锦涛明确指出，要以民主集中制为核心，按照民主集中制的制度规定，"坚持和完善党的领导制度，改革和完善党的领导方式和执政方式"①。

---

① 《胡锦涛文选》第三卷，人民出版社 2016 年版，第 534 页。

第七讲

中国特色社会主义新时代民主集中制的发展

党的十八大以来，中国特色社会主义进入新时代。以习近平同志为核心的党中央为了适应新时代进行具有许多新的历史特点的伟大斗争的需要，紧紧围绕党的建设新的伟大工程，把管党治党作为各项工作的突破口和着力点，从治国理政的现实要求出发，积极探索民主集中制新的时代内涵，阐述了民主集中制的重大理论和实践问题，逐渐形成了一系列新观点、新论断、新要求，进一步丰富和发展了民主集中制的组织原则和制度。

一、民主集中制是党的最大的制度优势

习近平十分重视民主集中制问题，2012 年 6 月在全国创先争优表彰大会上的讲话中指出："民主集中制是我们党的根本组织制度和领导制度，它正确规范了党内政治生活、处理党内关系的基本准则，是反映、体现全党同志和全国人民利益与愿望，保证党的路线方针政策正确制定和执行的科学的合理的有效率的制度。因此，这是我们党最大的制度优势"①，"也是中国特

---

① 习近平：《始终坚持和充分发挥党的独特优势》，《求是》2012 年第 15 期。

色社会主义民主政治的鲜明特点"①。习近平的这一论断，是继毛泽东提出的民主集中制是"政体""国体"问题，邓小平提出的"民主集中制是我们党和国家的最根本制度""是社会主义制度的一个不可分的组成部分""民主集中制也是我们的优越性"等提法后的进一步发展。习近平把民主集中制定位为党的最大制度优势，是对民主集中制的制度属性和优越性的最高肯定，充满了对中国特色社会主义的制度自信。民主集中制具有显著的制度优势，主要体现在如下方面。

一是体现了作为根本制度的自身优势。民主集中制是党和国家的最根本制度，也是中国特色社会主义的最大制度特点。中国共产党在成立之初，就是按照民主集中制原则组织起来和开展活动的，历经土地革命战争、抗日战争和解放战争，以及社会主义革命和建设、改革开放和社会主义现代化建设时期的不断发展，民主集中制在实践中彰显了强大的威力。

回顾历史，党之所以形成了强大的思想力、领导力、组织力和执行力，一个关键的原因是，始终坚持和发扬了民主集中制。民主集中制作为党的根本组织制度和领导制度，保证了党的各项原则、制度、法规都是民主集中制的具体化和拓展。同时，民主集中制也是国家组织形式和活动方式的基本原则，宪法明确规定，中华人民共和国的国家机构实行民主集中制的原则。以民主集中制为组织原则的制度安排，能够使人民的意愿和要求得到最广泛表达和反映，最大限度把全社会全民族的积极性、主动性、创造性发挥出来。党和国家的历史反复告诉人们，什么时候民主集中制坚持得好，党和国家就风清气正、充满生机活力，党和国家的事业就蓬勃发展；什么时候民主集中制受到破坏，各种矛盾和问题就会滋生蔓延，党和国家的风气就会受到损害，党和国家的事业就会遭遇挫折。

事实证明，不断坚持和完善民主集中制的制度和原则，就能让中国特色

① 中共中央文献研究室编：《习近平关于全面从严治党论述摘编》，中央文献出版社2016年版，第25页。

社会主义制度的优势更加充分地发挥出来，为实现中华民族伟大复兴提供制度保障。如果没有民主集中制或者没有贯彻执行这一根本制度，中国就什么事情都办不顺、也都办不成。

二是体现了作为根本制度的转化优势。进入新时代以来，面对具有许多新的历史特点的伟大斗争，党中央更加注重发挥民主集中制的制度优势，把民主集中制的优势转化和体现到各方面的具体工作之中。在 2018 年 12 月召开的中共中央政治局民主生活会上，习近平概括了"四大优势"，强调要把民主和集中有机统一起来，真正把民主集中制的优势变成我们党的政治优势、组织优势、制度优势、工作优势。

要把民主集中制贯穿于国家的民主政治之中，充分发挥党的领导的政治优势。对党委来讲，落实好民主集中制，须正确处理党委同人大、政府、政协、司法机关和人民团体的关系，实施党委决策、人大立法、政府实施、政协建言的联动机制，改进领导方式和方法，做到领导、统揽、统筹、协调而不包办代替。

要把民主集中制贯穿于党的建设之中，充分发挥党的组织优势。认真贯彻民主集中制，加强党委班子和干部队伍建设，增强各级党组织的向心力、凝聚力、战斗力。把民主集中制作为根本原则，从干部队伍入手，健全科学选人用人制度体系，把匹配岗位的干部考准用好。从基层组织入手，强化议事规则、决策机制、日常运行、权力监督等制度建设，推动基层运行更顺畅。

要把民主集中制贯穿于各项事务的管理中，科学决策、民主决策、依法决策，充分发挥民主集中制的制度优势。党的十八大以来，党中央各项决策都严格执行民主集中制，都注重充分发扬党内民主，都是经过深入调查研究、广泛听取各方面意见、进行反复讨论而形成的。在处理事关发展的重大部署时既要聚焦、更要规范，按照集体领导、民主集中、个别酝酿、会议决定的原则，不断完善党委内部议事和决策机制。处理应急突发的重大事件时既快速、更高效，在架构上强化统筹协调，在决策上听取专业意见，在力量上坚持群策群力。

要把民主集中制贯穿于高效的办事之中，充分发挥民主集中制的工作优势。应健全和认真落实民主集中制的各项具体制度，促使全党同志按照民主集中制办事，促使各级领导干部特别是主要领导干部带头执行民主集中制。充分发挥民主集中制的组织领导优势，强化力量统筹，打破部门壁垒、条块分割，推动各项决策部署的高效执行落实。例如，这些年来各地区、各部门持续推进"放管服"等改革，国家层面则将实践证明行之有效、人民群众满意、市场主体支持的改革举措用法规制度固定下来，马上就推广实行，其快速过程正是实施民主集中制的生动体现。又如，加强数字化改革，充分运用数字化技术、数字化思维、数字化认知，提升党委政府领导力、执行力，推进民主集中制在更高水平和层次上得到实践，实现工作效率的变革性提升。

三是体现了作为根本制度的辩证综合优势。民主集中制的核心要义，在于坚持民主与集中的辩证统一，将民主集中制运用到决策、执行、监督的工作过程中，充分发挥其综合优势。民主集中制是又有集中又有民主、又有纪律又有自由、又有统一意志又有个人心情舒畅生动活泼的制度，是民主和集中紧密结合的制度。民主与集中紧密联系、高度依存，不能强调一个方面而否定另一个方面。民主是正确集中的前提和基础，离开民主讲集中，集中就是无源之水、无本之木，就是假的、空的、错误的，就会出现家长制或个人专权专断。进入新时代以来，党中央高度重视发展党内民主，在作出重大决策时充分发扬民主，广泛听取意见和建议，做到兼听则明，防止偏信则暗，做到决策的科学化、民主化、法治化。集中是民主的必然要求和归宿，离开集中搞民主，只会导致极端民主化和无政府状态。坚持民主基础上的集中，关键是要维护党中央权威和集中统一领导。全党必须牢固树立政治意识、大局意识、核心意识、看齐意识，自觉在思想上政治上行动上同党中央保持高度一致，做好工作决策、工作部署、工作落实和工作监督。

工作决策，必须坚持民主基础上的集中，使决策更加科学、规范、高效。民主集中制的优势突出体现在能将不同的意见凝聚为集体的意志，集中智慧破解发展难题。党委决策，要通过发扬民主把解决问题的好办法找出来，再运用集中把最好的办法定下来，保证工作决策的科学性。严格落实集体领导、民主集中、个别酝酿、会议决定的原则。坚持充分发扬党内民主，党委正副书记不能先声夺人，搞家长制、一言堂，班子成员要知无不言、言无不尽，敢于行使民主权利，敢于讲真话、道实情，敢于发表不同意见。注重集中意见、统一思想，通过思想交锋、反复比较、充分研究，把正确的意见集中好，把分歧的意见统一好，把错误的意见说服好，形成公正权威科学的决策。

工作部署，要坚持集中指导下的民主，充分发挥党员、群众的智慧力量。民主集中制是最能维护党和人民根本利益的制度，也是最能集聚全体党员、群众智慧的制度。没有民主办不好事，没有集中办不成事。部署工作前，党委班子成员应深入学习领悟上级指示精神，厘清大致思路、明确原则要求，初步做到心中有数。具体谋划时，要广泛调查研究，深入基层听取群众意见；讨论决定与下级有关的问题，主动征求下级意见；涉及群众切身利益的事项，要注重尊重群众意愿，切实用足用好政策。对听到的情况认真核查，对发现的问题用心体察，对工作的重点深入研究，力求把第一手资料摸准、搞实、吃透，把群众的关注点和兴奋点弄明白，把主要矛盾和矛盾的主要方面掌握准。

工作落实，要运用既民主又集中的方法，最大限度地调动各级的积极性、主动性、创造性。民主集中制具有确保形成合力、执行坚决的功能，有利于步调一致抓落实、搞建设。始终在党委授权的范围内行动，按照分工抓好工作落实，做到有清晰的工作思路、可行的措施办法、明确的时间节点，抓一项成一项，绝不能合意的就执行、不合意的就不执行。落实党委工作决策，做到经常性工作经常抓、临时性工作协调抓、综合性工作合力抓、边缘性工作配合抓，真正形成"一条心"谋发展、"一盘棋"搞建设、"一股劲"抓落实的良好局面。

工作督导，要坚持把组织上的工作督导和民主监督贯通起来，动态推动具体工作得到调整优化、完善提高。民主集中制的一个重要优势，是能发挥强有力的监督效能，防止和减少失误。党委要走实听取汇报、反馈信息、检查评估和跟踪问效、补充完善、纠正偏差等环节，正副书记要定期对党委决议执行情况进行检查，班子成员要对正副书记的工作进行监督，如发现执行决议不力要及时加以纠正，发现决议确有不妥之处可由党委集体研究后修改调整。注重发挥群众监督作用，引导党员、群众提出客观合理的批评和建议，把党委贯彻民主集中制情况、班子成员落实决策决议情况、各级履行职责情况，置于监督"大盘子"、晒在阳光下，不断得到改进、提高和落实，取得最佳的质量效益。

二、民主集中制是国家治理的重要法宝

2013年11月，中国共产党召开的十八届三中全会明确提出，中国全面深化改革的总目标是："完善和发展中国特色社会主义制度，推进国家治理体系和治理能力现代化"[①]。这是以习近平同志为核心的党中央第一次提出实现国家治理现代化的治国理政纲领，它标志着中国共产党在国家治理问题上的重大变革。

在新时代开启的国家治理现代化的进程中，民主集中制构成了当代中国国家治理的法宝。对如何理解民主集中制与党和国家的政治生活、与国家治理的关系，早在2013年9月党的群众路线教育实践活动开始后，习近平就作出了深刻的阐述。他说："坚持民主集中制，开展批评和自我批评，严格党内生活，加强党的团结统一，是其中很重要的法宝。"[②]习近平把民主集

---

① 中共中央文献研究室编：《十八大以来重要文献选编》（上），中央文献出版社2014年版，第512页。

② 中共中央文献研究室编：《习近平关于全面从严治党论述摘编》，中央文献出版社2016年版，第24页。

中制作为法宝，与党和国家的政治生活、与国家治理联系起来，就是要把民主集中制贯彻到推进国家治理体系和治理能力现代化的全过程，因而在实际上就是把民主集中制确立为国家治理现代化的制度内涵，将民主集中制嵌入国家治理各项制度的发展之中，成为推进社会主义制度的完善和能力建设的法宝。

之所以说民主集中制是当代中国国家治理的法宝，关键在于理解全面深化改革总目标的深刻含义。习近平一再强调，要把总目标的两句话，即"完善和发展中国特色社会主义制度"和"推进国家治理体系和治理能力现代化"联系起来，他说："发展社会主义民主政治，是推进国家治理体系和治理能力现代化的题中应有之义。党的十八届三中全会提出的全面深化改革总目标，是两句话组成的一个整体，即完善和发展中国特色社会主义制度、推进国家治理体系和治理能力现代化。前一句规定了根本方向，我们的方向就是中国特色社会主义道路，而不是其他什么道路。后一句规定了在根本方向指引下完善和发展中国特色社会主义制度的鲜明指向。两句话都讲，才是完整的。"① 这就是说，推进国家治理体系和治理能力现代化的目的和鲜明指向，都在于要完善和发展中国特色社会主义制度，绝不能否定、抛弃这个制度。而在中国特色社会主义制度中，民主集中制属于其中的政治制度方面，是中国特色社会主义民主政治制度的组成部分，也在根本上体现了中国特色社会主义制度的优势。由是，推进国家治理体系和治理能力现代化，非但不能离开民主集中制，而且还要将民主集中制原则嵌入国家治理体系和治理能力现代化建设的格局中。因此，党的十八届三中全会通过的《中共中央关于全面深化改革若干重大问题的决定》明确提出："完善党和国家领导体制，坚持民主集中制，充分发挥党的领导核心作用。"②

① 《习近平谈治国理政》第二卷，外文出版社 2017 年版，第 289 页。

② 中共中央文献研究室编：《十八大以来重要文献选编》（上），中央文献出版社 2014 年版，第 531 页。

民主集中制是当代中国国家治理的法宝，这就要求把民主集中制的原则和制度充分运用到党和国家政权的建设中。在党的建设层面，民主集中制是核心制度，习近平特别强调，要依照民主集中制原则，加强党的制度建设，为全面从严治党提供稳定可靠的制度基础。2013 年 11 月，在他主持拟定的《中央党内法规制定工作五年规划纲要（2013—2017 年）》中提出："抓紧建立健全民主集中制的具体制度，着力构建党内民主制度体系，切实推动民主集中制具体化、程序化，真正把民主集中制重大原则落到实处。加强党的纪律建设，进一步严明党的纪律规定，维护党的集中统一。"① 为了到中国共产党成立一百周年时，建成内容科学、程序严密、配套完备、运行有效的党内法规制度体系，党的十八大以来，党中央花了整整两年时间，对新中国成立到 2012 年 6 月期间出台的 23000 多件中央文件进行了清理，梳理出党内法规和规范性文件 1178 件，废止 322 件，宣布失效 369 件，继续有效 487 件，其中 42 件需要适时进行修改。② 接着，中央又在五年的规划期间，出台或修订的党内法规共 54 部，包括党章 1 部、准则 1 部、条例 8 部、规则 6 部、规定 21 部、办法 9 部、细则 8 部，超过现行 150 多部中央党内法规的三分之一。③ 贯穿这些党内法规制度建设的一项主要内容，就是民主集中制的建设和完善。把民主集中制建设好了，党就能更好地发挥国家治理的领导力量的作用。

在国家政权建设层面，民主集中制同样是国家治理的核心制度。2012年 12 月，习近平《在首都各界纪念现行宪法公布施行 30 周年大会上的讲话》中指出："我们要按照宪法确立的民主集中制原则、国家政权体制和活动准

---

① 中共中央文献研究室编：《十八大以来重要文献选编》（上），中央文献出版社 2014 年版，第 488 页。

② 参见盛若蔚：《中央党内法规制度完成全面"体检"》，《人民日报》2014 年 11 月 18 日。

③ 参见《为全面从严治党提供制度保障——以习近平同志为总书记的党中央推进依规治党纪实》，《人民日报》2016 年 4 月 19 日。

则，实行人民代表大会统一行使国家权力，实行决策权、执行权、监督权既有合理分工又有相互协调，保证国家机关依照法定权限和程序行使职权、履行职责，保证国家机关统一有效组织各项事业。"①《在庆祝全国人民代表大会成立 60 周年大会上的讲话》中，他再次强调："坚持和完善人民代表大会制度，必须坚持民主集中制。民主集中制是中国国家组织形式和活动方式的基本原则。"② 人民代表大会制度是中国特色社会主义的根本政治制度，是确保人民当家作主地位的民主政治制度。民主集中制作为一种组织原则与制度，既能够确保人民在民主基础上行使各种权利，使得国家权力体现人民意志，又确保国家机关的决策权、执行权和监督权能够相互协调，统一向人民主权负责。因此，体现民主集中制的人民代表大会制度是一种现代化的国家治理制度。中国共产党的领导，就是支持和保证人民实现当家作主，在以人民主权为根本指导原则的国家政权建设中，要切实防止出现人民形式上有权、实际上无权的现象，就必须"坚持和完善民主集中制的制度和原则，促使各类国家机关提高能力和效率、增进协调和配合，形成治国理政的强大合力，切实防止出现相互掣肘、内耗严重的现象"③。民主集中制构成国家治理现代化的制度核心，国家治理现代化则拓展了民主集中制的制度载体和发展空间。习近平指出："改革开放以来，我们党开始以全新的角度思考国家治理体系问题，强调领导制度、组织制度问题更带有根本性、全局性、稳定性和长期性。今天，摆在我们面前的一项重大历史任务，就是推动中国特色社会主义制度更加成熟更加定型，为党和国家事业发展、为人民幸福安康、为社会和谐稳定、为国家长治久安提供一整套更完备、更稳定、更管用的制度体系。"④ 民主

① 《习近平谈治国理政》第一卷，外文出版社 2018 年版，第 139 页。

② 习近平：《在庆祝全国人民代表大会成立 60 周年大会上的讲话》，人民出版社 2014 年版，第 8 页。

③ 《习近平谈治国理政》第二卷，外文出版社 2017 年版，第 290 页。

④ 《习近平谈治国理政》第一卷，外文出版社 2018 年版，第 104—105 页。

集中制是当代中国国家治理的制度内核,如果缺少了民主集中制,国家治理现代化将失去制度灵魂和政治保障。在推进国家治理现代化过程中,民主集中制是制定正确的路线方针政策的政治基础,也是贯彻这些路线方针政策的组织保障,并且要依靠民主集中制来提高领导干部的执政能力和领导水平。

制度化建设是当代中国国家治理的必然逻辑,习近平关于民主集中制是国家治理的重要法宝的论述,为国家治理提供了制度支撑,推动了通过规范制度建设、完善各项制度,以制度的改革和完善深化当代中国国家治理的发展进程。推进国家治理体系和治理能力现代化,是全党的一项重大战略任务,习近平指出:"各级党委和政府以及各级领导干部要切实强化制度意识,带头维护制度权威,做制度执行的表率,确保党和国家重大决策部署、重大工作安排都按照制度要求落到实处,切实防止各自为政、标准不一、宽严失度等问题的发生,充分发挥制度指引方向、规范行为、提高效率、维护稳定、防范化解风险的重要作用。"[1] 要发挥好制度的规范作用,形成强大的约束力,各项制度的建设和运行必须以民主集中制为根本制度,才能将制度的优势最大化,才能将制度优势转化为推进国家治理体系和治理能力现代化的强大力量。由此得出结论,国家治理现代化过程也是民主集中制原则的制度化过程。民主集中制与当代中国国家治理的相互契合和彼此互动,为发展和完善中国特色社会主义制度提供了实现途径,推进了国家治理现代化的发展。

三、民主集中制要切实运用于工作实践

党的十八大以来,习近平高度重视民主集中制在实践中的实际运用。

---

[1] 《习近平谈治国理政》第三卷,外文出版社 2020 年版,第 128 页。

习近平对民主集中制作出的大量论述，更多、更具体地面向实际的问题，为民主集中制切实运用于工作实践提出了重要的思路。

在贯彻执行民主集中制的全部活动中，最重要和最难的问题就是，如何辩证认识与科学掌握民主和集中的关系。习近平指出："民主集中制是我们党的根本组织原则和领导制度，是马克思主义政党区别于其他政党的重要标志。这项制度把充分发扬党内民主和正确实行集中有机结合起来，既可以最大限度激发全党创造活力，又可以统一全党思想和行动，有效防止和克服议而不决、决而不行的分散主义，是科学合理而又有效率的制度。"①正是从民主集中制是党的各级领导班子的根本工作制度出发，习近平强调，运用好民主集中必须做到，"民主和集中辩证统一、不可分割。只有既充分发扬民主，又实行正确集中，才能及时集中正确意见，及时纠正不正确的意见和做法"②。习近平以点睛之笔道出了对待民主和集中的三个基本做法：一是对于民主，要做到"充分"，就是发扬民主时要真正做到耐心细致，不走过场；二是对于集中，要做到"正确"，就是通过反复酝酿磋商，以求得共识；三是对于民主和集中两个过程，都要及时地发现和纠正不正确的意见和做法。

民主集中制重在加强集体领导，关键环节也在于集体领导。习近平提出，"集体领导是民主集中制在党的领导制度上的具体体现，是贯彻民主集中制的关键环节"③，为贯彻执行民主集中制指明了着力点。习近平一贯强调集体领导，他在担任河北正定县委书记期间就强调，要反对一言堂、家长制和

---

① 《中共中央政治局召开民主生活会强调　树牢"四个意识"　坚定"四个自信"　坚决做到"两个维护"　勇于担当作为　以求真务实作风把党中央决策部署落到实处》，《人民日报》2018 年 12 月 27 日。

② 中共中央文献研究室编：《习近平关于全面从严治党论述摘编》，中央文献出版社 2016 年版，第 25 页。

③ 习近平：《之江新语》，浙江人民出版社 2007 年版，第 22 页。

分散主义。在主政浙江工作期间，习近平也指出："要反对独断专行，一个班子鸦雀无声不好，'不在沉默中爆发，就在沉默中灭亡'，'于无声处听惊雷'。但也要反对各行其是、软弱涣散的问题，当断不断反受其乱。"①习近平担任党的总书记以来，更是身体力行，大力倡导中央政治局要带头坚持集体领导，更加注重制度建设，严格按程序办事，按规则办事、按集体意志办事。

能否实行好民主集中制和集体领导，与党政"一把手"密切相关，他们必须起带头作用。习近平说："'一把手'是党政领导集体的班长，是一个地方和部门贯彻中央大政方针、省委省政府重大决策的第一责任人，把方向、抓大事、谋全局是'一把手'的根本职责。"②在中国这样一个由共产党执政的社会主义国家里，党委和政府都是党的事业的重要组织和领导机构，"一把手"所处的位置和承担的使命，与一般的党员和一般的社会成员是不一样的。习近平指出，"各级党委和政府的'一把手'，不是简单的自然人，在很大程度上是党委和政府的人格化代表，彼此之间的关系也不只是简单的个人关系，更多的则是党政之间的关系。因此，正确处理书记和市（县）长的关系，事关一个党委班子整体合力的发挥，事关一个地方经济社会发展的大局，事关一个地方千千万万人民群众的利益。各级党政'一把手'必须进一步增强党性意识，加强个人修养，以高度的政治觉悟，更开阔的胸襟，更严格的律己，带头执行民主集中制"③。由是，习近平强调："执行民主集中制，一把手以身作则很关键。要把一把手带头执行民主集中制作为加强领导班子思想政治建设的重要内容，推动各级一把手自觉坚持集体领导，带头发扬党

---

①　习近平：《干在实处　走在前列——推进浙江新发展的思考与实践》，中共中央党校出版社 2006 年版，第 422 页。

②　习近平：《干在实处　走在前列——推进浙江新发展的思考与实践》，中共中央党校出版社 2006 年版，第 419 页。

③　习近平：《干在实处　走在前列——推进浙江新发展的思考与实践》，中共中央党校出版社 2006 年版，第 420 页。

内民主，严格按程序办事、按规矩办事，坚决反对和防止个人或少数人专断。"① 一定要抓住"一把手"和班子成员这些"关键少数"，对各级党政部门的"一把手"和班子成员的要求必须非常高，"使他们熟悉民主集中制的规矩，懂得民主集中制的方法。考察领导班子，要看班子日常运转和决策执行情况，看领导干部政治素质和行为表现如何，不能简单进行结果性评价。对贯彻执行民主集中制不力、发生重大偏差和失误的班子和个人，要追究责任"②。

对民主集中制在现实中存在的问题，习近平尖锐地指出，主要是党内民主不够和集中不够的同时并存，又以民主不够更为突出的问题。他说："目前，在贯彻执行民主集中制方面，既有发扬民主不够导致的主要领导独断专行的问题，也有正确集中不够造成的领导班子软弱无力的问题，相对来说，前者更为突出一些。"③ 对这样的问题，习近平在 2013 年 6 月出席全国组织工作会议和同年 9 月参加河北省委常委班子专题民主生活会、2016 年 1 月出席十八届中央纪律检查委员会第六次全体会议和同年 6 月在十八届中央政治局第三十三次集体学习时，都作了具体的分析，列举了民主不够和集中不够发生的情况：一是有的领导干部只讲民主不讲集中，正确集中不够，议而不决、决而不行，软弱涣散、我行我素、各行其是，个人主义、本位主义思想严重，班子讨论问题时没有采纳自己意见就很不高兴，为了自己那点权力争得不可开交。二是只讲集中不讲民主，发扬民主不够，个人凌驾于组织之上，独断专行，搞家长制、一言堂或自由主义、分散主义、宗派主义，领导

---

① 中共中央文献研究室编：《十八大以来重要文献选编》（上），中央文献出版社 2014 年版，第 353 页。

② 中共中央纪律检查委员会、中共中央文献研究室编：《习近平关于严明党的纪律和规矩论述摘编》，中央文献出版社、中国方正出版社 2016 年版，第 97 页。

③ 中共中央文献研究室编：《十八大以来重要文献选编》（上），中央文献出版社 2014 年版，第 353 页。

干部特别是"一把手"权力受不到有效制约，有的甚至把所在地方和分管领域当作"独立王国""私人领地"。有的"一把手"习惯于逢事先定调，重大问题不经班子成员充分酝酿和讨论就拍板，甚至对多数人意见置之不理。三是一些党委对所管辖领导班子及其成员贯彻执行民主集中制情况缺乏经常分析和考核评估，以致有针对性地教育引导和采取组织措施不够。四是在组织和组织关系上，有的党组织违背"四个服从"原则，有令不行、有禁不止，对党中央和上级决策部署合意的执行、不合意的就不执行。五是在个人和组织关系上，有的党员干部党的意识弱化、组织观念淡薄，不相信组织、不服从组织、不依靠组织，把党组织当成来去自由的"大车店"、各取所需的"大卖场"、自行其是的"私人俱乐部"。有的党组织对党员、干部管理失之于宽、失之于松、失之于软。①这些分析，提供了形象化的对照，促成了问题的解决。

中国共产党要成为一个强大的无产阶级政党，就要具有凝聚力、组织力和战斗力，这就必须始终保持党的团结和统一。怎样才能达到党的团结和统一呢？习近平认为，贯彻执行民主集中制是一个重要的途径。他说："党的团结统一靠什么来保证？要靠共同的理想信念，靠严密的组织体系，靠全党同志的高度自觉，还要靠严明的纪律和规矩。"②这里提到的严密的组织体系与严明的纪律和规矩，就包括民主集中制，他要求各级领导干部尤其是高级干部要"善于运用民主集中制原则维护党和国家权威、维护全党全国团结统一"③。民主集中制是一个有利于保持党和国家的团结统一，有利于团结广大人民大众，能够最大限度激发全党、全国人民创造活力的制度。民主集中制建立了一个党员群众与党内"关键少数"互动的优良机制，建立了一个人民

① 参见中共中央文献研究室编：《习近平关于全面从严治党论述摘编》，中央文献出版社2016年版，第38—39页。
② 中共中央纪律检查委员会、中共中央文献研究室编：《习近平关于严明党的纪律和规矩论述摘编》，中央文献出版社、中国方正出版社2016年版，第6页。
③ 《习近平谈治国理政》第二卷，外文出版社2017年版，第19页。

民主与党内"关键少数"民主互动的优良机制，建立了一个政党精英与社会各界精英共同协商议事的优良机制。习近平说："要切实落实推进协商民主广泛多层制度化发展这一战略任务。面向未来，发展好各项事业，巩固国家安定团结的政治局面，促进政党关系、民族关系、宗教关系、阶层关系、海内外同胞关系和谐发展，一个很重要的条件就是必须通过民主集中制的办法，广开言路，博采众谋，动员大家一起来想、一起来干。"① 在运用民主集中制、发展社会主义协商民主时，习近平要求做到能听意见、敢听意见、特别是勇于接受批评，"要把民主集中制的优势运用好，发扬'团结——批评——团结'的优良传统，广开言路，集思广益，促进不同思想观点的充分表达和深入交流，做到相互尊重、平等协商而不强加于人，遵循规则、有序协商而不各说各话，体谅包容、真诚协商而不偏激偏执，形成既畅所欲言、各抒己见，又理性有度、合法依章的良好协商氛围"②。只要坚持民主集中制，就能使党的领导与人民民主、协商民主有机结合起来，就能营造出党内外既团结和谐稳定，又充满朝气和活力的政治局面。

贯彻执行民主集中制，必须严格执行请示报告制度，使请示报告制度成为落实民主集中制的重要制度。2014年1月，习近平在第十八届中央纪律检查委员会第三次全体会议上发表重要讲话时指出："民主集中制、党内组织生活制度等党的组织制度都非常重要，必须严格执行。各级领导班子和领导干部都要严格执行请示报告制度。"③ 请示报告制度是民主集中制组织原则和制度的内在要求，也是党的政治纪律、组织纪律的要求。只有建立严格的请示报告制度，才能防止在执行民主集中制过程中出现的各种违规现象。要切实加强组织管理，引导党员、干部正确对待组织的问题，言行一致、表里如一，讲真话，讲实话，讲心里话，接受党组织教育和监督。要切实执行政

---

① 《习近平谈治国理政》第二卷，外文出版社2017年版，第296页。

② 《习近平谈治国理政》第三卷，外文出版社2020年版，第295—296页。

③ 《习近平谈治国理政》第一卷，外文出版社2018年版，第396页。

治纪律、组织纪律，不能搞特殊、有例外，各级党组织要敢抓敢管，使纪律真正成为带电的高压线，培养自觉践行民主集中制原则和制度的党员干部。

贯彻执行民主集中制，还要在强化监督上下功夫。2016 年 1 月，习近平在第十八届中央纪律检查委员会第六次全体会议上的讲话中指出："坚持民主集中制是强化党内监督的核心。……强化党内监督，必须坚持、完善、落实民主集中制，把民主基础上的集中和集中指导下的民主有机结合起来，把上级对下级、同级之间以及下级对上级的监督充分调动起来，确保党内监督落到实处、见到实效。"① 习近平把民主集中制作为加强党内监督的核心，阐明了民主集中制和党内监督之间的紧密联系，深刻揭示了民主集中制在党内监督中的重要地位。具体地讲，就是要以民主基础上的集中实现下级对上级的监督，以集中指导下的民主实现上级对下级的监督，以两者结合及党内组织生活的准则实现同级之间的监督，从而切实发挥民主集中制在党内监督中的核心作用。习近平还指出："要加强对一把手的监督，认真执行民主集中制，健全施政行为公开制度，保证领导干部做到位高不擅权、权重不谋私。"② 这就把执行民主集中制的情况也纳入党内监督的范围，成为党内监督的重要内容。此后，2016 年 10 月，党的十八届六中全会通过的《中国共产党党内监督条例》明确规定，党内监督必须贯彻民主集中制，强化自上而下的组织监督，改进自下而上的民主监督，发挥同级相互监督作用。同时还规定了贯彻民主集中制情况，也是党内监督的重要内容。民主集中制作为党内监督的核心，正式以党内法规的形式固定下来，构成新时代开展党内监督的原则和内容。③

---

① 中共中央文献研究室编：《习近平关于全面从严治党论述摘编》，中央文献出版社 2016 年版，第 207 页。

② 《习近平谈治国理政》第一卷，外文出版社 2018 年版，第 388 页。

③ 参见中共中央党史和文献研究院编：《十八大以来重要文献选编》（下），人民出版社 2018 年版，第 440—451 页。

第八讲
民主集中制的过程、要素与实质、类型

民主集中制，是民主基础上的集中和集中指导下的民主相结合的制度。中国共产党对民主集中制作出的这个定义表明，它包含着两个基本过程，即"民主基础上的集中"过程和"集中指导下的民主"过程；四个要素，即"民主""集中""指导"和"相结合"。民主集中制的两个过程和四个要素，共同构成民主集中制的结构形态，并围绕其中心和实质而运作。民主集中制的两个过程、四个要素以及中心与实质，都包含着丰富的含义，需要作出科学、合理的解读，予以正确的认识和把握。

一、民主集中制的两大过程

民主集中制的第一个过程是民主基础上的集中，第二个过程是集中指导下的民主。民主集中制作为过程，包含了过程的参与者是谁，过程采取什么样的方式、步骤，过程的内容和达到的目的是什么等丰富的内涵。下面，以党的组织原则和领导制度形式的民主集中制为例，对这两个基本过程作出分析。

　　首先，关于民主基础上的集中过程。这是党内民主充分展开的过程，是由党内民主逐步走向党内集中的过程。这一过程是在党的组织范围内、由一定层级的党的组织机构做出安排的，其参与者主要是这一层级组织内的党员和领导者。这一过程的进行，是经过了相关的组织者、领导者的事先提议、建议，汇集了讨论的事项、议题、议案等才得以开始的，正如刘少奇指出的："党的一切会议是由领导机关召集的，一切会议的进行是有领导的，一切决议和法规的制订是经过充分准备和仔细考虑的"①。

　　民主基础上的集中过程是从民主起步的，但这样的民主不是"纯粹民主""自由放任的民主""极端化民主"，也不是"党内的无政府状态"，似乎无需受到任何的约束。党内民主，是党的组织范围内的民主，任何一个党员和党的领导者，都必须在党的组织内参与，而绝不能站在组织之外进行活动。为此，《中国共产党章程》规定，党员要"参加党的一个组织并在其中积极工作"②，党员不能离开组织而自以为是。历史上第二国际的一些社会民主党，没有严密的组织纪律，党员可以不参加组织，可以任意在党外的报刊杂志发表对党的政见、意见，这与马克思主义政党的性质和原则是格格不入的，不能容许的。前已述及（参见本书第二讲第四节），列宁的布尔什维克党是把党内民主置于民主集中制的范畴内，党内民主是和民主集中制相联系的一部分，不能离开民主集中制谈党内民主。中国共产党对于党内民主，有着严格的纪律要求，它不能违反党纲党章的基本规定，不能违反党的基本路线和方针、政策，不能反对四项基本原则以及反对党的改革开放决策。

　　在符合党内法规制度的规定下，党内开展的民主是相当广泛的、充分的和卓有成效的。1980 年 2 月，党的十一届五中全会通过的《关于党内政治生活的若干准则》指出，发扬党内民主"要允许党员发表不同的意见，对问

---

① 《刘少奇选集》上卷，人民出版社 1981 年版，第 359 页。
② 《中国共产党章程》，人民出版社 2022 年版，第 13 页。

题进行充分的讨论，真正做到知无不言，言无不尽"①。同时，一定"要纠正一部分领导干部中缺乏民主精神，听不得批评意见，甚至压制批评的家长作风。对于任何党员提出的批评和意见，只要是正确的，都应该采纳和接受"②。要严格实行不抓辫子、不扣帽子、不打棍子的"三不主义"。2016年10月，党的十八届六中全会通过的《关于新形势下党内政治生活的若干准则》进一步指出："畅通党员参与讨论党内事务的途径，拓宽党员表达意见渠道，营造党内民主讨论的政治氛围。健全党内重大决策论证评估和征求意见等制度。党的各级组织对重大决策和重大问题应该采取多种方式征求党员意见，党员有权在党的会议上发表不同意见，对党的决议和政策如有不同意见，在坚决执行的前提下，可以声明保留，并且可以把自己的意见向党的上级组织直至党中央提出。"③这些规定强调了一定要尊重和保障党员的民主权利。

在进行了广泛的、充分的、卓有成效的讨论和协商之后，党内民主必须走向党内集中。实行党内民主需要避免和纠正两种倾向，一要反对和防止决而不议或决离于议，二要反对和防止议而不决或久议无决。对讨论的事项、议题、议案、决定、决议等，都要按少数服从多数的原则，经过表决后形成最终的决定。列宁指出："没有组织就不可能有统一。没有少数服从多数就不可能有组织。"④党组织在做决定的时候，对于表决的方式，可以根据不同情况，分别采取口头、举手和无记名投票等方式。表决结果和表决方式应记录在案，对不同意见也要如实记录。要坚决反对和防止独断专行或各自为

---

① 中共中央文献研究室编：《三中全会以来重要文献选编》(上)，中央文献出版社2011年版，第368页。

② 中共中央文献研究室编：《三中全会以来重要文献选编》(上)，中央文献出版社2011年版，第368页。

③ 中共中央党史和文献研究院编：《十八大以来重要文献选编》(下)，人民出版社2018年版，第431页。

④ 《列宁全集》第25卷，人民出版社2017年版，第188页。

政，任何个人或者少数人无权擅自决定。任何党员不论职务高低，都不能个人决定重大问题；如遇紧急情况，必须由个人作出决定时，事后也要迅速向党组织报告。不允许任何领导人实行个人专断和把个人凌驾于组织之上，也要坚决反对和防止以其他任何形式代替表决形式。

需要注意的是，在民主基础上的集中时，为了避免对一些重要问题过于匆忙、仓促或简单化地作出决定，要求在表决之前一定要有慎重的考量、充分的准备。根据党章以及相关的党的法规的规定，重要问题主要是指：涉及党的路线、方针、政策的事项，重大工作任务的部署，按干部管理规定应该由集体讨论决定的干部推荐、任免、调动和奖惩，涉及人民群众生产、生活等切身利益的问题，发展新党员，以及上级党组织规定应当集体讨论决定的其他问题。对于涉及全党全国性的重大方针政策问题，只有党中央有权作出决定和解释。各部门、各地方党组织和党员领导干部可以向党中央提出建议，但不得擅自作出决定和对外发表主张。至于其他的重要问题，党组织在作出决议、决定之前，应当以适当方式在一定范围内征询党员意见。如果多数党员有不同意见或者存在重大分歧的，应暂缓作出决定，待进一步调查研究、交换意见后，提交下次会议表决。即使只是少数人有不同意见，也应当认真考虑。如对重要问题发生争论，双方人数接近时，除了在紧急情况下必须按多数意见执行外，应当暂缓作决定，留待下次再表决。在特殊情况下，也可将争论情况向上级组织报告，请求裁决。还有，党的各级领导机关对同下级组织有关的重要问题作出决定时，在通常情况下，要征求下级组织的意见。

其次，关于集中指导下的民主过程。经由党内表决、多数赞成形成的党的路线、方针、政策、决议、决定和决策部署、规划任务等，需要坚决的予以贯彻实施。这样的贯彻实施过程，也是党内集中和党内民主进一步互动的过程。相对于民主基础上的集中过程主要是一个议事决策过程，集中指导下的民主过程主要是一个执行落实的过程，是在执行落实中结合运用民主方法调动积极性、主动性，更好地完成任务的过程。

在执行落实党的路线、方针、政策、决议、决定以及部署的任务时，保持行动上的团结一致、坚决有力，是一个首要的要求。这在党章上有明确的规定：党员个人服从组织，下级组织服从上级组织，全党各个组织和全体党员服从党的全国代表大会和中央委员会。这就是说，如果是组织上作出了决议、决定的，党员个人就要坚决执行；如果是上级组织作出了决议、决定的，下级组织就要坚决执行；如果是党的全国代表大会和中央委员会作出了决议、决定的，全党各个组织和全体党员都要坚决执行。这时候，正如刘少奇说的，必须防止有人"不严格地遵守党纪，不执行党的领导机关的决议，在党内传播各种非组织的、非政治的、非原则的言论，或者故意夸大事实，在党内播弄是非，或者在党内实行无限制的空谈与争论，不顾环境的严重与紧急情况，甚至利用党员群众一时在思想上没有准备的盲目状态，来表决自己的要求"①。因此，在执行落实的过程中，必须树立集中的权威，领导和指挥的权威，上级组织的权威和党中央的权威。如果没有这样的权威和服从，党的任何一项决策的部署、规划的任务，都无法得以实现，不能取得成功。

应该指出的是，作为集中指导下的民主过程的执行落实，并非全是指挥、命令和服从。为了执行落实党的路线、方针、政策、决议和决定，完成决策的部署及规划的任务，需要开动脑筋，群策群力，充分发挥集体的智慧。因此，集中指导下的民主需要更多地用民主的方法，发动群众，依靠群众，围绕着如何执行决议决定、完成任务，想办法、出主意、克服困难、扫除障碍。早在古田会议决议中，毛泽东就科学地阐释了"厉行集中指导下的民主生活"的具体步骤，要求"上级机关要明了下级机关的情况和群众生活的情况，成为正确指导的客观基础"；"上级机关的决议，凡属重要一点的，必须迅速地传达到下级机关和党员群众中去。其办法是开活动分子会，或开

---

① 《刘少奇选集》上卷，人民出版社 1981 年版，第 360 页。

支部以至纵队的党员大会（须看环境的可能），派人出席作报告"；"党的下级机关和党员群众对于上级机关的指示，要经过详尽的讨论，以求彻底地了解指示的意义，并决定对它的执行方法"。① 采用这些方法，必然形成生动活跃的民主场景。

此外，还要注意到，在执行落实已确定的决策部署、规划任务时，具体情况和条件都会因时因地而有所差别，党的上级组织要经常听取下级组织和党员群众的意见，遇事要拿出办法，及时解决他们提出的问题。党的下级组织既要向上级组织请示和报告工作，又要独立负责地解决自己职责范围内的问题。要保证下级组织能够正常行使他们的职权，凡属应由下级组织处理的问题，如无特殊情况，上级领导机关不要干预下级组织。上下级组织之间要互通情报、互相支持和互相监督。

在执行落实时还要考虑到，可能会出现实际情况与原先的决议、决定不相适应的情况，这时候，党的下级组织如果认为上级组织的决定不符合本地区、本部门的实际情况，可以请求改变；如果上级组织坚持原决定，下级组织必须执行，并不得公开发表不同意见，但有权向再上一级组织报告。对党中央作出的决议和制定的政策如有不同意见，在坚决执行的前提下，可以向党组织提出保留意见，也可以按组织程序把自己的意见向党的上级组织直至党中央提出。

以上民主集中制发展的两个过程表明，每一个过程都既有民主、又有集中，是民主和集中的有机结合。在第一个过程中，由党内民主走向党内集中的进程表明，只有达到了集中，才实现了民主集中制第一个过程的目的。在第二个过程中，只有当党的路线、方针、政策、决议、决定等得到很好的贯彻实施，决策部署、规划任务取得了圆满成功，民主集中制才能获得真正的成效，民主和集中的目的都得以实现。

---

① 《毛泽东选集》第一卷，人民出版社1991年版，第89页。

二、民主集中制的四大要素

在民主集中制的定义"民主基础上的集中和集中指导下的民主相结合"中，很显然地包含着四个要素，即"民主""集中""指导"和"相结合"。这四个要素究竟包含什么样的含义呢？下面逐一作出解析。

——"民主"。这里的"民主"，显然是指全体党员（也包括党的干部和由党员组成的各级党组织在内）所享有的民主权利。根据《中国共产党章程》《中国共产党党员权利保障条例》等党内法规的规定，这些民主权利归纳起来主要就是下列诸项。

一是党员享有了解党内事务的权利。党员在党内构成党的主体，发挥着主体作用，党员和党的各级干部有了解、知悉党内事务的必要和责任。因此，党内事务应实行公开原则，即把党务向全体党员和干部开放。党组织不是一个"暗箱"，党内事务也不能搞"暗箱操作"。党要及时地向自己的党员和干部主动通报党务。党提出的要建立党内情况通报制度，就是为了使党务能够在党内得以及时的传达。情况通报的内容既包括一般情况通报，也包括重大情况通报。要根据通报内容的不同性质和特点规定时限，如一般性的工作情况可以一个月或一个季度作一次通报，有重要性或紧急性的工作情况则要立即通报，以使党员和干部对党内各方面的事务都有所知晓。

二是党员享有广泛参与党内决策的权利。《关于党内政治生活的若干准则》规定："党员有权在党的会议上和党的报刊上参加关于党的政策的制定和实施问题的讨论，……党员对党的方针、政策、决议有不同意见，可以在党的会议上提出，也可以向各级党组织直至中央作口头或书面的报告。党组织应当欢迎党员群众的批评和建议，并且鼓励党员为了推进社会主义事业提出创造性的见解和主张。"[①]党内决策、特别是重大决策，必须广泛征求党员

---

① 中共中央文献研究室编：《三中全会以来重要文献选编》(上)，中央文献出版社2011年版，第369页。

意见。决策科学化、民主化、法治化，是保证党的事业健康发展的基础。各级党组织能否作出正确的决策，关键在于是否遵循党的群众路线，充分反映各级党组织和广大党员的意愿，是否按客观规律办事。在进行决策和重大决策征求意见时，应把需要征求意见的决策内容，根据征求意见的范围提前告知给征求意见对象，给征求意见和参与决策的党员群众充分的时间。要合理确定征求意见的对象，扩大征求意见的范围，解决征求意见面偏窄、人数偏少的问题。征求意见的形式可采取调查研究、座谈讨论、交流协商、专家咨询、个别谈话等多种方式，广泛听取和收集党员对决策和重大决策的意见、建议。党员也可以通过党内的各种途径，表达自己的各种看法、观点。

三是党员享有参加党的会议的权利。党员可以参加党员小组会和全体党员大会以及其他相应的会议，党员所在的支部、总支部以及各级党组、委员会和代表大会要及时举行会议。党的各级组织通过会议形式进行党的工作，是党内实行民主，普通党员和党员干部参与党的民主决策、民主管理的体现。这方面还有不少工作可做，如党的各级代表大会应努力实行常任制。党的代表大会常任制度是指，党代表资格是常任的，任期与同级党的代表大会相同；党的代表大会实行年会制，党代表通过有组织有计划地参加党的代表大会及闭会期间的活动，在任期内始终发挥参与决策、监督、参谋和桥梁作用。党的各级代表大会常任制，有利于保证党的全国代表大会和党的地方各级代表大会作为党的各级最高权力机关，而不是倒过来成为各级党委的陪衬，作为"参谋""耳目"。在建立各级党的代表大会常任制的同时，还应推进各级党代会代表提案制度。党代表提案，是指党代表就党的建设中的重大问题或人民群众关心的热点难点问题向代表提案审查委员会提出，请求列入党的代表大会会议议程的书面意见和建议。对代表的提议，各级党代表大会和党委要认真研究、处理。对涉及有关部门、单位的提议，各级党代表大会和党委要责成有关部门、单位及时处理，并加强督办；承办部门、单位要向同级地方党委报告处理结果。对于代表提议的处理情况，要以书面形式，向代表作出认真负责的答复；一时难以解决或需要暂缓处理的，要向代表作出令人信服的说明。此外，还要建立健全党的各级常委会向全委会负责和报告工作的制度。首先，建立健全定期召开全委会会议制度。凡涉及重要问题，都应在充分论证基础上，通过召开全委会会议讨论决定，并在全委会监督下实施。应根据实际需要，适当增加全委会会议次数。其次，改变过去全委会只听取报告、接受指令和任务、发言表态的单一内容和形式。再次，常委会应向全委会报告工作，包括报告常委会及其成员廉政建设的情况，接受全委会的审议。最后，建立健全全委会会议议题双向提出制度、民主议事决策制度、全委会票决制度。

四是党员享有选举各级干部的权利。党的各级干部必须经由民主选举产生或由民主任命产生。要进一步完善党内选举制度，改进候选人的提名方式，党员具有推荐权，可考虑建立党员或代表的提名制度；改进候选人介绍方式，候选人的介绍，在"组织介绍"的同时还可以考虑试行安排"自我介绍"；试行候选人的竞选方式，对竞选时的自我介绍讲话的范围、承诺内容等作出详细的规定。通过竞选介绍讲话，接受党员的质询与提问以增进了解，让党员对候选人的参选目的、动机、打算有充分的认识；此外应考虑逐步扩大直接选举的范围和层次并改进和完善差额选举制度。

五是党员享有监督权。党内任何人都有监督权，也都要受到他人的监督。实行党员监督制，特别对不称职的干部实行罢免或撤换，是采取民主的办法解决党内干部更新淘汰的基本制度，其方法是由党员、党的代表大会代表或党的委员会成员，向党的组织或党的代表大会提出罢免或撤换不称职干部的动议，实行自下而上的制约监督。

以上对民主的分析总起来说，"民主集中制的民主，就是党员和党组织的意愿、主张的充分表达和积极性创造性的充分发挥"①。

---

① 中共中央文献研究室编：《十四大以来重要文献选编》（中），中央文献出版社 2011 年版，第 6 页。

——"集中"。民主集中制里的集中，是"民主基础上的集中"，因此，必须强调集中之前有着"民主基础上的"限定词，即集中必须是民主的。这个强调非常重要，因为从根本上说，集中有两种不同性质的形态：一种是与民主相联系的、从属于民主制度的集中，即民主制的集中；另一种则是与专制相联系的、从属于专制制度的集中，即专制制的集中。由于有着这样两种性质不同的集中，对集中的规定和要求也就截然不同。把民主集中制的集中与民主相联系，使之从属于民主制度，就必然要求实行以上党员的五项民主权利，党内必须充分开展民主，然后，才能在"民主基础上"进行"集中"。而且，在实行民主基础上的集中时，必须实行多数决定的民主原则和民主程序，即要求少数人服从多数人的主张，当然多数人也要尊重和保护少数人的权益，这就是说，大家都要按照多数人达成的共识办事。反之，如果把集中与专制相联系，使之从属于专制制度，这样的集中必然无视民主，它也无须顾及民主原则、民主程序，搞得自然就是"一个人或少数人说了算"那一套，恰恰要求的是多数人服从少数人，甚至是服从于某一个人，这就势必造成一言堂、家长制的独裁和个人说了算的局面。这样的集中，必然与民主集中制背道而驰。那么，在民主基础上的集中，是要形成和达到什么样的集中呢？其"集中"的结果，主要有以下三个方面。

一是通过民主、科学、依法决策形成的集中。党的活动和工作，最重要的就是对国内外重大问题和党的事务、任务、部署、方案作出决策。这样的决策，产生的是党的决议、决定、规划、办法、细则、措施等结果。各级党的代表大会、委员会和党组、总支部等组织，都承担着决策的职责。有些决策是重大决策，涉及党的路线、方针、政策等关键问题，事关党的前途命运。在实施重大决策的过程中，党内必须充分发扬民主，广泛征求意见。要允许有不同的意见和结论，允许展开争论，特别是允许发表反对的意见。重大决策还要经过严格的民主程序，切忌变成少数人匆忙草率的"拍板"。要采取会议表决的形式，达到过半数或三分之二以上的多数才能获得通过。这样的集中，才是真正的民主基础上的"集中"，具有公信力和约束力。

二是通过制定党内规章制度形成的集中。党要顺利地开展各项活动和工作，需要制定各种规章制度。党的规章制度作为"党规党法"，是党的组织和全体党员行动的准则，具有科学规范性和长期稳定性。制定党的规章制度，是一件十分慎重的事情，也需要充分发扬民主，广泛征求意见，形成广泛共识，绝不能成为某个人或某一些人意志的体现和需要。党的规章制度的产生和以后的修改完善，同样需要经过广泛的调查研究、广泛的民主讨论，使之成为集体智慧的结晶。

三是通过选举或任命干部形成的集中。党组织的活动和工作，总是要由党的各级干部负责和主持的。各级党的干部是党的事业的骨干、人民的公仆。通过民主选举或民主任命干部形成的集中后，就是要赋予这些干部以职责，在集体分工、个人负责情况下所具有的执行权，即"首长负责制"的办事权力。需要强调的是，授给民主选举或民主任命的干部的集中权力，仅仅是完成党的任务的执行权力，即为执行和完成党的任务过程中所负有的指挥权、督查权，而不是其他别的什么权力。

以上对集中的分析总起来说，"民主集中制的集中，就是全党意志、智慧的凝聚和行动的一致"①。

——"指导"。民主集中制的第二个过程是"集中指导下的民主"，即集中要发挥指导民主的作用。那么，"集中指导下的民主"究竟是怎样地用集中来指导民主呢？很显然的，就是用"民主基础上的集中"形成的三个方面的集中来指导民主。

一是用民主、科学、依法决策形成的集中指导民主。由集体决策形成的党的路线、方针、政策、决议、决定、规划等，需要付诸实践、促成实现。这除了运用权威、指挥、统一意志的力量和方法外，还需要运用民主的方

---

① 中共中央文献研究室编：《十四大以来重要文献选编》（中），中央文献出版社2011年版，第6页。

式，指导和帮助人们更好地理解党的路线、方针、政策、决定、决议、规划等；需要运用民主的方法，调动人们的积极性、主动性，千方百计地执行落实党的路线、方针、政策、决议、决定和规划等。同时，"集中指导下的民主"也不允许有人在言论和行为上拥有公开反对党的路线、方针、政策、决议、决定、规划等的所谓的"民主"权利。当然，党的路线、方针、政策、决议、决定、规划等形成之后，也不可能是永久固化、不可更变的。个别或少数人不同意可以保留自己的意见，可以在下一次会议或适当的场合提出异议和动议，可以通过民主的方式进行变更，以形成新的"民主基础上的集中"的结果。但是在没有作出这样的改变之前，任何人是不允许任意地反对或者拒不实行现行的规定的，不能说什么"我有我的自由和民主权利"等就不予以执行，因为"这个自由是有领导的自由，这个民主是集中指导下的民主，不是无政府状态"①。

二是用已订立的规章制度形成的集中来指导民主。对于党内法规，全体党员都要遵守。用规章制度进行这样的指导，就是让党员更好地理解、掌握，发挥出积极性、主动性，使之更好地遵规守纪，而不是让有人声称自己拥有不服从、不遵守规章制度的所谓的"民主"权利。当然，规章制度形成之后也不是说不可以改变的，但在未作出新的修改变动之前，任何人也不能借口着"民主"权利、有"讨论和批评自由"的理由而拒不遵守、服从。

三是用干部分工负责所具有的集中的权力指导民主。由于党的干部是经过民主选举产生的，此时，领导者个人拥有分工负责的执行与指挥的权力，除了他违规滥用权力外，其他人都必须服从。因此，在这样的集中指导下，也不允许任何人有不服从他的执行与指挥权力的所谓的"民主""自由"的言论和行动。

由上可见，集中何以能够指导民主呢？这是因为，集中是在广泛民主基

---

① 《毛泽东文集》第七卷，人民出版社 1999 年版，第 208 页。

础上产生的集中，它代表着"众意"和"共识"，所以它有资格和能力指导民主。这样的指导，包含着激发和约束的两个基本功能：一是激发大家贯彻"集中"形成的决议、决定等的民主积极性、主动性和责任感；二是约束违反纪律的所谓"民主"权利和行为，对于已经形成的三个集中，在执行实施过程中，倘若还有个别人或少数人不愿意，仍然说三道四，还要表示反对、提出不同的"民主"意见，那就要对这样的"民主"言行施加纪律的约束和处置。

——"相结合"。民主集中制的两个过程"民主基础上的集中"和"集中指导下的民主"，并不是孤立存在、相互割裂的，二者之间存在着内在的密切联系。为此，必须实现两者的"相结合"，使两个过程相互衔接，循环往复，以至无穷，不断深化发展。民主集中制实现了这样的"相结合"，才是完美的。那么，怎样使"民主基础上的集中"和"集中指导下的民主"两个过程完美地"相结合"呢？必须注意做到以下几个方面。

一是民主集中制的两个过程的顺序不能任意颠倒。民主集中制必须先从"民主基础上的集中"开始出发，然后再到"集中指导下的民主"结束。这说明，民主集中制必须从民主的环节而走向集中的环节，因为只有在有了"民主基础上的集中"后，才可能有"集中指导下的民主"。

二是民主集中制的两个过程是并重的，必须均衡发展。民主集中制的第一个过程强调党内民主的作用，没有民主就没有正确的集中，如果不走好第一个过程，甚至于弃之不用，民主集中制就将变成没有民主的环节，只剩下了片面集中的环节。因此，如果否定"民主基础上的集中"，也就否定了"集中指导下的民主"的正当性、合法性。

三是从"民主基础上的集中"的过程到"集中指导下的民主"的过程，两个过程只有经过"相结合"才能形成一个完整的过程。这就说，在民主集中制的第一个过程完成后，必须及时转为第二个过程，二者不可中断。两个过程的"相结合"还意味着，在一个完整的民主集中制进程结束后，必然还会再次展开民主集中制的新的一轮进程，进行着又一次的新的循环。从趋势看，民主集中制的发展是没有穷尽的。

有了以上对民主集中制四个要素基本内涵的解读和认识，在党的工作和党内生活实践中就可以进行对照、判断、检查，把凡不符合上述民主集中制四个要素的那些错误言行摒弃掉，才能更好地贯彻执行民主集中制的原则和制度。

三、民主集中制的实质和组织类型

民主集中制作为共产党和社会主义国家的组织原则和制度，从概念的字面上便很容易地知道，它既包含着民主，也包含着集中，既包含着民主的过程，也包含着集中的结果，是民主和集中的相结合。这就产生一个问题，究竟民主集中制的实质是什么呢？更进一步说，民主集中制是属于哪一类型的组织制度呢？这些事关民主集中制的重大问题，必须予以正确的认识。

民主集中制的实质是什么？有人认为，民主集中制的着重点在于强调集中，民主不过是起着辅助的作用，因而民主集中制的实质是集中。持这种观点的主要依据是，民主集中制是列宁创立的，是在集中制的组织体系中加入民主制部分，但其中的集中制构成主要部分，民主制则是次要部分，所以叫作"民主的集中制"，例如，1945年党的七大通过的党章，用的就是"民主的集中制"，在总纲部分指出："中国共产党是按民主的集中制组织起来的"[1]；在第二章"党的组织机构"第十四条作出规定："党的组织机构，是按照民主的集中制建设起来的。"紧接着阐述道："民主的集中制，即是在民主基础上的集中和在集中领导下的民主。"[2] 应该说，一个概念从产生到实际使用，其名实相符，可以顾名思义，是常态的事。但是，也常有名实不尽相

---

[1]　中国革命博物馆：《中国共产党党章汇编》，人民出版社1979年版，第48页。
[2]　中国革命博物馆：《中国共产党党章汇编》，人民出版社1979年版，第51页。

符，其实际包含的内涵要超出概念在字面上所能理解到的意思。在出现了这样的情况后，人们应根据实际存在的事实来理解概念、界定概念，而不能倒过来用概念裁剪实际，甚至无视概念在实际中的使用的情况，一味地循名责实、以定是非。毛泽东指出，对民主集中制的概念"应当不但看名词，而且看实际"①。不可否认，在白色恐怖的特殊环境下，在严酷的革命斗争中，民主集中制的原生形态确实是以集中制为主体，确实是集中制起着决定的作用，民主集中制的实质在当时只能是集中制。但是，在革命胜利后，民主集中制在社会主义时期的实际运用中，已经出现了名与实不尽相符的情况，因此，1956 年党的八大通过的党章，就不再用"民主的集中制"，而统一称"民主集中制"。这说明，民主集中制经历了新的变化，进入一个新的形态，即民主和集中共同发挥作用的再生形态。现在的民主集中制，已经不是字面上通常理解的主要指集中制，民主只是起着集中制的形容词和修饰词的作用，也不是并存着民主制和集中制两个制度的情况。民主集中制已经成为民主和集中不断相结合的、统一的一个制度。因此，难以说民主集中制的实质是集中。

也有人认为，民主集中制是列宁把民主制与集中制这本来是两种对立、互相排斥的组织原则结合在一起而作出的一个创造，但在实践中各有侧重，特别在取得革命胜利之后，社会主义国家的执政党总的来说应侧重于民主，因而民主集中制的实质是民主。持这种观点的人主要依据是，列宁关于民主集中制的思想在社会主义革命胜利后有了新的发展。1917 年二月革命胜利后，俄国的政党活动可以公开了，列宁回国后马上就强调发扬党内民主，重新选举党的各级领导人，强调中央向全党报告工作。尤其是在十月革命后，布尔什维克成为执政党，列宁就更加强调党内民主了，实际上转向了民主制。因此，根据马克思主义的建党学说，也根据列宁的实际运用和发展，应

① 《毛泽东选集》第二卷，人民出版社 1991 年版，第 383 页。

该说，民主集中制的实质是民主。这个观点虽然充分肯定了民主在民主集中制中的重要作用，有其合理化的一面，但是，它完全忽视了集中的作用，抛掉了集中，似乎在民主集中制中只有民主在起着作用，这就失之偏颇了。

还有人认为，民主集中制是以少数服从多数为基础的民主集中制和以多数服从少数为基础的专制集中制或者官僚集中制的对立，因而民主集中制的实质是少数服从多数。持这种观点的主要依据是，纵观人类社会发展的历史，各种组织所实行的组织原则，不管有多少具体形式和名目，也不管人们是否意识到它，概括起来都不外乎两种，一是以多数服从少数为基础的专制集中制或者官僚集中制；二是以少数服从多数为基础的民主集中制。因此，民主集中制的实质是少数服从多数。这个观点把少数服从多数的原则作为民主集中制的实质，强调了少数服从多数的重要性，固然有一定的合理因素，但是少数服从多数只是民主集中制的一个原则，是走向集中、实现集中的一个方式。因此，说民主集中制的实质是少数服从多数，实际上与说民主集中制的实质是集中的观点是一样的。

鉴于以上三种观点均不能成立，那么，民主集中制的实质究竟是什么呢？根据中国共产党为民主集中制作出的定义，以及毛泽东、邓小平所作的论述，民主集中制的实质是民主与集中的结合。民主集中制由民主和集中两个部分组成，民主和集中共处于一个整体，因而毛泽东指出："没有民主不行。当然没有集中更不行"[①]，邓小平也指出："没有了民主，就不可能有集中，……为了加强集中统一，反对分散主义，就更要坚持民主集中制的民主这一方面。"[②]从民主集中制运行的两个过程观察，每一个过程也都是民主和集中的紧密结合。因此，民主集中制的实质是民主与集中的结合。

与民主集中制的实质相关的还有一个重大的理论问题，即民主集中制是

[①]　《毛泽东文集》第八卷，人民出版社 1999 年版，第 293 页。

[②]　《邓小平文选》第一卷，人民出版社 1994 年版，第 305 页。

属于什么样类型的组织制度呢？关于民主集中制的制度类型问题，有人认为，民主集中制是民主制的组织制度类型；也有人认为，民主集中制是集中制的组织制度类型；还有人认为，民主集中制是列宁创立的、不同于其他任何一种的组织制度类型，因此，它区别于以往的民主制、集中制组织制度类型，是一种既有民主制又有集中制的新型的组织原则和制度，就叫作民主集中制的组织制度类型。

很显然，认为民主集中制属于集中制的组织制度类型的观点，是停留在对 1905—1906 年时产生的民主集中制的认识上。那时候的民主集中制，由于党内以集中制为主体部分、处于支配地位，民主制为次要部分、处于从属地位，可以说这样的民主集中制，是集中制的组织制度类型。但是，在列宁领导的布尔什维克党成为社会主义国家的执政党后，民主集中制实际上已回归于马克思主义的民主制，如果还说民主集中制是集中制的组织制度类型，就是不妥的了。

同样不对的是，认为民主集中制本身就是一种新型的组织制度类型的观点。如前所述，列宁创立的民主集中制，在社会主义国家建立后，已经开始了制度的转型和调适。这是因为，原先的把民主集中制分为民主制和集中制，是秘密斗争和革命战争环境的客观条件所致，它强调集中制而忽视民主制。而在共产党夺取政权、成为执政党后，把民主集中制分为民主制和集中制的环境条件已不复存在。如果还认为民主集中制有两个制度的话，势必影响民主制的发展。因此，自中国 1978 年实行改革开放以来，以邓小平同志为主要代表的中国共产党人，已不再把民主集中制分为民主制和集中制这样两种制度。现在的民主集中制，就是一个制度，是一个既有"民主"又有"集中"的制度，从而完成了对民主集中制的转型和调适（参见本书第六讲第二节）。而当下的民主集中制，无论是"民主基础上的集中"还是"集中指导下的民主"，它们体现的是都是民主：民主集中制中的"民主"讲的是民主；民主集中制中的"集中"讲的还是民主，即邓小平指出的"民主集中制的中

心是民主"①。为什么这样说呢？这是因为，"民主基础上的集中"，是对多数
人的认识和意见的"集中"；而"集中指导下的民主"的"集中"，也是以多
数人的认识和意见进一步"指导"即激发贯彻落实"集中"的民主责任性和
积极性、主动性，同时约束和规范少数人的不正常的"民主"行为，不允许
少数人任意去推翻多数人的认识和意见。可见，民主集中制的"集中"，说
到底体现的是对大多数人的民主权利的尊重。因此，绝不能把"集中"理解
为是和民主相抵触的。归根到底，民主集中制的"民主"和"集中"，都是
发展全过程民主的动力而不是阻力，都是推进器而不是绊脚石。由是，民主
集中制只能归属于民主制的组织制度类型。

　　不能把民主集中制单独列为一个新类型的组织制度其原因是，从类型学
维度的考察和分析看，古往今来的组织原则和组织制度通常划分为民主制和
集中制（或专制制）两种。显然，民主集中制是属于民主制的类型。前已述
及，民主制的"民主"，是一个广义概念的民主，而民主集中制中的"民主"
是狭义概念的民主，是指享有讨论发言、争议协商、选举投票等民主权利。
民主集中制中的"集中"，也是整个广义民主的一部分，指由多数人作出决
定，少数要服从多数的民主结果。"民主"和"集中"共同构成了民主制，因此，
民主制是一个全民主制、形成全过程民主。可见，民主集中制绝不可能属于
集中制（或专制制）。如果将民主集中制与民主制、集中制（或专制制）相
并列，作为第三种类型的组织制度，那也是不科学的、不可取的。

---

① 　中共中央文献研究室编：《邓小平思想年谱》（1975—1997），中央文献出版社 1998 年版，
第 98 页。

第九讲

民主集中制与党内民主的相互关系

民主集中制的题中应有之义，是要发展党内民主。马克思主义的无产阶级政党，是有着共同的理想信念、共同的纲领和组织纪律的人们，为了夺取国家政权与实现无产阶级和人民大众的解放而结成的、能持续进行活动的政治团体。无产阶级政党之所以选择民主集中制和发展党内民主，是因为综观世界政党发展的历史，自近代欧洲文艺复兴和工业革命时期政党产生以来，从实施集权专断管理到逐渐走向公开透明公正，实行党内民主和发展党内民主，是政党演变的必然趋势。无产阶级政党更是如此，没有党内民主，就没有民主集中制。只有通过不断推进党内民主的发展，才能健全完善民主集中制，保证党始终保持朝气蓬勃，立于不败之地。

一、党内民主的发展阶段和基本经验

中国共产党自成立以来，特别是 1949 年后成为新中国的领导党与执政党以来，更加注重在民主集中制的指导下，努力推进党内民主的发展。一百多年来，推进党内民主的发展可以分为四个阶段，既取得了可喜的成果，也发生过一些失误。总结百年来的经验教训，凸显了推进党内民主发展、健全完善民主集中制的重要性。

第一阶段，党内民主在新民主主义革命时期的发展。早在 1928 年建立的井冈山革命根据地，就实行党指挥枪的原则，在军队建立党组织，把党的支部建在连上，在党内和军队内率先实行了民主。毛泽东说："红军的物质生活如此菲薄，战斗如此频繁，仍能维持不敝，除党的作用外，就是靠实行军队内的民主主义。官长不打士兵，官兵待遇平等，士兵有开会说话的自由，废除烦琐的礼节，经济公开。……同样一个兵，昨天在敌军不勇敢，今天在红军很勇敢，就是民主主义的影响。红军像一个火炉，俘虏兵过来马上就熔化了。中国不但人民需要民主主义，军队也需要民主主义。军队内的民主主义制度，将是破坏封建雇佣军队的一个重要的武器。"[①] 党在根据地的政权建设中，同样贯彻了党内民主。1931 年 11 月，中央苏区第一次党代表大会通过了《党的建设问题决议案》，明确要求"要消灭过去一人包办一切的手工业家长式的工作方式"，"推行党内民主化"[②]。到了抗日战争时期，1937年 5 月，中共中央在延安召开党的全国代表会议，毛泽东在会上首次明确使用"党内民主"的概念，强调了"党内民主"的必要性。他指出："对于抗日任务，民主也是新阶段中最本质的东西，为民主即是为抗日。""要达到这种目的，党内的民主是必要的。"[③] 会议还就如何实行党内民主提出具体措施，主要包括：一切党的组织从代表会议后开始选举各级委员会；党的委员会必须按期召开；常委会应该是集体的工作，在严密的分工和个人负责制的基础上，一切工作应经常委会集体讨论决定；等等。这之后，毛泽东更明确地提出"党内生活的民主化""扩大党内民主"等要求，他说："处在伟大

① 《毛泽东选集》第一卷，人民出版社 1991 年版，第 65 页。

② 中央档案馆编：《中共中央文件选集》第七册(一九三一)，中共中央党校出版社 1991 年版，第 472、474 页。

③ 《毛泽东选集》第一卷，人民出版社 1991 年版，第 274、278 页。

斗争面前的中国共产党，要求整个党的领导机关，全党的党员和干部，高度地发挥其积极性，才能取得胜利。所谓发挥积极性，必须具体地表现在领导机关、干部和党员的创造能力，负责精神，工作的活跃，敢于和善于提出问题、发表意见、批评缺点，以及对于领导机关和领导干部从爱护观点出发的监督作用。没有这些，所谓积极性就是空的。而这些积极性的发挥，有赖于党内生活的民主化。党内缺乏民主生活，发挥积极性的目的就不能达到。大批能干人材的创造，也只有在民主生活中才有可能。……扩大党内民主，应看作是巩固党和发展党的必要的步骤"①。1945 年召开的党的七大在党内民主的发展史上具有里程碑意义。党的七大本身就是一次民主的大会，在大会讨论和发言中，许多代表从团结的愿望出发，畅所欲言，深入地开展了批评和自我批评。在党的七大选举产生新的中央委员会的过程中，候选人名单先由各代表团小组提出，经过充分讨论后，进行预选，再提出正式候选人名单，最后进行无记名投票选举。以这样的民主方式进行选举，在党的代表大会历史上还是第一次。正如毛泽东所指出的："这次大会是团结的模范，是自我批评的模范，又是党内民主的模范。"② 七大通过的党章第一次明确规定了党员权利，为党员享有民主权利提供了权威的依据。党的七大充分发扬党内民主，造就了党的团结统一，为赢得抗日战争和解放战争的伟大胜利做了重要的思想和组织准备。总之，中国共产党在新民主主义革命时期十分注重发展党内民主，对党内民主的认识不断深化，并进行了具体的制度设计，从而为党内民主的实践运用作出了重大贡献。

第二个阶段，党内民主在社会主义革命和建设时期的发展。新中国成立后，特别是从 1956 年 9 月党的八大召开后，党内民主得以快速发展。党的八大首次提出了要在社会主义时期加强民主集中制建设，必须按照民主集中

---

① 《毛泽东选集》第二卷，人民出版社 1991 年版，第 528—529 页。

② 《毛泽东选集》第三卷，人民出版社 1991 年版，第 1101 页。

制的要求，在党的各级组织中无例外地"扩大党内民主"①。邓小平在党的八大上作的《关于修改党的章程的报告》中指出，要"使党内民主得到重大的发展"，持续"促进党内民主的高涨"。②党的八大在探索和发展党内民主方面，曾经就健全民主集中制、实行党务公开、建立党代会常任制、实施严格有效的党内监督、实行党的领导职务任期制、保护和扩大党员民主权利等重大事项作出了非常及时和重要的决定，代表着中国共产党对实行党内民主的认识达到了一个前所未有的高度。但遗憾的是，由于随后发生的 1957 年反右派斗争扩大化和 1959 年庐山会议党内反右倾斗争，错误地把彭德怀等同志打成"反党集团"，阻滞了党内民主继续前进的步伐，使进入社会主义时期后刚刚开展起来的党内民主遭遇了挫折。1962 年召开的扩大的中央工作会议，即七千人大会，发扬了党内民主，开展了批评和自我批评，强调要恢复实事求是、群众路线的优良作风。毛泽东在会上作了重要讲话，并作了自我批评。他系统阐述了民主集中制的原则。刘少奇和邓小平在讲话中，也都提出了关于发扬党内民主的措施，强调对党的各级领导人必须实行监督。大会贯彻不抓辫子、不打棍子、不扣帽子的"三不主义"，开展了广泛的批评与自我批评。中央各部委、各大区、省委的负责同志都作了自我批评，检查了自己几年来的错误、缺点，听取了地、县同志的批评意见。会议前后还为在反右倾中被错误批判的大多数同志进行甄别平反，给被划为"右派分子"的大多数人摘掉了帽子。七千人大会形成了浓厚的党内民主风气。可惜的是，由于当时党在指导思想上已经形成了"左"倾路线，已无法扭转党内不民主的状况，导致了"文化大革命"的爆发，党内民主也随之跌入低谷。

第三个阶段，党内民主在改革开放和社会主义现代化建设时期的发展。1978 年，党的十一届三中全会召开，不仅启动了当代中国改革开放和现代

---

① 中共中央办公厅编：《中国共产党第八次全国代表大会文献》，人民出版社 1957 年版，第 67 页。

② 《邓小平文选》第一卷，人民出版社 1994 年版，第 233、248 页。

化建设进程，而且启动了中国共产党自身的民主化、现代化建设进程。全会决议指出，在过去相当长的时期"民主集中制没有真正实行，离开民主讲集中，民主太少，当前这个时期特别需要强调民主"，"根据党的历史的经验教训，全会决定健全党的民主集中制"。1981 年，党的十一届六中全会通过了《关于建国以来党的若干历史问题的决议》，系统总结了 30 多年来开展党内民主的经验教训。《决议》指出，党的权力过分集中于个人，党内个人专断和个人崇拜现象滋长起来，这是"文化大革命"得以发生的一个重要条件。《决议》提出，必须根据民主集中制的原则加强各级国家机关的建设，使各级人民代表大会及其常设机构成为有权威的人民权力机关，在基层政权和基层社会生活中逐步实现人民的直接民主，特别要着重努力发展各城乡企业中劳动群众对于企业事务的民主管理。1987 年，党的十三大报告首次提出要"切实加强党的制度建设"。1992 年，党的十四大报告继续指出，"要进一步发扬党内民主，加强制度建设"，党内民主制度要聚焦于民主生活、干部管理和权力制约监督三大方面。1994 年，党的十四届四中全会作出《中共中央关于加强党的建设几个重大问题的决定》，提出了在新的历史时期，党的建设是"新的伟大的工程"，要"进行党的领导制度改革，完善党规党法，实现党内生活民主化制度化"。2001 年，党的十五届六中全会作出《中共中央关于加强和改进党的作风建设的决定》，集中解决党的思想作风、学风、工作作风、领导作风和干部生活作风方面的突出问题，发展党内民主，充分发挥广大党员和各级党组织的积极性主动性创造性。2002 年，党的十六大报告明确提出"党内民主是党的生命"，确立了党内民主至高、至重的地位。2004 年，党的十六届四中全会通过了《中共中央关于加强党的执政能力建设的决定》，指出党的执政能力有五个方面，在党的五个执政能力中，包含"发展社会主义民主政治的能力"。2004 年，中共中央颁发的《中国共产党党员权利保障条例》，完整地赋予党员的党内生活民主权利。2007 年，党的十七大报告中，提出了尊重党员的主体地位的理念和实行决策权、执行权、监督权相互制约的权力监督体制。2009 年，党的十七届四中全会通过了《中共中央关于加强和改进新形势下党的建设若干重大问题的决定》，提出"以改革创新的精神推进党的建设新的伟大工程"，并就推进党内民主，提出要"以保障党员民主权利为根本，以加强党内基层民主建设为基础，切实推进党内民主"，"完善党代表大会制度和党内选举制度，完善党内民主决策机制"。

　　第四个阶段，党内民主在中国特色社会主义新时代的发展。2012 年，党的十八大召开，以习近平同志为核心的党中央把扩大党内民主具体化和普及化作为重点，使民主集中制的基础更加牢固，发展方向更加精准。2013 年，党的十八届三中全会通过的《中共中央关于全面深化改革若干重大问题的决定》强调："加强民主集中制建设，完善党的领导体制和执政方式""充分发扬党内民主"，党中央成立了多个领导小组，推进对决策议事协调机构的优化调整。2015 年出台首部规范党组工作的《中国共产党党组工作条例（试行）》，2016 年修订《中国共产党地方委员会工作条例》，两部条例将民主集中制作为党委（党组）工作的基本原则，要求坚持民主集中制，充分发展党内民主，增强领导集体活力和党的团结统一。2017 年，党的十九大报告阐明："完善和落实民主集中制的各项制度，坚持民主基础上的集中和集中指导下的民主相结合，既充分发扬民主，又善于集中统一"。随即，中共中央政治局会议审议通过了《中国共产党党务公开条例（试行）》，表明了党中央一如既往地坚持保障党员民主权利，以各种途径不断扩大和保障广大党员的知情权、参与权、表达权、选择权和监督权。2018 年，中共中央颁布《中国共产党支部工作条例（试行）》《中国共产党农村基层组织工作条例》，2019 年颁布《中国共产党党组工作条例》《中国共产党党和国家机关基层组织工作条例》《中国共产党国有企业基层组织工作条例（试行）》，2020 年颁布《中国共产党中央委员会工作条例》《中国共产党基层组织选举工作条例》《中国共产党地方组织选举工作条例》，2021 年颁布《中国共产党组织工作条例》，在这一系列党内法规中，都强调了加强民主集中制建设和推进党内民主的重要性问题。

党内民主发展的一百多年历程表明，中国共产党能够持续不断地发扬党内民主，推进党内民主建设。一百多年来党内民主的发展，积累了丰富的历史经验。

第一，发展党内民主一定要贯彻好民主集中制。党内开展民主遵循的根本原则是民主集中制。民主集中制无论是在民主基础上的集中，还是在集中指导下的民主，都需要发扬党内民主。只有充分发扬民主，广泛听取不同意见，才能达成正确的集中。由于集中是对各种议论和建议进行表决，实行少数服从多数即作出决定，随后予以贯彻落实，相对地说，党内民主的过程会更长些，工作量也更大些，党内民主的过程走透彻了，进行集中时就会显得相对的简单、易行。因此，贯彻民主集中制要花大气力抓好党内民主过程。

第二，发展党内民主一定要克服封建残余的影响。党内曾经发生的个人崇拜、家长制和终身制现象，都同封建主义的影响有一定关系。新中国脱胎于半殖民地半封建的旧中国，在建设社会主义进程中，应该说反对和肃清封建残余影响的任务还是相当艰巨的。"文化大革命"结束后，邓小平对这个问题有着清醒的认识。他多次讲到："我们进行了二十八年的新民主主义革命，推翻封建主义的反动统治和封建土地所有制，是成功的，彻底的。但是，肃清思想政治方面的封建主义残余影响这个任务，因为我们对它的重要性估计不足，以后很快转入社会主义革命，所以没有能够完成。现在应该明确提出继续肃清思想政治方面的封建主义残余影响的任务"[①]。正因为受到封建残余的影响，很多封建时代的做法被搬到党内来了。因此，在发展党内民主过程中，必须把反对和肃清旧中国遗留下来的封建残余影响作为一项重要的任务来完成。

第三，发展党内民主一定要落实党员的党内民主权利。党内缺乏民主，

---

① 《邓小平文选》第二卷，人民出版社1994年版，第335页。

首先是党员缺乏了党内民主权利。党内民主，不是少数党员干部的民主，而是全体党员的民主，它集中体现为全体党员享有党章规定的党员民主权利。为此，党的十三大报告指出："要切实保障党章规定的党员民主权利，制定保障党员权利的具体条例。……要疏通党内民主渠道和健全民主生活，使党员对党内事务有更多的了解和直接参与的机会。"[①]党员最重要的民主权利是"四权"，即党员拥有了解党内事务的知情权，拥有参与议论党务和政务的参与权，拥有选择干部的选举权和对其他党员包括党的干部的监督权。

第四，发展党内民主一定要健全党内民主制度。在反思党内民主被破坏时，邓小平找到了最根本的原因。他认为，"我们过去发生的各种错误，固然与某些领导人的思想、作风有关，但是组织制度、工作制度方面的问题更重要。这些方面的制度好可以使坏人无法任意横行，制度不好可以使好人无法充分做好事，甚至会走向反面。"[②]由于过去没有自觉地、系统地建立保障党员民主权利的各项制度，党内法规很不完备，也不受重视。比如说，党内缺乏监督制度，群众和党员无法监督干部，无法按照有关规定进行检举、控告、弹劾、撤换、罢免。这说明，开展党内民主，制度问题至关紧要。

二、推进党内民主制度建设及其重点

在总结经验的基础上，中国共产党选择了通过制度建设和制度创新来发展党内民主的正确道路。1987 年，党的十三大报告首次提出了要切实加强党的制度建设；1992 年，党的十四大报告明确指出，党内民主制度主要涉及民主生活、干部管理和权力制约监督这三大方面。自 20 世纪 90 年代以来，通过历次党的代表大会以及相继出台的党内法规，中国共产党形成了 16 项

---

① 中共中央文献研究室编：《十三大以来重要文献选编》（上），中央文献出版社 2011 年版，第 43—44 页。

② 《邓小平文选》第二卷，人民出版社 1994 年版，第 333 页。

党内民主制度。

1.党内情况通报制度。党内情况通报，是为了使党情能够在党内得以及时传达。情况通报的内容既包括一般情况通报，也包括重大情况通报。要根据通报内容的不同性质和特点规定时限，一般性工作一个月或一个季度作一次情况通报，有重要性或紧急性的工作则要迅即通报。党的各级组织要把党内的工作和活动情况，尤其是重大情况，及时通报给全体党员，使党员对党组织各方面的情况有所知晓，就能保持密切的联系。情况通报既可以采取文件形式，也可以采取召开会议的形式。

2.党内情况反映制度。如果说党内情况通报主要是自上而下的话，那么党内情况反映则主要是从下至上。党内情况反映制度主要内容可以包括党员个人向党组织的思想汇报和情况反映，党内思想倾向的反映，各项工作落实情况的汇报反映，党内作风方面的情况反映，党外人士和群众对党员、干部、党组织的意见、建议和要求方面的情况反映，以及社情民意的反映等。这一制度要保证基层党员群众在第一时间反映问题，提高情况反映的效率。反映的情况要及时向领导或上级组织汇报，不能截留。要规范情况反映的程序，一般问题逐级反映，重大事项可多级反映或越级反映，直至向中央反映。

3.重大决策征求意见制度。决策科学化、民主化是保证党的事业健康发展的基础。各级党组织能否作出正确的决策，关键在于是否遵循党的群众路线，充分反映各级党组织和广大党员的意愿，是否按客观规律办事。进行重大决策征求意见时，应把需要征求意见的决策内容，根据征求意见的范围提前告知给征求意见对象，给征求意见和参与决策的党员群众充分的时间。要合理确定征求意见的对象，扩大征求意见的范围，解决征求意见面偏窄、人数偏少的问题。征求意见的形式可采取调查研究、座谈讨论、交流协商、专家咨询、个别谈话等多种方式，广泛听取和收集各方面重大决策的意见、建议。

4.党的常委会向全委会负责和报告工作的制度。建立健全常委会向全委会负责和报告工作的制度，就是为了进一步建立和健全全委会的工作制度和机制。首先，建立健全定期召开全委会会议制度。凡涉及重大问题，都应在充分论证基础上，通过召开全委会会议讨论决定，并在全委会监督下实施。应根据实际需要，适当增加全委会会议次数。其次，改变过去全委会只听取报告、接受指令和任务、发言表态的单一内容和形式，提高全委会的地位和更好发挥全委会的作用。再次，常委会应向全委会报告工作，包括报告常委会及其成员廉政建设的情况，接受全委会的审议。最后，建立健全全委会会议议题双向提出制度、民主议事决策制度、全委会票决制度。

5.党的代表大会代表提案制度。党代表提案，是指党代表就党的建设中的重大问题或人民群众关心的热点难点问题向代表提案审查委员会提出，请求列入党的代表大会会议议程的书面意见和建议。将代表提案制度引入各级党的代表大会，对于扩大党代表在最高决策机关中的民主权利，健全党代会决策机制，具有重要意义。

6.代表提议的处理和回复制度。对代表的提议，各级党代表大会和党委要认真研究、处理。对涉及有关部门、单位的提议，各级党代表大会和党委要责成有关部门、单位及时处理，并加强督办；承办部门、单位要向同级地方党委报告处理结果。代表提议的处理情况，要以书面形式，向代表作出认真负责的答复；一时难以解决或需要暂缓处理的，要向代表作出令人信服的说明。

7.民主推荐制度。要依靠广大党员和人民群众的智慧力量，进一步扩大参加民主推荐干部的范围，尽可能让更多熟悉情况的群众参加民主推荐干部工作。要区分任用不同干部的推荐形式，如提拔调整干部时，要注意搞好会议投票推荐与个别谈话推荐的结合；在选用一些特殊职位干部时，做好专项民主推荐工作，使干部任用工作更加公开透明，更加坚持群众公认，更加注重政绩，更加强化责任。

8.民主测评制度。这是党委（党组）及其组织（人事）部门根据干部管理权限，按照规定的程序，组织一定范围内人员参加对领导干部的政治业务素质和履行职责等情况进行考察评价的方法和活动。民主测评包括民意测验和民主评议两种。民意测验是指由考核组根据考核内容列出评价项目和评价等次，制作民意测验表，由参加民意测验的人员填写评价意见，并由考核组回收民意测验表，对不同层次人员填写的民意测验票分别进行统计的办法。民主评议是指由考核组主持，组织一定范围内人员，采取召开小型座谈会或书面评议方式进行的考核、考察办法。经组织考核认定为不称职的，应当免去现职。

9.差额考察制度。该制度指在干部选拔任用时，党委（党组）及其组织（人事）部门根据干部管理权限，按照规定的程序和方法，对一个拟任职位确定两个或者两个以上考察对象，并对确定的考察对象进行全面了解和公正评价，为干部的选拔、任用、升降等提供依据。要将所有考察对象全部提供给党委（党组），由党委（党组）决定拟任人选和推荐人选；或根据考察情况，将考察对象按照综合素质高低进行排序，然后提交党委（党组）讨论决定；或由组织部门根据考察情况，确定一位人选，提交党委（党组）讨论决定。

10.任前公示制度。该制度指党委（党组）将集体讨论决定的拟提拔担任地（厅）、司（局）级以下领导职务的干部人选，在党委（党组）讨论决定后、下发任职通知前，通过一定的方式，在一定的范围和期限内进行公布，广泛听取群众反映和意见。公示的内容，一般包括公示对象的姓名、性别、出生年月、籍贯、学历学位、政治面貌、现任职务等自然情况和工作简历。须向社会公示的一般通过报纸、电视、广播等新闻媒体发布公告；在部门、单位或系统内公示的，可采取发公示通知、会议发布和张榜公告等形式进行。公示期一般为 7 至 15 天。对群众反映问题的调查、处理，要坚持按照实事求是、客观公正的原则进行。

11.公开选拔制度。该制度指党委（党组）及其组织（人事）部门根据领导班子和干部队伍建设的需要，面向社会采取公开报名，采用考试与考察相结合的办法，选拔任用党政领导干部或选拔推荐提名人选。公开选拔工作应当按照发布公告、报名与资格审查、统一考试、组织考察、党委（党组）讨论决定、办理任职手续等程序进行。

12. 全委会投票表决制度。该制度在整个干部选拔任用工作中起着决定性作用。2004年4月，中央印发了《党的地方委员会全体会议对下一级党委、政府领导班子正职拟任人选和推荐人选表决办法》，对这一制度作出明确规定，充分发挥全委会在重要干部任用中的作用。全委会表决时，必须有2/3以上的委员到会，实行无记名投票表决。委员可以投同意票、不同意票或者弃权票，但不得另提他人。缺席的委员不得委托他人投票，也不另行投票。

13. 党内选举制度。该制度采取组织推荐提名或党员及代表联名推荐提名的方式产生候选人。候选人产生后，进行对候选人的介绍。应由党组织就推荐提名作出说明，对候选人的文化程度、知识水平、政治履历、以往政绩等方面，进行详细、准确的介绍和宣传。然后，进行无记名选举投票。

14. 质询制。党的地方各级委员会委员和纪律检查委员会委员，有权对党的委员会全体会议决议和纪律检查委员会全体会议决议、决定执行中存在的问题提出询问或质询。质询可口头提出，也可以书面形式署真实姓名提出。有关部门应当作出说明。对质询中发现的问题，有关党组织应当及时研究处理。

15. 问责制。这是党的各级干部的一切行为和后果都必须而且能够受到责任追究的制度，其实质是通过各种形式的责任约束，限制和规范干部的权力和行为。对于发生重大责任事件、造成重大社会影响的，负有领导责任的负责人应被严肃追究。

16. 罢免或撤换制。对不称职的干部实行罢免或撤换，是采取民主的办法解决执政党内干部更新淘汰的基本制度，其方法是由党员、党的代表大会代表或党的委员会成员，向党的组织或党的代表大会提出罢免或撤换不称职干部的动议，有关党组织或党的代表大会按程序受理并作出决定。罢免或撤换制度与现行的党内撤职、免职、调整工作岗位等制度的根本区别在于，它是自下而上的制约监督行为，而后者是一种自上而下的制约监督行为。

上述是已形成的党内民主的制度体系，说明党内民主的制度建设和制度创新取得明显的成效，并为未来党内民主的发展奠定了牢固的基础。在党内民主发展的大好格局下，今后党内民主的制度建设还要抓住以下三个重点。

1. 在继续抓好党内民主制度建立的同时，要以制度的精细建设为重点。经过改革开放以来建立党内民主制度的努力，现已实现了制度的"从无到有"到制度的"精细建设"时期。悉心观察可知，现已建立的一些党内民主制度，都比较原则化，缺乏程序、细节等操作性的规范，因而无法得到有效的应用。以"罢免或撤换要求及处理制度"为例，实施这个制度必须首先明确几个重要的前提条件：党内领导干部因哪些言行可以被认定进入了罢免或撤换的范围，启动和进行罢免或撤换的具体程序是什么，具体负责罢免或撤换工作的是何机构、何人员，罢免或撤换的裁定结果怎样才算是有效的等等。如果这些问题没有弄清楚，罢免或撤换要求及处理的制度事实上就没有达到具体操作实用的阶段。还有其他一些制度，诸如：情况通报制度、情况反映制度、询问或质询制度等，也大抵如此，都只有原则性的、抽象化的论述。如果真正使这些制度得到贯彻落实，就需要对这些制度进行详细的条文细则规定，使其臻于完善。

2. 在继续制定完善党内民主制度的同时，要以制度的贯彻落实为重点。党内民主制度关键在于贯彻执行。制度出台了，不能停留在纸面上，不能对执行的情况不闻不问。而如果党内民主制度得不到执行，后果十分严重，它破坏了党的制度的权威，久而久之使制度流于空泛，形同虚设。党内民主制度没能得到有效执行，究其原因主要在于：有的机构和有的人不愿意执行，而这些机构和人又拥有一定的"阻挡能量"；缺乏强有力的制约监督，不足以使党内民主制度不执行的状况得到有力的遏制。解决党内民主制度没能有效执行的问题，一是将制度的规定，以及关于制度重要性的学习讨论，普及每个党员，使全体党员都知道制度的基本内容并高度关注制度的执行，从而使制度的贯彻落实有了坚实的群众基础；二是将制度是否得到执行的情况，及时告知全体党员，使党员对制度的执行不执行有强烈的警觉性和话语权，改变过去常有的"制度执行不执行党员不知道""制度执行不执行容易糊弄"的状况；三是对不执行制度的有关机构和领导人追究责任，予以严肃处理，改变"制度执行不执行无所谓""制度执行不执行一个样"，甚至认为"谁执行制度执行得越好越吃亏"的状况；四是要加强专门监督，以专门组织机构的力量监督各级党组织执行党的制度。无疑，专职机构和专职人员的监督，比起其他方面的监督来说，更为系统、更为有效。各级纪律检查委员会承担着这样的职责，要进行铁面无私的检查，发现问题，立即处理。

3.在继续开展党内民主全面建设的同时，要以发展基层党内民主为重点。党内民主制度的建立与完善，党内民主的全面建设和展开，是全党的大事，是每一个党员应尽的职责。从这样的要求出发，全党的各级组织都要抓好党内民主建设。近些年来，党中央率先垂范，地方党组织紧紧跟上，努力实施党内民主。党内民主的发展，必须上下齐动、相互配合。党的组织客观地分为上层、中层和基层组织，从中国现有的情况看，还必须加大发展和扩大基层党内民主，有了基层党内民主的牢固根基后，全党的党内民主建设才会更有效些。党中央已经提出要把发展基层民主作为"基础性工程重点推进"。[1] 显然，在基层党组织尽快发展和落实已经建立起来的党内民主制度，就构成了今后党内民主发展的重点。

---

[1]　中共中央文献研究室编：《十七大以来重要文献选编》（上），中央文献出版社2009年版，第23页。

三、加强党内监督，保障民主集中制有效实施

党内民主活动的重要方面是开展党内监督，由于"坚持民主集中制是强化党内监督的核心"①，因此，只有加强党内监督，发挥党内监督的重大作用，才能使民主集中制在实践中得以实施。

关于党内监督的重要性问题，列宁曾经说过："对于党员在政治舞台上的一举一动进行普遍的（真正普遍的）监督，就可以造成一种能起生物学上所谓'适者生存'的作用的自动机制。"②从列宁的这段话可知，党内监督的重要性在于它能通过优胜劣汰，保证优秀的党员和干部为党工作。邓小平在《共产党要接受监督》中也明确指出，"对于共产党员来说，党的监督是最直接的。……党对党员的监督要严格一些"③。这说明，党要实现自己的目标和任务，必须有效地开展党内监督。党内监督是党在自身的组织架构内部，各级组织和党员、干部依据党章和党的纪律规矩，相互间检查是否遵纪守规的工作方式和活动方式。

党内监督的重要性和必要性在于，只有通过党内监督，才能保证各级组织和党员、干部的言论和行为在任何情况下都不违背党的纪律规矩，并对违反者根据实际情况给予相应的处置。习近平指出，必须"强化党内监督，必须坚持、完善、落实民主集中制，把民主基础上的集中和集中指导下的民主有机结合起来，把上级对下级、同级之间以及下级对上级的监督充分调动起来，确保党内监督落到实处、见到实效"④。这些论述，揭示了党内监督的重

---

① 中共中央文献研究室编：《习近平关于全面从严治党论述摘编》，中央文献出版社2016年版，第207页。

② 《列宁全集》第6卷，人民出版社2013年版，第132页。

③ 《邓小平文选》第一卷，人民出版社1994年版，第270页。

④ 中共中央文献研究室编：《习近平关于全面从严治党论述摘编》，中央文献出版社2016年版，第207页。

要性，揭示了党内监督和民主集中制的内在关系。党内监督的重要作用在于以下四个方面。

第一，党内监督成为衡量党务公开和党内生活等党内民主是否正常的标尺。党务公开是指，党的各级组织要按规定将党的自身事务及时地在党内公开，使党员对党内事务有更多的了解并参与活动。党务公开是党内生活的重要内容，也是实行党内监督的一个重要条件，如果没有党务公开，党内同志便无从了解党的活动情况，当然也就无法进行监督工作。这说明，党内监督开展起来了，必定是得到党务公开的支撑，党员和干部在党内生活中能够心情舒畅、奋发有为。因此，党内监督就成了检验党务公开和党内生活等党内民主是否正常的尺度。

第二，党内监督成为观察党内民主是否贯彻落实的窗口。党内民主可以使党员和党组织的意愿、主张得到充分的表达，积极性、创造性得到充分的发挥。党内民主由民主选举、民主协商、民主决策、民主管理、民主监督等组成。因此，党内监督本身就属于党内民主的范畴，构成党内民主不可分割的一部分。正因为有了党内监督这个基础条件，党内监督才会对其他的党内民主，一起形成对民主集中制的支撑保障作用。党内监督对于党的民主选举制度，对于党内讨论、广开言路的民主协商制度，对于决定党内事务实行少数服从多数的民主决策制度，对于党的各级委员会实行集体领导和个人分工负责相结合、党员群众广泛参与的民主管理制度，都发挥了督促推动的重大作用。

第三，党内监督成为是否实行了党内平等的鲜明体现。《中国共产党章程》规定："在党的纪律面前人人平等。强化全面从严治党主体责任和监督责任，加强对党的领导机关和党员领导干部特别是主要领导干部的监督，不断完善党内监督体系。"[①] 党内平等，构成实行党内监督的基本条件，它表明中国共

① 《中国共产党章程》，人民出版社 2022 年版，第 12 页。

产党所有的党员不论其职位高低、资格深浅、权力大小，一律都是平等的。这意味着，在党内没有特殊的、可以不受监督的党员。《中国共产党纪律处分条例》规定："党纪面前一律平等。对违犯党纪的党组织和党员必须严肃、公正执行纪律，党内不允许有任何不受纪律约束的党组织和党员。"① 凡是违犯党纪的行为，都必须受到追究；应当受到党纪处分的，必须给予相应的处分。这就是说，不管是谁，都要受到监督，如果违纪违规，都要受到公正平等的处置。可以说，没有党内平等就没有真正的党内监督，党内监督也成为真正实行了党内平等的鲜明体现。

第四，党内监督成为是否实现了党员权利的具体体现。党的十七大报告提出："尊重党员主体地位，保障党员民主权利"，从而阐明了党员是党内的主体。党员成为党内的主体，必须享有充分的民主权利。《中国共产党党员权利保障条例》规定，党员有权以口头或者书面方式对本地区、本部门、本单位的党组织、上级党组织直至中央的各方面工作提出建议和倡议；有权在党的会议上以口头或者书面方式有根据地批评党的任何组织和任何党员；党员有权向党组织负责地揭发、检举党的任何组织和任何党员的违法违纪事实；有权向所在党组织或者上级党组织提出处分有违法违纪行为党员的要求；有权向所在党组织或者上级党组织提出罢免或者撤换不称职党员领导干部职务的要求。② 这些表明，在党员权利中，很重要的一个方面就是党员享有进行党内监督的权利。因而，党员能够不受阻碍、可以顺畅地进行党内监督，就成为实现了党员权利的真实体现。

党的十八大以来，尤其是随着十八届三中、四中和六中全会的召开，党的建设进入了全面从严治党的新阶段。全面从严治党，要求全面推进党的政治、思想、组织、作风、纪律的"五位一体"建设，并把制度建设贯穿其中，

---

① 《中国共产党纪律处分条例》，人民出版社 2018 年版，第 2—3 页。

② 参见《中国共产党党员权利保障条例》，人民出版社 2021 年版，第 6—7 页。

深入推进反腐败斗争，这其中的哪一个都少不了加强党内监督工作和完善制度建设。为此，必须进一步推动党内监督的深化改革。

首先，推进党内监督必须深化党内监督体制机制的改革。由于党内监督的专门机构是党的各级纪检部门，这里讲的党内监督体制机制的深化改革，主要集中于党的纪检体制机制的改革和发展。根据党章规定，党的地方各级纪委和基层纪委在同级党委和上级纪委的双重领导下进行工作，由此产生的体制性障碍主要表现在：纪委依附于监督对象、无独立权力体系、地位低下、威慑不强、运转不畅、实效不佳。为此，党的十八届三中全会《决定》指出，要"改革党的纪律检查体制"，"推动党的纪律检查工作双重领导体制具体化、程序化、制度化，强化上级纪委对下级纪委的领导"，① 变"主要接受同级党委领导"为"主要接受上级纪委领导"，这一变革的实质是加大了纪检系统垂直化领导的力度，纪检机构的独立性、权威性明显加强。

其次，推进党内监督必须有效落实党员的党内监督职责和权利。关于党内监督乏力的问题，往往可以听到这样的议论："上级监督下级太远、同级监督同级太软、下级监督上级太难、组织监督时间太短、纪委监督为时太晚"。之所以出现这样的情况，归结到一点，党内监督如果仅靠组织上和纪检部门的监督是远远不够的，还必须有力地借助来自全体党员参与的监督。对此，习近平指出："党员民主监督是党内监督的基本方式。党员的民主监督不仅是权利，更是不容推卸的义务，是对党应尽的责任。基层党组织和党员要加强对党的领导干部的监督，督促其正常参加组织生活、履行党员义务。在党的会议上，党员要勇于对违反党章党规的行为提出意见，有根据地批评党的任何组织和任何党员，负责地向党反映党的任何组织和党员违纪违法的事实。各级党组织要保障党员知情权和监督权，鼓励和支持党员在党内监督中发挥积极作用，对干扰妨碍监督、打击报复监督的人要依纪严肃处

---

① 中共中央文献研究室编：《十八大以来重要文献选编》（上），中央文献出版社2014年版，第532页。

理。"① 总之要切实保障落实党员的民主权利和监督职责。

最后，推进党内监督必须加大对权力的监督尤其是对"一把手"权力的监督。《中国共产党党内监督条例》指出："党内监督的重点对象是党的领导机关和领导干部特别是主要领导干部。"② 之所以作这样的规定，是因为党的各级领导机关和领导干部，特别是各级领导班子主要负责人，手中掌握着重要的权力。当手中握有重权，又不受制约监督时，自然就容易出事。对权力的监督，尤其是对"一把手"权力的监督，既是党内监督的一个重点，也是一个难点。目前的问题在于，主要领导者和"一把手"的权力太多、太大，诸如干部人事、财政金融、产业规划、外资引进、工程项目等，无不经由"一把手"拍板定案，这容易导致监督的难度加大。权力运行仍然不够公开、透明，虽然对党务公开、政务公开已作出规定，但是，是否该公开的全部公开了，还是留有死角？是否真的按照制度规定规范地运作了，还是做一些表面文章，绕过了一些关键的环节？这就必须加大对主要领导者和"一把手"的权力进行有效的监督制约和责任追究，就必须对权力进行科学的分权、限权，建立权力清单、责任清单制度，并把关于权力监督的原则规定具体化、细致化，达到实用化的程度。这样，对权力有效控制的党内监督才能真正地运转起来，收到良好效果。

四、发展党内民主要坚决反对错误倾向

中国共产党推进党内民主发展的决心是坚定不移的，措施是有力的，但也会碰到一些困难和障碍，党内同志在认识上也存在一些错误观点，发生错误倾向。因此，在推进党内民主发展的进程中，必须防范种种错误认识和倾

---

① 中共中央文献研究室编：《习近平关于全面从严治党论述摘编》，中央文献出版社 2016 年版，第 216—217 页。

② 《中国共产党党内监督条例》，人民出版社 2016 年版，第 4 页。

向的出现，并与之进行坚决的斗争。

其一，实行党内民主，要防止有人利用言论自由，鼓吹思想多元化，冲击马克思主义指导地位，动摇共产主义理想信念。

中国共产党是以马克思主义为指导思想的政党组织，马克思主义作为无产阶级的意识形态，其奋斗目标是实现全人类解放和人的自由全面发展。党内民主由于实行党内言论自由，可能出现思想理论、纲领路线和重大政治决策方面的分歧。一旦改变以马克思主义为指导的党内民主建设方向，出现党的指导思想多元化，就必然带来党员政治信念动摇、党的组织分裂、党的凝聚力战斗力削弱的后果。苏共亡党就与戈尔巴乔夫攻击马克思主义对党和社会的指导造成精神垄断，把改革的目标定义为含混不清的"人道的、民主的社会主义"，热衷于鼓吹意识形态多元化直接相关，结果，由于毫无限制地搞"公开化"和"党内民主"，毫无原则地搞历史虚无主义和意识形态多元化，造成全党思想混乱，产生严重的信仰危机，最终导致了苏共改革失败乃至亡党亡国。

党内言论自由是实行党内民主的需要，恩格斯明确指出："工人运动的基础是最尖锐地批评现存社会，批评是工人运动的生命要素，工人运动本身怎么能逃避批评，禁止争论呢？难道我们要求别人给自己以言论自由，仅仅是为了在我们自己队伍中又消灭言论自由吗？"[①] 虽然恩格斯肯定了党内言论自由的必要性，但党内言论自由必须正确地理解和运用，绝不可滥用。根据马克思主义的一贯主张，党内言论自由是任何一个党员和组织在党的范围内，如党的会议、党的刊物、党的组织生活等公开场合所拥有的言论自由权。党内言论自由是指：（1）可以对党的路线、方针、政策以及纲领、制度、措施等，提出建议或批评，但不容许把自己的意见、主张和观点强加于他人，强迫于全党接受；（2）可以对党的领导人提出工作的建议或者批评，

---

① 《马克思恩格斯选集》第 4 卷，人民出版社 2012 年版，第 595 页。

甚至是指责，但不容许进行人身攻击，任意诋毁污蔑；（3）党内言论自由也有一定的约束限制，不能借此反对党的根本指导思想，反对党和国家根本的政治制度，禁止公开煽动分裂党、解散党的言论。党内言论自由既是宽松的，又是严格的。只要正确地把握了这些关于党内言论自由的规定，就会有力地防范因党内言论自由开展不当而发生的错误倾向。在党内言论自由下，可以通过民主集中制的争论的方式达到思想的统一，这将有利于党探索真理、追求真理，凝聚党心、团结一致。

其二，实行党内民主，要防止有人利用党内政治生活民主化，在党内搞派别活动，拉帮结派，形成小圈子、小山头，破坏党的团结统一，造成党的分裂。

党内民主决不是为了助长党员的狂热，将党内的不同认识极端化、公开化、对立化，并进而形成思想上组织上的联盟，产生党内派别，造成党的组织分裂。苏共垮台的原因之一就是允许持相同观点的党员之间有权在党的组织内搞横向联合，成立不受党委领导的党组织、党的俱乐部，即允许党内派别公开化，最终在党内形成有自己的政治纲领和领袖人物的政治派别。政治派别斗争的加剧，导致苏共被解散，整个国家被解体。

马克思恩格斯在建党实践中早就主张，党内不容许存在派别组织。在国际工人协会关于各国委员会等组织名称的决议中，他们提出："所有地方分部、支部、小组及其委员会，今后一律定名为**国际工人协会**分部、支部、小组和委员会，冠以该地地名"；"所有分部、支部和小组，今后不得再用宗派名称，如实证论派，互助主义派，集体主义派，共产主义派等等，或者用'**宣传支部**'以及诸如此类的名称成立妄想执行与协会共同目标不符的特殊任务的分立主义组织。"[①] 列宁也是如此，坚决反对党内的派别活动。1921年，俄共第十次代表大会作出《关于党的统一的决议》，决定立即解散一切

---

① 《马克思恩格斯全集》第 17 卷，人民出版社 1963 年版，第 451—452 页。

派别并禁止一切派别活动。列宁指出："任何派别活动都是有害的，都是不能容许的"；"代表大会宣布毫无例外地解散一切按这个或那个纲领组成的派别（如'工人反对派'、'民主集中派'等等），并责令立即执行。凡不执行代表大会这项决定者，应立即无条件地开除出党。"①　中国共产党历来反对在党内搞小圈子、拉拉扯扯、另立山头。延安整风时期，就把反对宗派主义作为重要内容之一。毛泽东深刻指出："党内不同思想的对立和斗争是经常发生的，这是社会的阶级矛盾和新旧事物的矛盾在党内的反映。"②　对于不同认识，应当通过学习讨论、批评与自我批评统一思想，即便一时不能取得一致的认识，也允许个人保留意见，但在行动上不得另搞一套，不能拉山头、搞宗派。

其三，实行党内民主，要防止有人利用民主选举干部，在组织人事安排方面违反任人唯贤的干部原则方针，搞任人唯亲、"以我划线"、进行小圈子活动。

对于党的干部的民主选举、民主推荐和晋升提拔重用等组织人事工作，必须贯彻任人唯贤的干部方针政策，出于公心，也要按照民主集中制的原则办事。在组织人事工作中，绝不能搞任人唯亲和"以我划线"，不能对凡不属于自己派别的同志实行残酷斗争、无情打击。从党的历史看，王明、张国焘、"四人帮"等都是搞派别活动的，都形成了自己的小圈子，但这些人最终也都身败名裂，付出沉重的代价。

在用什么样的人的问题上，一定要严格党的民主生活，克服好人主义、折中主义，反对那些搞拉拉扯扯、搞小圈子的人，并及时提醒，进行不迁就、不留情面的斗争。党的干部政策历来是德才兼备，以德为先，公道正派，选贤任能。党的十八大以来，以习近平同志为核心的党中央，对坚决

---

① 《列宁全集》第41卷，人民出版社2017年版，第78、83页。
② 《毛泽东选集》第一卷，人民出版社1991年版，第306页。

杜绝一些党员干部搞小圈子、小山头作出了一系列重要指示。习近平指出："党内决不能搞封建依附那一套，决不能搞小山头、小圈子、小团伙那一套，决不能搞门客、门宦、门附那一套，搞这种东西总有一天会出事！"①综观党的十八大以来因一些打"虎"、拍"蝇"而牵出的窝案、串案，甚至一些地方部门出现的塌方式腐败，无不与大大小小的圈子有关，暴露出一个值得警惕的严重问题。其中的原因就在于，某些个人或组织蓄意违背和破坏党内民主制度的规定，进行种种不正当的活动，在组织和干部人事上出现破坏团结、拉帮结派闹分裂、使用非法手段清除异己等情况。为此，一定要强化党的干部政策和民主集中制原则的贯彻落实。

---

① 中共中央文献研究室编：《习近平关于全面从严治党论述摘编》，中央文献出版社 2016 年版，第 26 页。

第十讲
民主集中制与人民民主的相互关系

民主集中制和人民民主有着既广泛又深刻的联系。二者之间的关系在于，民主集中制虽然是作为无产阶级政党的原则和制度建立起来的，但在根本的制度属性上属于民主制，人民民主构成民主集中制的制度来源；民主集中制在无产阶级政党建立社会主义国家后成为人民代表大会和国家机构的原则和制度，人民当家作主的民主制度奠定了民主集中制的基础；民主集中制中的党内民主，与人民民主共同构成中国特色社会主义民主政治建设，党内民主要带动人民民主发展，两者相互协调、相互推动。从这些最基本的联系出发，必须深入分析和把握人民民主和民主集中制的相互关系。

一、人民民主发展和民主集中制的内在联系

作为国家机构组织制度的民主集中制和作为党的组织制度的民主集中制，两者都内含着民主，即人民民主和党内民主。因此，要发展和健全完善民主集中制，就要把人民民主和党内民主建设好。人民民主的建设和发展，既有普遍性的规律，又有在中国国情条件下、与民主集中制相联系的特殊性

的规律。关于人民民主发展的一般性的论述已有很多，这里着重论述与民主集中制相联系的人民民主如何发展的具有特殊性的问题。这个特殊性的问题就是，必须以党的民主集中制中的党内民主，来带动和推进人民民主发展的问题。

邓小平曾经明确提出，要"努力扩大党内民主和人民民主"①。显而易见，邓小平把中国特色社会主义民主分为人民民主和党内民主两个部分。那么，怎样进行人民民主和党内民主建设呢？1987年，党的十三大报告指出，应"以党内民主来逐步推动人民民主"②。2002年，党的十六大报告指出，党内民主"对人民民主具有重要的示范和带动作用"③。2007年，党的十七大报告进一步指出："要以扩大党内民主带动人民民主"④。党的十八大以来，以习近平同志为核心的党中央同样延续了这一既定的建设路径，注重党内民主的带动作用，注重党内民主和人民民主的内在相互关系。

以党内民主推动人民民主发展，是基于中国国情的正确判断和选择。考察民主发展的历史，是人民民主（社会民主）产生在前、党内民主产生在后的。这是因为，社会和人民出现在前，政党和党员出现在后；社会和人民的实践活动先发生，政党和党员的实践活动后来才发生。民主，首先出现在原始社会，人们（即全体成年人）享有广泛议论、商讨氏族与部落公共事务的权利，并遵从"众意做主"的习惯办事，即通行少数服从多数的原则，按照多数人的意见决定和处置事情。进入奴隶制社会后，古希腊雅典城邦把民主称为democratia，意即"人民的统治"。这样的人民民主，是在一定的阶级

---

① 《邓小平文选》第二卷，人民出版社1994年版，第168页。

② 中共中央文献研究室编：《十三大以来重要文献选编》（上），中央文献出版社2011年版，第43页。

③ 中共中央文献研究室编：《十六大以来重要文献选编》（上），中央文献出版社2005年版，第39页。

④ 中共中央文献研究室编：《十七大以来重要文献选编》（上），中央文献出版社2009年版，第39页。

范围内，实行"多数人对少数人的统治"。而政党是在近代社会初期才产生的，政党内部实行党内民主又是更晚一些的事情，是在国家实行了人民民主（社会民主）的条件下才具备的。例如，马克思恩格斯创建的共产主义者同盟，1847年11月能够在伦敦公开成立，民主地讨论党内事务，1848年2月能够印刷和公开发行《共产党宣言》，宣扬共产主义学说，就是因为当时的英国已经在社会上实行了民主，人民群众享有民主权利。换言之，党内民主是在人民民主之后才得以实行的。

　　然而，中国的情况却完全不一样。1921年中国共产党成立时，就把民主集中制确定为党的组织原则和制度。党按照民主酝酿、民主推荐和民主决定的方式，产生了党的领导机关并通过了有关的纲领、决议。中国共产党在党内实行了民主，而此时的中国，是一个专制国家、专制社会，根本没有民主可言，中国共产党是先于人民民主（社会民主）率先实行了党内民主。党先于人民民主而实行党内民主，这并没有违反从人民民主到党内民主的一般发展规律，即从世界范围看，中国共产党的党内民主也是在已存在着人民民主的背景下发生的。但是，中国共产党先于人民民主（社会民主）实行党内民主，对民主发展的一般规律作出了突破性的创新和重大的补充，它凸显了在经济文化落后国家党内民主的先期出现和先行一步，对于发展人民民主起着关键的推动作用，为国家民主政治的发展开辟了一条新路。

　　中国共产党党内民主先于人民民主发展的客观现实，形成了党内民主对人民民主良好的带动和推动作用。众所周知，在中国新民主主义革命时期，每当中国共产党建立了一个较为稳固的革命根据地或解放区，就立即开展民主运动，实行人民民主。无论是在土地革命战争时期的瑞金中央苏区，还是在抗日战争时期的陕甘宁边区、晋察冀边区等，党都致力于建立人民民主制度和开展人民民主。中国共产党之所以具有领导和发展人民民主的能力，是因为党的先进性质。中国共产党是中国工人阶级和中华民族的先锋队组织，党员是由先进分子组成的。凡是入党的党员，必须具有优秀的道德品质、坚韧不拔的革命毅力和艰苦朴素的工作作风，这就决定了共产党员比起一般的群众有着更高的思想觉悟，更高的认识水平，更高的实践能力，因而也就使得他们对民主的领悟更为自觉和透彻，在发展民主方面就有了自觉性。共产党员不但在发展党内民主方面具有自觉性、积极性，而且对于推进人民民主也具有自觉性、积极性。党的组织和党员肩负着以党内民主带动和推进人民民主的历史使命和责任。

中国共产党党内民主先于人民民主发展的态势，对于当时社会上还不存在的人民民主来说，更显示了它是先导性的民主，对人民民主具有示范性和主导性。当中国共产党致力于推动和建设人民民主时，党内民主就成为人民民主发展的楷模榜样，人民民主的开展也得到党内民主的深刻影响。尤其是新中国成立后，党内民主发展的好坏，更是与人民民主有着直接的关系，关系到党和国家政治生活的健康与否，关系到党和国家事业发展的顺利与否。

当然，党内民主作为先导性的民主，主要是强调它的使命和责任。事实上，无论是党内民主后发于人民民主还是先发于人民民主，党内民主若要长期地发展和更好地发展，都必须依存于人民民主、寓于人民民主之中。政党，是与社会、国家紧密联系着的，如果离开了社会和国家，政党根本无法生存，也会失去存在的意义。政党，也是在一定的社会和国家的范围内建立起来和开展活动的，而这个社会、国家的性质状况对于政党来说，总是起着至关重要的制约性作用和潜移默化的影响。对于后发于人民民主的党内民主的那些政党来说，由于党已置身于民主社会、民主国家之中，开展起党内民主具有天然的便利性。而在一个专制的社会和国家里，没有人民民主，其所产生的政党就会苦于缺乏必要的社会环境和条件来开展党内民主。社会和国家没有民主，这对于先发于人民民主的党内民主的那些民主型政党来说，实际上是一个十分不利的因素，具有先天的缺失。因此，先发于人民民主的党内民主若要得到持续的、健康的发展，不可能与民主社会、民主国家脱节，而必须依存于民主社会、民主国家。为使党内民主发展的更为顺利些、成熟些，党内民主必须植根于民主社会、民主国家，必须依存于人民民主的深厚土壤，否则，终将成为无源之水，无本之木。事实上，政党的党员来自国家的一部分公民，如果公民都能受到良好的人民民主的教育和训练，养成民主的习惯，日后他们加入政党，就能更加适应党内民主，并有利于进一步推进党内民主发展。相反，如果公民缺乏人民民主的意识和习惯，他们加入政党后自然很难于适应党内民主，而给党内民主的发展增添困难。

作为先导性的民主，党内民主要带动和示范于人民民主、但它也必须依存于人民民主，说到底，是因为党内民主和人民民主具有一致性。从党内民主和人民民主的科学内涵看，党内民主，是指在党内生活中，党员居于主体地位，按照平等的原则和公正的程序，享有参与党的事务的民主权利；人民民主，是指人民当家作主，全体人民在国家政治、经济、文化和社会的生活中，平等地享有参与国家和社会事务的民主权利。无论是党内民主还是人民民主，都规定党员和公民具有知情权、参与权、表达权、选择权和监督权，能够参加民主选举、民主协商、民主决策、民主管理和民主监督。由此可见，党内民主和人民民主都强调了党员和公民的主体性与权利性的相同要求，都是无产阶级求得自身解放、向着共产主义"自由人联合体"发展的共同目的，这就决定了两个部分的民主必然是一致的。

党内民主和人民民主的一致性，在于民主价值理念的一致。中国共产党是代表着最广大人民群众利益的政党，党所领导的无产阶级运动是为绝大多数的劳动人民谋利益的运动。党从来没有自己特殊的利益，而是以无产阶级和劳动人民的利益作为自己的利益。因此，中国共产党的性质集中体现为人民的性质，党所奋斗的根本目标是为了人民获得解放、民主、自由和幸福。显然，党内民主和人民民主都是中国共产党追求的目的。中国共产党不可能在实行党内民主的同时，阻止或反对实行人民民主。反之，也不可能在实行人民民主的情况下，不在党内实行民主。党性和人民性的一致，形成了党内民主和人民民主共同的价值理念，二者的实行，归根到底都是为了全体党员和公民能够享有应有的民主权利，能够更好地推动执政党和整个国家与社会的发展。

党内民主和人民民主的一致性，也在于民主的实质内容的一致。党内民主和人民民主都有五个共同要求：一是党员和公民都是民主的主体，必须尊重党员和公民的主体地位；二是党员和公民都享有党内法规和国家法律保障的言论权利，可以发表自己的看法、见解，任何组织机构和个人都不得压制民主的声音和破坏民主的表达；三是党员和公民都享有选举的权利，所有的党内职务和国家的政治职位都要求经由选举产生并有任职时间的限制，不允许终身制；四是党员和公民都有批评、监督干部和官员的权利，对不称职的干部和官员可以予以罢免；五是党员和公民都有参与党内事务和国家事务管理的权利，有关党内和国家重大事务的决策，必须广泛征求党员和公民的意见、建议。

党内民主和人民民主的一致性，还在于民主的实现形式的一致。党内民主和人民民主在其实行过程中都要遵守相同的规则和程序：一是遵循马克思主义民主思想的指导，遵守民主集中制的组织原则和集体领导与分工负责的原则，民主集中制是党内民主和人民民主都必须遵循的准则，没有集中的民主将导致自由主义和软弱涣散，而没有民主的集中则导致独断专行和各自为政；二是少数服从多数的规则，无论是议事、选举、做决定，少数人的意见被多数人否决后，都要予以承认和服从；三是多数要尊重和保护少数的权益，少数人的意见虽然被否定了，但多数人却不能因此否定少数人保留自己意见的权利，换言之，多数决定的规则不能用来任意侵犯和剥夺少数人拥有的人身自由和民主权利；四是要遵守民主的基本程序，无论是关于党内事务还是国家和社会事务的决策，都规定了必须按照调查研究、公开征求意见、科学论证、适法性审查、集体议决的程序进行，任何组织和个人都不得随意违反。

党内民主和人民民主的一致性决定了党内民主和人民民主要协调互动，努力达到党内民主、人民民主和中国特色社会主义民主政治的均衡发展。那么，怎样才能实现党内民主和人民民主的协调互动呢？

首先，必须重视和突出党内民主，加快党内民主发展。要把加快发展党内民主作为重点，进一步把党内民主做好、做强，这不仅仅因为党内民主对于党的自身发展具有十分重要的意义，而且更因为中国共产党是执政党，执政党的党内民主对于推动人民民主能够发挥出更大的作用。

其次，发挥党内民主对人民民主的示范和带动作用，推动人民民主发展。扩大和发展党内民主，是为了使人民民主有一个可资借鉴和学习的榜样，因而才能得到更好的发展。党内民主对人民民主的示范和带动作用主要有以下三个方面：一是从思想方面，通过发挥党内民主思想、民主意识、民主作风和民主习惯的良好影响，对人民民主建设产生重大的导向和示范作用；二是从制度方面，通过发挥党内民主制度的优势带动人民民主的制度建设；三是从实践方面，通过总结推广党内民主的实际做法、成效和经验，带动人民群众对社会主义民主政治的有序参与。

最后，党内民主也要向人民民主学习，形成互动协调发展的态势。党内民主与人民民主客观上是相互联系、相互影响、相互作用的，党内民主固然应该示范和带动人民民主发展，但它同时也需要从人民民主中吸收有益的成分。目前，虽然党内民主在总体上高于人民民主的水平，但人民民主在某些方面也有优于党内民主的长处，人民民主发展好了，就有利于党内民主的发展。从长远看党内民主和人民民主的发展趋势，二者应该在党内民主示范和带动人民民主的前提下，相互学习、取长补短、同频共振、协调互动，实现中国特色社会主义民主政治均衡发展的目的，从而奠定民主集中制的牢固基石，并推动民主集中制的顺利发展。

二、民主集中制是实现人民当家作主的制度保障

中国人民代表大会制度，是中国共产党领导人民当家作主的人民民主制

度。人民代表大会制度,是按照民主集中制原则,由选民选举人民代表组成人民代表大会作为国家权力机关,并建立国家机构,统一管理国家事务的政治制度。早在 1948 年 9 月,毛泽东在谈及"建立民主集中制的各级人民代表会议制度问题"时说:"我们采用民主集中制,而不采用资产阶级议会制";"我们提出开人民代表大会","不必搞资产阶级的议会制和三权鼎立等"。① 1954 年我国制定的第一部宪法明确规定:"中华人民共和国的一切权力属于人民。人民行使权力的机关是全国人民代表大会和地方各级人民代表大会。全国人民代表大会、地方各级人民代表大会和其他国家机关,一律实行民主集中制。"② 1982 年 12 月制定的宪法和 2018 年 3 月经十三届全国人大一次会议修正的宪法第三条都规定:"中华人民共和国的国家机构实行民主集中制的原则。"③ 显而易见,民主集中制与人民当家作主的人民民主制度紧密相连。

2012 年 12 月,习近平在首都各界纪念现行宪法公布施行三十周年的大会上指出:"我们要按照宪法确立的民主集中制原则、国家政权体制和活动准则,实行人民代表大会统一行使国家权力,实行决策权、执行权、监督权既有合理分工又有相互协调,保证国家机关依照法定权限和程序行使职权、履行职责,保证国家机关统一有效组织各项事业。"④ 这一重要论述阐明,民主集中制要贯穿和运用于人民当家作主的整个制度体系——不仅要运行于人民代表大会统一行使国家权力之中,而且要运行于其他国家机关依法各司其职地执行人大的决议决定之中,同时,民主集中制也要运用和体现在国家机关的相互关系中。这清楚地说明了,民主集中制是实现人民当家作主的制度

---

① 《毛泽东文集》第五卷,人民出版社 1996 年版,第 136 页。

② 《中华人民共和国宪法》,人民出版社 1954 年版,第 6 页。

③ 《中华人民共和国宪法》,人民出版社 2018 年版,第 8 页。

④ 中共中央文献研究室编:《十八大以来重要文献选编》(上),中央文献出版社 2014 年版,第 89 页。

保障。

　　第一，民主集中制构成人民代表大会组织原则和活动原则，落实了人民享有的民主权力。民主集中制对人民代表大会具有重大的作用，一是在民主集中制原则的基础上，解决了人民民主如何实现人民当家作主的问题。宪法规定，中华人民共和国是人民民主专政的国家，是人民当家作主的国家。但是，在一个拥有十多亿人口的国家，人民怎样实现当家作主，并不是一件轻而易举的事情。很显然，十多亿人民不可能直接参与国家管理，直接决定一切国家大事，只能主要采取代表制的方式，组成人民代表大会——建立与人民民主专政国体相配套的政体的国家权力机关，由它代表人民行使国家权力，实现人民当家作主。二是人民代表大会是按照直接选举或者间接选举的方式由人民依法选举代表组成的，体现了民主和集中的相结合。首先，这是民主的体现，是主权在民的体现，人民把自己的权力委托给人大代表。人大代表是人民的使者，代表人民的利益和意志，因此，他们要广泛联系群众，采集群众的意见建议，集中群众的意见建议反映到人民代表大会，经过人大的讨论，作出决议决定或制定成法律法规，再到群众中宣传贯彻。其次，这也是集中的表现，人民的一部分权力集中到一定比例的代表身上，由他们来行使。至于集中到代表身上的权力行使得如何，自然需要接受委托人的监督。因此，人大代表要接受选民和选举单位的监督。各级人大代表必须对选民负责，必须接受选民或原选举单位的监督，选民或原选举单位有权依法撤换自己选出的代表。这就从根本上保证了人民当家作主的地位和权力。三是人民代表大会的工作方式和程序是完全按照民主集中制的原则运行的。人民代表大会由会议集体行使权力，实行民主协商和表决制相结合的原则。所谓民主协商，就是人大及其常委会作出决定和决议之前，必须充分发扬民主，贯彻民主议事的精神，听取各方面的意见，对不同意见进行充分讨论，力求缩小分歧，达到基本一致或尽可能一致。但是，民主协商不具有法定有效性，还必须经过表决的程序，使之具有合法性和权威性。任何法律法规的表决、任何决议或决定的作出、任何国家工作人员的选举任免，都必须按照一人一票、少数服从多数的原则进行。而且，在人民代表大会工作体系中，任何议案、报告都必须经由审议程序，并在审议的基础上进行表决；表决结果即成为国家意志。在这里，民主的过程也就同时表现为集中的过程。人民代表大会既按照民主集中制组织，也按照民主集中制运转。正是在民主集中制原则指导下，人民代表大会得到了依法有序的运转。人民代表大会是人民当家作主的机关，在这里民主得到充分的发扬，人大代表依法享有出席会议权、审议权、议案权、建议批评意见权、表决权、选举权和被选举权，而且享有言论免责权、人身保障权等。同时，不但代表的民主权利得到法律的保障和尊重，而且民主的表达也得到法律的规范和约束。民主协商与多数表决相结合的原则，同简单地依靠多数表决或只强调民主协商不付诸表决有明显的区别，它既把多数表决建立在广泛民主基础上，充分尊重多数代表的意见，也使少数代表持不同看法的意见得以反映。而多数表决原则使人大的工作程序具有法定性、权威性和民主性，确保人大作出的决议既充分发扬民主，又具有高度的一致性。

第二，民主集中制原则贯穿于人民代表大会与其他国家机关的关系中，体现了人民民主的民主协调和行政办事效率。宪法规定，国家行政机关、监察机关、审判机关、检察机关都由人民代表大会产生，对它负责，受它监督。这个规定是对人民代表大会和其他国家机关关系的规定，民主集中制作为人民代表大会制度的原则，也贯穿于人民代表大会与其他国家机关的关系领域，这是体现民主集中制的重要环节和重要方面。全国人大是最高国家权力机关，它拥有广泛的权力：最高立法权，包括修改宪法、制定修改基本法律的权力；最高任免权，即选举、决定和罢免最高国家机关的领导人和有关组成人员；最高决定权，包括审查和批准国民经济和社会发展规划和执行情况的报告，以及决定国家其他重大问题；最高监督权，即监督宪法的实施，监督最高国家机关的工作。地方各级人大有权讨论和决定本行政区域的重大事务，并拥有部分立法权、任免权和监督权。地方其他国家机关也都对同级人大负责。可见，在我国，人民民主权力的至上性和全权性，表现为人民代表机关的至上性和全权性，从而表现人民主权的不可分割性和国家权力的统一性。在人民代表大会制度体系中，人民代表大会是国家权力机关，其他国家机关是国家执行机关；它们之间的关系是产生和被产生、立法和实施、决定和执行、监督和被监督的关系。人民代表大会以民主票决的方式集中人民意志作出决议决定，其他国家机关按照人大集中民意作出的决议决定执行。这体现的是民主和集中相结合的含义，即人民代表大会在党的领导下按照民意进行集中，作出决议决定形成国家意志，由各个国家机关依照法律规定的功能各负其责地贯彻执行、予以实施。这就既从国家总体权力运行的角度进行了合理配置，也从不同国家机关功能划分的角度进行了活动规范，使得民主集中制原则在不同国家机关之间的贯彻，得到了法律化、制度化的落实，实现了人民当家作主的民主协调性和效率性。

　　第三，民主集中制原则也贯穿于国家政权体系中的中央和地方关系中，发挥了中央和地方两个积极性，既有中央政令统一畅通，又有地方享有民主自主权益。宪法规定，中央和地方的国家机构职权的划分，遵循在中央的统一领导下，充分发挥地方的主动性、积极性的原则。这个规定讲的是，中央国家机关和地方国家机关之间的职权划分与民主集中制之间的关系问题。在民主集中制原则的指导下，中央和地方之间的关系实行下级服从上级、地方服从中央的原则，保证中央和地方国家权力的统一。在国家事务中，同属全国性的，需要在全国范围内作出统一决定的重大问题，都由中央决定，以利于集中统一领导，同属地方性问题，即由地方根据中央的原则和方针，因时因地制宜地处理。实行民族区域自治地方的机关，除行使一般地方国家权力外，还依法行使自治权。宪法还规定，必要时在局部地区设立特别行政区，享有高度的自治权。但它们都是我国的行政区域，体现着中央和地方的根本利益一致、相互配合协调一致的关系。与此相适应，不同门类的中央国家机关和地方国家机关之间，也存在着不尽相同的关系。在全国人民代表大会和地方人民代表大会之间，在上下级人民代表大会之间，不存在垂直的隶属关系，没有直接的领导被领导关系，而只有选举上的指导关系、法律上的监督关系和工作上的联系关系，这就有利于调动地方各级人民群众的积极性、主动性和创造性，便于各级人民代表大会代表本地区人民充分行使当家作主的权力。在中央人民政府即国务院和各级地方人民政府之间，则存在着垂直的隶属关系即领导和被领导关系，这就有利于国家的政令统一和提高工作效率，有利于国家集中力量办大事、办急事。没有这样的民主集中制原则，国家就不成其为一个整体的国家，人民也就成为一盘散沙。

事实已经证明，民主集中制是中国特色社会主义民主政治的最大特点，也是人民民主保持生机活力的重要法宝。对比当今西式民主制遇到的制度僵化、"会场打斗"和"街头政治"的乱局困境，民主集中制充分彰显了保障人民民主的制度优势。

三、全过程人民民主得到民主集中制的有力支撑

民主是全人类的共同价值，是中国共产党和中国人民始终不渝坚持的重要理念。中国共产党自成立之日起便高举人民民主的旗帜，不断推进马克思主义基本原理同中国具体实际相结合、同中华优秀传统文化相结合，走出一条具有中国特色的人民民主发展道路。党的十八大以来，以习近平同志为主要代表的中国共产党人不断深化对民主建设和发展规律的认识，2019年11月，习近平在上海考察全国人大基层立法联系点时说："我们走的是一条中国特色社会主义政治发展道路，人民民主是一种全过程的民主"[1]。首次提出了"全过程民主"的理念。2021年7月，在庆祝中国共产党成立100周年

---

[1]《习近平在上海考察时强调 深入学习贯彻党的十九届四中全会精神 提高社会主义现代化国际大都市治理能力和水平》，《人民日报》2019年11月4日。

大会上的讲话中，习近平指出："尊重人民首创精神，践行以人民为中心的发展思想，发展全过程人民民主"①，又完整地提出"全过程人民民主"的概念，使我国的人民民主获得了新的表述和提升。

什么是全过程人民民主呢？习近平作了全面系统的阐释："我国全过程人民民主不仅有完整的制度程序，而且有完整的参与实践。我国全过程人民民主实现了过程民主和成果民主、程序民主和实质民主、直接民主和间接民主、人民民主和国家意志相统一，是全链条、全方位、全覆盖的民主，是最广泛、最真实、最管用的社会主义民主。我们要继续推进全过程人民民主建设，把人民当家作主具体地、现实地体现到党治国理政的政策措施上来，具体地、现实地体现到党和国家机关各个方面各个层级工作上来，具体地、现实地体现到实现人民对美好生活向往的工作上来。"②党的十九届六中全会通过的《中共中央关于党的百年奋斗重大成就和历史经验的决议》也指出："必须坚持党的领导、人民当家作主、依法治国有机统一，积极发展全过程人民民主，健全全面、广泛、有机衔接的人民当家作主制度体系，构建多样、畅通、有序的民主渠道，丰富民主形式，从各层次各领域扩大人民有序政治参与，使各方面制度和国家治理更好体现人民意志、保障人民权益、激发人民创造。"③

以上论述归结起来，全过程人民民主具有三大特征，而每一个特征都与民主集中制紧密联系，并得到有力的支撑。

一是全过程人民民主是中国独创的社会主义民主。全过程人民民主，是中国共产党领导的以人民为中心的民主。这样的人民民主具有六个方面的

---

① 习近平：《在庆祝中国共产党成立100周年大会上的讲话》，人民出版社2021年版，第12页。

② 《习近平在中央人大工作会议上发表重要讲话强调 坚持和完善人民代表大会制度 不断发展全过程人民民主》，《人民日报》2021年10月15日。

③ 《中共中央关于党的百年奋斗重大成就和历史经验的决议》，人民出版社2021年版，第39页。

内涵规定：第一，指导思想是马克思主义民主理论。马克思主义揭示了民主是社会主义的本质特征，没有民主就没有社会主义；第二，核心力量是中国共产党，党的领导是全过程人民民主发展的根本保证；第三，根本要求是人民当家作主，通过人民代表大会制度真正实现最广大人民群众当家作主；第四，经济基础是以公有制为主体，公有制经济为中国式民主的公平、正义提供了物质条件；第五，基本原则是民主集中制，实行在民主基础上的集中和在集中指导下的民主相结合；第六，主要形式是民主选举、民主协商、民主决策、民主管理和民主监督，形成中国式民主的独特优势。以上所说的全过程人民民主的六个方面内涵规定，表明了它是由诸多全新要素构成的一种新型民主理论，是独创的中国特色社会主义民主，和西方国家的资本主义民主有着根本的区别。

作为独创的中国特色社会主义民主，全过程人民民主具有无可比拟的价值性。全过程人民民主的价值性，集中体现于"全过程"。任何一个事物，都需要经历过程发展的，都需要细节才得以感知的。全过程人民民主也是这样，如果它不付诸实行，没有可体验的细节，那么就不成其为真正的民主，就没有任何的意义。马克思主义民主理论认为，民主是真实的，民主本身是一个实践的过程，民主必然体现在过程中，因为如果没有过程，民主也就无法实现。民主的过程越全面、越实在、越普遍，民主的价值性就越高。那么，从全过程人民民主的"全过程"来看，它所体现的正是民主集中制的运行和发展过程，因此，可以说，全过程人民民主实质上就是民主集中制的实践过程。

二是全过程人民民主是最广泛最真实最管用的民主。中国共产党对全过程人民民主制定了"民主选举、民主协商、民主决策、民主管理、民主监督"的五个环节和步骤，它们都贯穿着民主集中制的原则和制度，也都需要民主集中制的贯彻执行，由此体现了最广泛、最真实、最管用的显著特点。

作为最广泛的社会主义民主，全过程人民民主实施了民主选举。我国每次参加人民代表大会代表选举的选民都是最多的，实现了参与主体的广泛性；按比例选举出的人民代表也最多，确保了不同地区、民族、行业、阶层、党派都有一定数额的代表，人大代表具有广泛的代表性。全过程人民民主也实施了民主协商，协商的形式包括人大协商、政府协商、政协协商、人民团体协商、基层协商、社会组织协商等，协商所涉及的议题和内容也都是最广泛的。由于推动了协商民主广泛、多层、制度化发展，实现了党在制定路线方针政策过程中利益代表的广泛社会性。

作为最真实的社会主义民主，全过程人民民主实施了民主决策。决策必须走公众参与、专家论证、风险评估、合法性审查、集体讨论决定的法定程序，并且建立行政机关内部重大决策合法性审查机制、建立重大决策终身责任追究制度及责任倒查机制，这就保证了在决策之前和决策实施之中以及决策执行之后，人民群众具有实实在在的知情权、参与权、表达权、选择权和监督权，增强了决策的科学性和实效性。全过程人民民主还实施了民主管理，宪法规定，国家的"一切权力属于人民"，人民依照法律规定，通过各种途径和形式，管理国家事务，管理经济和文化事业，管理社会事务。管理是人民的直接行为，构成人民民主的实体。国家制定的宪法和法律，真实、确切地赋予了人民大众享有管理国家的权利。民主管理成为人民的参与行为，构成人民民主的实体。

作为最管用的社会主义民主，它追求民主的实际成效，使人民感到称心满意。全过程人民民主通过实施民主管理，通过完善民主管理制度，把城乡社区建设成为管理有序、服务完善、文明祥和的社会生活共同体；通过全心全意依靠工人阶级，完善以职工代表大会为基本形式的企事业单位民主管理制度，推进厂务公开，支持职工参与管理，有力地维护职工合法权益；通过加强基层政权建设，完善政务公开、村务公开等制度，实现政府行政管理与基层群众自治有效衔接和良性互动；通过发挥社会组织在扩大群众参与、反映群众诉求方面的积极作用，支持工会、共青团、妇联等人民团体依照法律和各自章程开展工作，参与社会管理和公共服务，维护群众合法权益，增强了社会自治功能。全过程人民民主实施全方位的民主监督，民主监督包括执政党党内监督，人大监督，政协监督，人民代表监督，人民舆论监督和人民群众监督等，可以有效地对国家各级代表机关和公职人员进行监督，以纠正各种违法行为。民主监督的过程，使人民的意志得到了充分的体现，对人民民主的执行、落实，作出了有力的保障。这些都体现了人民民主是最实际、最管用的民主。

三是全过程人民民主的发展需要得到民主集中制的有力支撑。由于中国曾经是一个有着两千多年封建专制传统的国家，又是人口众多的国家，长期积贫积弱、四分五裂、一盘散沙，而且文化落后、思想保守、观念陈旧。这样的国情、社情、民情，决定了在中国进行社会主义民主政治建设，需要在中国共产党坚强有力的领导下，运用民主集中制原则和制度，才能把十几亿人民的思想统一起来，力量凝聚起来，才能为全过程人民民主提供根本的政治保证，推动民主顺利地发展，避免陷入混乱无序的困境。

贯彻执行民主集中制，中国共产党具有卓越的领导能力和丰富的经验。中国共产党是一个富有民主传统和民主制度的政党。它不但实行了党内民主，而且在各个不同的历史时期都坚定地推进人民民主。在改革开放新时期，党全面地开展了中国特色社会主义民主实践。特别是党的十八大召开，标志着进入新时代后，党不断地推进中国特色社会主义民主政治建设的发展，彰显了中国特色社会主义民主的优越性。历史和现实说明，中国共产党是一个为人民民主而生的政党，是为人民民主而奋斗的政党，也是致力于人民民主不断发展的政党。在新时代，只有在中国共产党领导下，才能将民主集中制的原则和制度运用于全过程人民民主的发展，使全过程人民民主更加充实，更加成熟完善。

第十一讲

民主集中制与群众路线的相互关系

群众路线，是中国共产党运用马克思主义原理，为无产阶级革命和社会主义事业作出的一个理论和实践的原创性贡献。中国共产党始终坚定地相信人民群众，坚决地依靠人民群众，任何时候都不脱离群众。群众路线，鲜明地体现了中国共产党所秉持的马克思主义世界观和政治立场。群众路线，贯穿于党的全部工作和活动，中国共产党在全部的工作和活动中，既要执行民主集中制，也要实行群众路线，因为二者有着极为密切的联系。

一、群众路线和民主集中制的一致性

群众路线和民主集中制，是中国共产党的两件制胜法宝和传家宝，是党拥有强大力量的"左膀右臂"。群众路线和民主集中制紧密联系、不可分离。毛泽东在长期的革命斗争和工作实践中，完整地阐述了群众路线的科学内涵：一切为了群众，一切依靠群众；从群众中来，到群众中去，如此循环往复，不断发展；实行领导和群众，一般和个别相结合，尊重群众意愿和领导群众前进的原则。根据毛泽东的论述，刘少奇也概要地指出："党的群众路线，就是我们党的领导骨干和党内党外广大群众密切结合的路线，就是从群众中来又到群众中去的路线，就是指导方法上的一般号召与个别指导相结合的路线。"① 群众路线表明，人民群众是国家和社会的主体，也是人民民主的主体，是中国共产党一切工作的出发点和落脚点。同样的，民主集中制是党和国家的根本组织原则，是党内生活和国家政治生活必须遵循的基本准则，是实现决策科学化、民主化、法治化必不可少的制度保证。这一组织原则和制度的基本出发点和落脚点，在于充分调动党和人民群众的积极性和创造精神，团结一致地为人民利益而工作。因此，群众路线和民主集中制从本质上说是完全一致的。

首先，群众路线和民主集中制的理论基础完全一致。马克思主义唯物史观和认识论是二者共同的理论基础。群众路线坚持唯物史观，承认人民群众是历史的主体、历史的创造者、群众是真正的英雄、群众自己解放自己。群众路线坚持马克思主义认识论，承认正确的路线、方针、政策只能来自社会实践，广大人民群众是社会实践的主体。建立在马克思主义唯物史观和认识论基础上的党的群众路线，理所当然地要求共产党人必须秉持一切为了人民群众、一切向人民群众负责、相信群众自己解放自己、虚心向人民群众学习以及全心全意为人民服务的观点。同样，民主集中制是"高度民主和高度集中辩证统一的制度，是辩证唯物主义和历史唯物主义在党的组织建设和制度建设上的体现，也是我们党的群众路线在组织制度建设上的创造性运用"②。民主集中制坚持共产党的一切权力都是人民群众赋予的，人民群众是国家和社会的主人，党的干部不过是人民的公仆，人民赋予的权力只能用来为人民谋利益，共产党人除了最广大人民群众的利益之外没有自己的特殊利益。为此，党的干部作为公仆必须实行最广泛的民主，倾听群众的呼声、尊重群众

① 《刘少奇选集》上卷，人民出版社1981年，第348页。

② 《江泽民文选》第一卷，人民出版社2006年版，第97页。

的愿望、集中群众的意见，忠实地代表群众的利益，勤勤恳恳地为广大人民群众服好务、谋好利、尽好责。正如党的十四届四中全会通过的《中共中央关于加强党的建设几个重大问题的决定》所指出的："民主集中制是科学的合理的有效率的制度，它有利于体现人民群众的根本利益和愿望，有利于党的路线方针政策的正确制定和执行"①。由此可见，民主集中制之所以是科学的合理的有效率的制度，在于它是建立在马克思主义唯物史观和认识论的科学理论基础之上的。

其次，群众路线和民主集中制的目标完全一致。贯彻党的群众路线和民主集中制的根本目标都是要使党始终保持同人民群众的血肉联系，尊重和调动群众的积极性和创造精神，实现好、维护好、发展好人民群众的利益，从而巩固党的社会基础和领导地位。

再次，群众路线和民主集中制要调整的关系在实质上完全相同。实行群众路线要调整的关系主要是党和群众的关系，"就是要使我们党与人民群众建立正确关系的路线"②，保持党和人民群众的鱼水关系和血肉联系。贯彻民主集中制所要调整的主要是领导干部和党员群众以及人民群众的关系，"反映党的领导者与被领导者的关系"③，即干群关系。干群关系和党群关系密切相关，二者在很大程度上是交叠的，因为在我国的干部队伍中，绝大多数的领导干部都是共产党员，即使是党外的领导干部也是由中共中央及各级党委（党组）的组织部门进行选派、任用和管理的。因此，民主集中制要调整的干群关系，实际上调整的还是党同党内群众及人民群众的关系，归根到底，还是党群关系问题。就党群关系和干群关系二者之间的关系看，党群关系好不好主要取决于干群关系，干群关系对党群关系起着决定作用。也就是说，

---

① 中共中央文献研究室编：《十四大以来重要文献选编》（中），中央文献出版社 2011 年版，第 7 页。

② 《刘少奇选集》上卷，人民出版社 1981 年，第 348 页。

③ 《刘少奇选集》上卷，人民出版社 1981 年，第 358 页。

党群关系的实质和核心在于干群关系。由是，实行群众路线和贯彻民主集中制，从根本上说都是为了搞好和融洽干群关系，解决党群关系问题，实现领导和群众相结合。

最后，群众路线和民主集中制是同一种领导方法和工作方法。1945 年，刘少奇在党的七大上所作的关于修改党章的报告中就指出："党内民主的集中制，即是党的领导骨干与广大党员群众相结合的制度，即是从党员群众中集中起来，又到党员群众中坚持下去的制度，即是反映党内的群众路线。"①此后的 1956 年，邓小平在党的八大上所作的关于修改党章的报告中指出，民主集中制"是党的根本的组织原则，也是党的工作中的群众路线在党的生活中的应用"②。党内实行民主集中制，实际上是在党内贯彻党的群众路线。实行群众路线必须贯彻民主集中制，贯彻民主集中制也必须实行群众路线。到了 1962 年，在扩大的中央工作会议（七千人大会）上，毛泽东讲得更直接、明了，他说："民主集中制的方法，是一个群众路线的方法。先民主，后集中，从群众中来，到群众中去，领导同群众相结合。"③刘少奇也进一步指出："在党内，在占全部人口的百分之九十以上的人民中，严格地按照民主集中制办事，是一种实事求是的方法，是一种执行群众路线的工作方法，也是一种调查研究的方法。"④邓小平则把群众路线和民主集中制紧密地结合在一起，他说："从领导方法来说，只有从群众中来，才能到群众中去。没有民主基础上的集中制，既不能实行真正的从群众中来，也不能实行真正的到群众中去。"⑤这些论述充分说明，群众路线和民主集中制，都是党的根本领导方法、工作路线，一个是党的根本路线，一个是党的根本组织原则，

① 《刘少奇选集》上卷，人民出版社 1981 年版，第 359 页。

② 《邓小平文选》第一卷，人民出版社 1994 年版，第 225 页。

③ 《毛泽东文集》第八卷，人民出版社 1999 年版，第 290 页。

④ 《刘少奇选集》下卷，人民出版社 1985 年版，第 433 页。

⑤ 《邓小平文选》第一卷，人民出版社 1994 年版，第 304—305 页。

路线决定原则，原则保障路线，二者形成了相同性质的一种领导方法和工作方法。

二、群众路线的过程就是民主集中制的过程

群众路线和民主集中制，都是中国共产党独有的、区别于其他阶级政党的领导方法和工作方法，也是党的优良传统作风。群众路线分为两个过程：一是"从群众中来"，二是"到群众中去"。群众路线的这两个过程和民主集中制的两个过程"民主基础上的集中"和"集中指导下的民主"是高度契合的。

从群众中来，就是要求共产党人要深入群众，把群众的意见带回来。共产党人是人民群众的代表，他们来自群众，他们为人民服务的前提首先是深入群众。只有深入群众、在群众中，共产党人才能体察民情，听取民意。1942年5月，毛泽东在延安文艺座谈会上的讲话中指出，要"联系群众，表现群众，把自己当作群众的忠实的代言人，他们的工作才有意义"，"如果把自己看作群众的主人，看作高踞于'下等人'头上的贵族，那末，不管他们有多大的才能，也是群众所不需要的，他们的工作是没有前途的"。[①] 共产党人深入群众，就要更多地到基层去，到困难大、矛盾多的地方去。毛泽东说："我们的党员在中国人口中当然只占很小的一部分，只有当这一小部分人反映大多数人的意见，并为他们的利益而工作时，党和人民之间的关系才是健康的。"[②] 在人民群众中，要虚心向群众学习，实地参加群众的各项活动，在群众中去感知和获取知识、经验。群众充满智慧与力量，具有丰富的来自实践的知识、经验，只有虚心地做群众的学生，才能获得有益的知识、经验。同时，要听取群众各方面的意见、建议。对于听到的意见、建议，要

---

① 《毛泽东选集》第三卷，人民出版社1991年版，第864页。

② 《毛泽东文集》第三卷，人民出版社1996年版，第186—187页。

尊重和重视，要认真思考，并要把它们带回到党内来。从群众中来的过程，就内含着在民主基础上的集中，产生党的方针、政策、办法等。而民主基础上的集中过程，也是发扬民主的过程，如果没有集中，或集中过程没有民主，都不能形成正确的科学的意见，民主集中制就会落空，群众路线就不能真正坚持。

到群众中去，就是要求共产党人要把从群众中带回来的意见、建议，加以凝练、提升，在形成正确的方针、政策、办法等后，再带回到群众中去，把党的政策方针告诉给群众，回应群众的呼声，满足人民的要求。毛泽东曾在《组织起来》一文中说："我们应该走到群众中间去，向群众学习，把他们的经验综合起来，成为更好的有条理的道理和办法，然后再告诉群众（宣传），并号召群众实行起来，解决群众的问题，使群众得到解放和幸福。"①到群众中去的过程，是以民主集中制的集中的、系统的意见指导群众实践，并在实践中接受检验的过程。只有在充分发扬民主的基础上实行了集中，人民群众的实践结果才能真实地反映出来，也才能使党不断总结经验、修正错误，用正确的集中指导实践。这就告诉共产党人，到群众中去，就要领导群众、帮助群众，解决他们的实际问题。

毛泽东把实行从群众中来、到群众中去的群众路线，看作科学的领导观和领导力。他说，领导群众进行一切实际工作时，要取得正确的领导意见，必须从群众中来、到群众中去，实行领导和群众相结合，一般号召和个别指导相结合。这就是说，把群众的意见集中起来，化为系统的意见，又到群众中坚持下去，在群众的行动中考验这些意见是否正确。如此循环往复，使领导的认识更正确、更生动、更丰富。只要我们依靠人民，坚决地相信人民的创造力是无穷无尽的，因而信任人民，和人民打成一片，那就任何困难都有可能克服，任何敌人最终都压不倒我们，而只能被我们所压倒。早在1937

---

① 《毛泽东选集》第三卷，人民出版社1991年版，第933页。

年 7 月写的《实践论》中，他已经指出了人的认识运动的辩证发展过程。人的认识运动要经历从实践到认识，再从认识到实践的两次飞跃过程。第一次飞跃的过程是由感性认识到理性认识的过程，也就是深入实践首先形成感性认识，感性认识经过加工形成理性认识，上升到思想理论。第二次飞跃的过程是思想理论去指导实践接受实践检验的过程，即认识到实践的飞跃。认识过程的两次飞跃就是从群众中来、到群众中去的过程，即通过在群众中进行调查研究进而形成思想理论，然后再把思想理论带到群众中去并接受实践的检验。"实践、认识、再实践、再认识，这种形式，循环往复以至无穷，而实践和认识之每一循环的内容，都比较地进到了高一级的程度。"① 群众路线的发展进程总是处在不断的"无限循环"之中，得到不断的提高。这样，毛泽东把中国共产党关于群众路线的基本观点和主张，同马克思主义的认识论联系起来，既把群众路线的基本方法提高到马克思主义认识论的高度，又把马克思主义关于认识和实践的辩证关系原理，具体化为带有现实指导意义的领导和工作的基本方法，使群众路线的理论化进一步得到了加强。同时，也使群众路线与党的民主集中制的组织原则和制度联系起来，民主集中制遵循的正是体现辩证唯物主义的认识论和历史唯物主义的群众路线，从群众中来和到群众中去的过程，是既实行民主基础上的集中又实行集中指导下的民主过程。因此，民主集中制是群众路线在党内生活中的生动运用，本质上都是要实现领导和群众的密切结合，实行民主集中制就是贯彻党的群众路线。

对于群众路线的过程就是民主集中制的过程，刘少奇也专门作了重要的论述。他指出，中国共产党的组织原则和组织制度是民主集中制，按照这个制度，党的领导机关必须在民主的基础上由党员群众选举产生，党的指导方针、政策和决议必须在民主的基础上，从党员群众中集中起来，再由党的代表大会或会议所决定，最后由党的机关领导党员群众贯彻执行。由此，刘少

---

① 《毛泽东选集》第一卷，人民出版社 1991 年版，第 296—297 页。

奇作出了党的民主集中制贯彻执行的就是党内的群众路线的论断。这一论断，包含两方面的含义。

一是阐明了民主与集中的辩证思想和调动党员群众积极性的关系。刘少奇指出，党内的民主集中制，"即是在民主基础上的集中和在集中指导下的民主。它是民主的，又是集中的"①。民主需要集中、集中需要民主，民主和集中互为前提、互相依赖。刘少奇指出："必须放手地扩大我们党内的民主生活，必须实行高度的党内民主，同时，在实行高度民主的基础上实行党的领导上的高度集中。"②为什么要实行高度的党内民主呢？因为不实行高度的党内民主就会妨碍全体党员群众的积极性的充分发挥，从而妨碍党内的群众路线的贯彻执行。他说："党内民主的实质，就是要发扬党员的自动性与积极性，提高党员对党的事业的责任心，发动党员或党员的代表在党章规定的范围内尽量发表意见，以积极参加党对于人民事业的领导工作"③。

二是指出脱离了民主的集中就是脱离了群众，更不可能是正确的集中。刘少奇指出，不能把集中当作脱离了民主的集中。他说："有些同志，不了解党的集中制是在民主基础上的集中制，如是就使自己的领导脱离党内的民主，脱离党员群众，并把此种状态名之曰'集中'。他们认为自己的领导上的权力，无须由党员群众授予，而是可以自己攫取的。"④脱离了群众的集中，只能是个人的集中。党内实行的集中制，绝不能变成个人专制式的集中，绝不能"利用党内的集中制来压制下级和党员的民主权利"⑤。刘少奇的这些论述充分说明，民主集中制的民主和集中这两方面都要和群众相联系，都是和党的群众路线密切联系着的。

① 《刘少奇选集》上卷，人民出版社1981年版，第358页。
② 《刘少奇选集》上卷，人民出版社1981年版，第361页。
③ 《刘少奇选集》上卷，人民出版社1981年版，第365页。
④ 《刘少奇选集》上卷，人民出版社1981年版，第359页。
⑤ 《刘少奇选集》上卷，人民出版社1981年版，第360页。

　　在党的历史上，张闻天对民主集中制和群众路线之间的内在关系也作过深刻的阐述。他说："仅仅懂得群众路线的原则，还是不够的，这个原则必须在组织上巩固起来。组织上巩固这个原则的，是党和国家机关的民主集中制。"①他分析道："'从群众中来'，只有充分发扬人民的民主，即充分发动群众参加党和国家机关的任务的讨论，充分考虑到群众的各种意见，才有可能做到。没有民主，'从群众中来'就会变成空谈。但我们所讲的民主，是为了经过民主的讨论之后，把群众的各种意见集中起来，化为系统的党的意见，化为党的方针政策，然后把方针政策再'到群众中去'。这时又需要充分发动群众来鉴定和批判这些方针政策，坚持正确的，补充不足的，修改错误的，取得群众的支持，使政策成为群众自觉自愿的统一行动。然后又总结经验等等。这是在民主基础上的集中，又是在正确指导下的继续发扬民主。这种民主集中制，是党的群众路线的组织保证。"②他进一步揭示了群众路线和民主集中制是哲学方面辩证法范畴的内容和形式的关系："没有民主集中制，就不可能有真正的群众路线。民主集中制是形式，但这是正确表现群众路线的内容的形式。内容决定形式，但内容一定要在一定的形式中表现出来。"③

　　群众路线是党的生命线和根本工作路线，民主集中制是党的根本组织原则、根本组织制度和领导制度、领导方法。二者的两个过程相互契合，在实践中相辅相成，具有内容和形式的辩证统一关系。不坚持群众路线，民主集中制就会流于形式；不执行民主集中制，群众路线就失去了最重要的制度保障。坚持党的群众路线是贯彻民主集中制的实践基础，贯彻民主集中制是坚持群众路线的内在要求。

---

① 《张闻天文集》（四），中共党史出版社 2012 年版，第 478 页。
② 《张闻天文集》（四），中共党史出版社 2012 年版，第 478 页。
③ 《张闻天文集》（四），中共党史出版社 2012 年版，第 479 页。

三、坚持群众路线，促进民主集中制的贯彻落实

坚持和推进党的群众路线，有利于促进民主集中制的贯彻落实，促进民主集中制运行机制的创新。①

坚持和推进党的群众路线，有利于强化民主集中制的公开运行机制。落实群众的知情权、参与权、表达权、选择权和监督权，是坚持党的群众路线，贯彻落实民主集中制的内在要求，其中，知情权是首要的权利。没有知情权，就不可能有真正的参与权、表达权、选择权和监督权。因此，必须在保障和落实群众知情权上下工夫。要建立和实行权力清单制度，民主集中制在领导运用权力时，如果权力边界模糊，责任主体不清，就会成为贯彻落实民主集中制的障碍。为此，有必要制定各级党委和政府及其工作部门和负责人的权力清单，严格规范权力运行流程，依法公开权力清单及运行流程，使干部和群众都了然于心。要明晰民主集中制的运行规则和流程，严格按照"集体领导、民主集中、个别酝酿、会议决定"的原则，分类研究编制科学决策、民主决策的法定程序和工作程序，为民主集中制的规范运行提供权威的法规保障。还要推进民主集中制运行过程和运行结果相衔接的"链条式"公开，既要公开决策出台的过程和实施的过程，也要公开决策的结果和实施结果。只有运行过程和运行结果相衔接，形成"链条式"公开，使群众全面知情，才能以有效的公开来保障民主集中制的健康运行。

坚持和推进党的群众路线，有利于构建"从群众中来的"的民主运行机制。人民群众是国家的主人，是社会实践的主体。只有深入了解群众所思所想、所盼所望，及时总结人民群众的实践经验，广泛汲取人民群众的丰富智慧，才能使我们的各项决策合民心、顺民意、聚民智，更好地贯彻落实"从群众中来的"要求，使民主集中制的运行建立在坚实的群众基础和实践基础

---

① 参见河南省党建研究会课题组：《群众路线视阈下党的民主集中制运行机制创新》，《中州学刊》2015 年第 1 期。

之上。就此而言，党和国家在这方面还有不少的工作要做。例如，需要健全领导干部调查研究机制，要明确并细化各层级领导干部每年调查研究的时间要求、方法要求和质量要求，着力增强调研的深入性、客观性。要把调查研究能力作为领导干部的基本功，作为衡量干部素质和能力的重要内容，作为干部年度述职的重要内容，引领和激励干部深入开展调查研究。还可以考虑建立健全党员干部联系点制度。实行中央领导联系县、省级领导联系乡镇、市县领导联系村、乡镇领导联系户；各部门领导联系下一级对口单位和服务对象。主要领导干部每年要定期不定期深入基层、深入一线、深入实际蹲点"解剖麻雀"，以利于及时、动态、客观地把握社情民意，防止民意失真。此外，还应完善民意收集研判机制。坚持传统方式与现代方式相结合，"网上"与"网下"相结合，定性分析与定量分析相结合，拓展收集民意的渠道，提高民意收集的科技含量，提高民情民意收集的广度和深度。同时建立健全民意民情研判机制，注重引入大数据技术，提高把握民意的准确度和前瞻性。

坚持和推进党的群众路线，有利于完善民主基础上的正确集中机制。民主基础上的集中是一个决策过程，客观、准确把握民情、民意、民智是正确决策的必备条件之一。由于客观事物的复杂性、利益主体的多元化、人们认识的局限性，"从群众中来"的意见建议、愿望诉求、对策思路，往往也是复杂的、多样的、零碎的，有些方面甚至相互对立。这些信息必须经过科学的分析研究，以去粗存精、去伪存真，由此及彼、由表及里，才能找到"人民群众意愿的最大公约数"，代表最大多数人民群众的利益，作出符合现实又兼顾长远的对策建议。为此，需要建立决策前议事和论证制度，在讨论决定设计全局性重大问题时，通过专题会、座谈会、联席会议等形式，征求专家、学者、党代表、人大代表、政协委员和民主党派、无党派人士的意见和建议。健全决策前的听证和决策专家咨询论证制度、重大决策信访评估制度、合法性审查制度。还应当健全决策议题预审机制。对议题准备程序进行预审，凡是没有经过必要准备程序的议题，如未经调查研究、未经充分论证、未经集体讨论的，除非特殊情况需要，一般不能作为决策议题；对议题是否属于决策事项范围进行预审，按照"上管一级"的原则，由上一级组织对"三重一大"，即"重大决策、重要干部任免、重大项目安排和大额度资金的使用"事项作出具体规定，凡是不属于决策范围的一律不上会，以克服决策议题的模糊性、随意性，严格规范决策表决方式，严格遵循少数服从多数的原则。此外，还应建立健全经验总结和反思纠错机制。在决策付诸实施过程中，决策者要全程跟踪、及时发现问题、不断总结反思。对发现的问题，要明确界定纠错的责任主体和纠错程序，避免领导干部以纠错为借口滥用权力或者因责任主体不清、程序不明而导致问题无人解决，也可以避免一些决策因为条件的变化难以执行。

坚持和推进党的群众路线，有利于健全民主集中制的决策执行机制。从党的群众路线的视角看，决策的执行就是"到群众中去"的过程，必须接受群众路线的检验。历史和现实告诉我们，要保证决策得到全面顺利的执行，建立健全责任制是最重要而且最有效的方法。为此，需要明晰集体领导中班子成员个人的权力和责任。坚持集体领导和个人分工负责相统一，凡是经集体讨论决定的重大问题，班子成员必须按照分工担当起贯彻执行的责任。凡是责任范围内的事情，每个班子成员都要独立负责地抓好，凡是权限之内的事情，都要善于决策、敢于决策，形成领导管理一致、权责对等均衡、运行便捷高效的集体领导和分工负责机制。应对决策部署进行分解并制定好实施方案，制定执行方案和措施及明确分工是落实民主集中制的关键环节。对于每一项决策，都要建立联系群众的台账，及时得到群众的反馈意见，以便制定具体的推进方案，明确责任主体、目标任务、完成时间及惩戒措施，实行工作项目化、项目人格化、完成时效化。应加强对集体决策及其执行结果的督促检查。推行领导班子和领导干部重要工作"建档"制度，对领导班子和干部在作决策和执行决策方面的表现及时记录在案，以便及时发现问题、解决问题，提高决策执行的质量。决策执行的情况和效果如何，最终也必须得到群众的认可。

坚持和推进党的群众路线，有利于完善贯彻民主集中制的监督制约机制。任何权力都必须受到有效监督制约，才能防止被滥用。在贯彻执行民主集中制的过程中，需要对主要领导人的职责、权力进行监督制约，例如，必须推行和细化"一把手""五个不直接分管"的做法。按照中央的规定，"五个不直接分管"是指，党政群机关及财政拨款事业单位等的主要负责人不直接分管财务、人事、工程建设、行政审批、物资采购等方面的工作，而是由班子里的其他副职具体负责，"一把手"履行监管责任。这一做法的要义在于，通过"一把手"的敢于放权和合理授权，避免权力过分集中，使班子内部权力相互制约。为此，必须走群众路线，运用群众路线的工作方法，建立健全对主要领导干部的谈心谈话机制，接受群众的评议和监督。同时，在对"一把手"加强教育的基础上，应建立健全上级党组织和组织部门负责同志，与下级领导干部特别是"一把手"定期谈心、谈话、诫勉、函询回复等制度，促进对下级的监督经常化、具体化、制度化。这样的监督制约方法措施，也都离不开群众路线的有力支持，从根本上说，来自群众的监督是最基本和最有效的监督。

四、民主集中制对群众路线的重大保障作用

坚持和健全民主集中制，对贯彻好党的群众路线具有根本的保障作用。民主集中制对于促进群众路线的巩固和发展不愧为一剂良方，"只有将民主集中制广泛应用于群众工作，才能真正贯彻群众路线"①。

坚持和健全民主集中制，对于党的干部树立牢固的群众路线思想观念具有重大保障作用。群众路线是党的生命线和根本的工作路线。没有群众路

---

① 柯华庆：《用好民主集中制这剂良方》，《人民日报》2013 年 7 月 26 日。

线，也就没有党的正确的政治路线、思想路线和组织路线。经验证明，什么时候党的群众路线执行得好，党群关系密切，党的事业就顺利发展，什么时候党的群众路线执行得不好，党群关系受到损害，党的事业就遭到挫折。经验还证明，民主集中制是群众路线的组织和制度上的保证，没有民主集中制，就不可能有真正的群众路线。因此，为了真正能够贯彻执行群众路线，就必须在党和国家生活中健全民主集中制，充分发扬党内民主和人民民主。为此，在党的干部中普遍深入地进行民主集中制的教育，就会促使他们在理解领会贯彻执行群众路线时，更深刻地认识到民主原则、民主作风的重要意义，促进对形式主义、官僚主义、主观主义、个人主义以及与种种压制民主的错误思想作风进行坚决的斗争。因此，实行民主集中制必定有利于群众路线的贯彻落实，有力地推进党的建设。

坚持和健全民主集中制，对于党的干部贯彻好群众路线，养成时刻关心群众、认真负责的行为操守具有重大的制度保障作用。对此，邓小平曾深刻地指出："不实行民主集中制，不但脱离人民群众，脱离党员群众，而且上级脱离下级，甚至在同级里也势必造成少数人或个人脱离多数，少数人或个人专断的局面。"①实践证明，凡是破坏了民主集中制的行为，必然导致破坏群众路线的严重后果。因此，要求党的干部坚决实行民主集中制，就必然要求他们贯彻群众路线，要求党的干部务必尊重群众、向群众请教，与群众同甘苦、共患难，体贴群众，为群众办实事、做好事。这些要求既不是党的干部仅仅出于维护党的领导地位而着意于"笼络人心"，也绝非为了克服一时困难而采取的"权宜之计"，或者是某些干部为了获得政绩好名声、好形象而作秀，更不是将其视为党和政府对群众的恩赐、施舍，而是共产党的性质和宗旨的必然体现，是共产党人的自觉追求。这种追求，不但来自共产党人的思想境界和道德品质的自觉性，而且也需要具有硬约束

---

① 《邓小平文选》第一卷，人民出版社 1994 年版，第 305 页。

力的制度和健全的机制做保障，这种制度、机制最根本、最核心的就是坚持和健全民主集中制。如果离开民主集中制，就不能很好地贯彻落实党的群众路线。

坚持和健全民主集中制，对于构建践行群众路线的长效机制具有重大保障作用。构建践行群众路线的长效机制，是党中央对党的干部的一项长期要求。要实现践行群众路线的长效机制，就要通过坚持和健全民主集中制的途径，抓紧建立健全民主集中制的具体制度，切实推进民主集中制的具体化、程序化，真正把民主集中制重大原则落到实处，建立与民主选举、民主协商、民主管理、民主决策、民主监督相互衔接的一系列具体制度。例如，建立党员、干部联系和服务群众的具体制度，问政于民、问需于民、问计于民的具体制度，等等。同时必须加强党的纪律建设、严明党的纪律，坚决维护党的集中统一，维护制度的严肃性和权威性。还要解决好正确行使权力、把权力关进制度的笼子里的问题，这是坚持和健全民主集中制必须着力研究和破解的重大课题。要建立健全具有广泛民主参与和监督的领导干部尤其是主要领导干部选拔、任用、奖惩、考核、待遇等制度。只有领导干部始终牢记权力来自人民，才能真正做到"权为民所用、利为民所谋"，把对上级负责和对群众负责统一起来，自觉践行党的群众路线。

坚持和健全民主集中制，对于贯彻落实以人民为中心、倾听群众的意愿、实现群众的利益具有重大保障作用。在当代中国，经济和社会结构都发生了深刻重大的变革，社会经济成分、组织形式、就业方式、利益关系和分配方式日益多样化，人民的需求也变得多样化。在新时代，党要运用民主集中制的民主原则，更好地实现全过程人民民主，注重在社会利益多元化的背景下，最大限度地收集民意、反映群众的诉求。党也要运用民主集中制的集中原则，协调好人民群众的局部利益和整体利益、眼前利益和长远利益，满足人民的多样化利益。作为"立党为公，执政为民"的中国共产党，必须始终以"人民拥护不拥护、人民赞成不赞成、人民高兴不高兴、人民答应不答应"作为想问题、干事业的出发点，做好为人民服务的工作。这就要求党坚持和健全民主集中制，进一步提高领导水平和执政水平，更好地践行群众路线，植根人民、造福人民，实现好、维护好、发展好最广大人民群众的根本利益。

第十二讲

坚持集体领导制度的要求及运用

中国共产党《关于新形势下党内政治生活的若干准则》规定："坚持集体领导制度，实行集体领导和个人分工负责相结合，是民主集中制的重要组成部分，必须始终坚持，任何组织和个人在任何情况下都不允许以任何理由违反这项制度。"[①]集体领导是党的领导的最高原则之一，是实现党的正确领导的可靠保证。中国共产党从中央到基层的各级党的委员会，都要实行这一原则。集体领导要建立在科学民主决策的基础上，重大问题必须由党的领导集体共同研究商议，要健全议事制度和议事规则，按照重大决策的程序作出决定。集体领导通过科学民主决策作出的决议，所有领导班子成员都必须严格遵守和执行。

一、集体领导的内涵要义和重大作用

集体领导是指，凡是涉及党的路线、方针、政策的大事，重大工作任务

---

① 《关于新形势下党内政治生活的若干准则》，人民出版社 2016 年版，第 22—23 页。

的部署，干部的重要任免、调动、升降和奖惩等，群众利益方面的重要问题，以及上级领导机关规定应由党委集体决定的问题，应该根据情况分别提交党的委员会、常委会、党组集体讨论决定。在任何情况下，都不许用其他形式的组织取代党委会及其常委会的领导。党委成立的研究处理任何专题的组织，都必须在党委领导之下进行工作，不得代替党委，更不得凌驾于党委之上。

从以上关于集体领导的规定可知，集体领导就是党委会的领导。党委会，即党的委员会。在中央，有党的中央委员会、中央政治局、政治局常务委员会、中央纪律检查委员会及其常务委员会等；在地方，有省、市、县各级党的委员会及其常务委员会等；在基层，则有乡、镇、村和厂矿、学校、机关单位等党的委员会、总支部委员会、支部委员会。党的委员会（简称党委会、党委）分布于中国共产党的各级组织机构中。实行集体领导制度，是实行党委领导的重要制度。

与党委相同的是党组。党组的前身是党团，党组是指党在中央和地方国家机关、人民团体、经济组织、文化组织和其他非党组织的领导机关中设立的领导机构，是党对非党组织实施领导的重要组织形式。党组在本单位发挥领导核心作用，负责贯彻执行党的路线、方针、政策；加强对本单位党的建设的领导，讨论和决定本单位的重大问题；做好干部管理工作；讨论和决定基层党组织设置调整和发展党员、处分党员等重要事项；团结党外干部和群众，完成党和国家交给的任务；领导机关和直属单位党组织的工作。党的十四大后，健全了党组的工作机制，成为党领导国家的重要制度。通过党组，中共中央可以实现对全国人大、国务院、全国政协、最高人民检察院和最高人民法院以及国务院各部委等的集中统一领导。以人大常委会党组为例，党组要在人大及其常委会机关中发挥领导作用，负责贯彻执行党的路线方针政策和同级党委的决策部署，讨论和决定本单位的重大问题，按照职责权限做好干部管理工作，领导机关党组织工作。全国人大常委会组成人员中的中共党员，其党组织临时关系须转入全国人大常委会机关，组成临时党支部，受全国人大常委会党组领导，全国人大常委会党组统一党员在重大问题上的认识。

党的二十大对加强党的集体领导、尤其是坚持和加强党中央集中统一领导提出了更为明确的要求。报告指出："党的领导是全面的、系统的、整体的，必须全面、系统、整体加以落实。健全总揽全局、协调各方的党的领导制度体系，完善党中央重大决策部署落实机制，确保全党在政治立场、政治方向、政治原则、政治道路上同党中央保持高度一致，确保党的团结统一。完善党中央决策议事协调机构，加强党中央对重大工作的集中统一领导。"[①] 中国共产党为什么要强调党中央集中统一领导并把集体领导作为党的领导的最高原则和必须坚持的制度呢？这是因为，对于世界上任何一个政党来说，坚持什么样的领导原则，这不仅是工作方法问题，而且事实上反映了它所代表的那个阶级的性质和世界观问题。马克思主义政党之所以要实行集体领导，是由无产阶级政党的性质、指导思想和奋斗目标决定的，是辩证唯物主义和历史唯物主义世界观和方法论的鲜明体现。马克思主义政党始终认为，人民群众是推动历史前进的动力，人民群众的智慧和力量是社会变革的最深刻的源泉，党始终以解放全人类为己任，除谋求最广大人民群众的利益外，没有自己任何特殊的利益。基于这样的世界观和肩负的历史使命，党清楚地认识到：只有依靠广大人民群众的实践，依靠集体的经验和智慧，才能形成正确的思想和主张。由是，中国共产党必须始终坚持集体领导，并把集体领导作为党的领导的最高原则。正如邓小平说的："在我们党内，从长时期以来，由党的集体而不由个人决定重大的问题，已经形成一个传统。违背集体领导原则的现象虽然在党内经常发

[①] 习近平：《高举中国特色社会主义伟大旗帜　为全面建设社会主义现代化国家而团结奋斗——在中国共产党第二十次全国代表大会上的报告》，人民出版社 2022 年版，第 64 页。

生，但是这种现象一经发现，就受到党中央的批判和纠正。"①

集体领导是民主集中制的一项重要制度。在党的领导机关工作中实行集体领导制度，具有十分重要的意义和重大作用。

第一，集体领导制度是实现党的正确领导的可靠保证。毛泽东指出："党委制是保证集体领导、防止个人包办的党的重要制度。"② 党委制的领导是党委成员的集体领导。党委成员不应该把自己置身于党委之外，更不能错误地认为，只有党委书记领导才是党委领导，没有看到党委的领导需要每个成员的集体努力，因此出现了党委委员把自己置身在党委领导之外的现象，致使某些个人能够把自己置于党委之上。从党的经验和教训看，凡是党的集体领导制得到很好坚持和有效贯彻的，由领导集体民主讨论决定重大问题的，党的领导机关的决策就正确或比较正确，党和人民的事业就顺利发展，即使有了缺点错误，也比较容易得到纠正；相反，历史上陈独秀、王明、张国焘的错误路线在党内占统治地位的时期，党的集体领导制度得不到贯彻实行，党的领导决策就会出现失误，给党和人民的事业带来严重损失。无论是历史和现实都说明，要实现党的正确领导，必须坚持党的集体领导制度，这样才能保证各级领导机关内部能够发扬民主，集思广益，正确地决定和处理重大问题。

第二，集体领导制度对于增强领导班子团结，调动领导成员的积极性和加强责任心，促进干部的成长都具有重要作用。实行集体领导制度，书记和各委员之间是平等的同志关系，在讨论和决定重大问题时，每人都有充分发表意见和参与表决的权利，并按照少数服从多数的原则形成决议。实行集体领导制度，不仅使书记和委员与集体紧密连在一起，共同了解全局，胸怀集体，心情舒畅，积极努力地去开展工作，而且还可以互相启发、互相提高，

---

① 《邓小平文选》第一卷，人民出版社 1994 年版，第 229 页。

② 《毛泽东选集》第四卷，人民出版社 1991 年版，第 1340 页。

在为共同事业而奋斗的基础上加强领导班子的团结，并不断提高领导水平和决策能力，促进干部队伍的成长。

第三，集体领导制度是防止个人野心家、阴谋家进行阴谋活动的有效组织措施。习近平指出："党内存在野心家、阴谋家，从内部侵蚀党的执政基础，我们不能投鼠忌器，王顾左右而言他，采取鸵鸟政策，这个必须说清楚。"①党的集体领导制度规定，凡属重大问题必须由党委民主讨论决定，不允许个人或少数人擅自决定重大问题，即使在紧急情况下必须由个人作出决定的，事后也要迅速向党委汇报。同时，还规定每个成员必须服从集体的决议，并在集体决议范围内进行活动、开展工作，不得另搞一套。

二、遵守重大问题的议事规则和决策程序

坚持集体领导制度，是为了解决和处理党委组织所面临的重大问题。哪些是重大问题呢？根据党的有关法规规定，重大问题分党和国家以及本单位两个层面。

从涉及党和国家的层面考量，列入重大问题的主要包括五个方面：一是党的路线、方针、政策的大事；二是重大工作任务的部署；三是干部的重要任免、调动、升降和奖惩等；四是群众利益方面的重要问题；五是上级领导机关规定应由党委集体决定的问题。

从涉及本单位的层面考量，列入要解决的重大问题有两大类。一类是指，党委或党组发挥把方向、管大局、保落实的领导作用，全面履行领导责任，加强对本单位业务工作和党的建设的领导，推动党的主张和重大决策转化为法律法规、政策政令和社会共识，确保党的理论和路线方针政策的贯彻落实。这一类比较偏重于党的思想、政治、组织和法治化建设宏观方面的规

---

① 中共中央文献研究室编：《习近平关于全面从严治党论述摘编》，中央文献出版社 2016 年版，第 87 页。

划或谋划，党委或党组应当紧密结合本单位实际，对这些重大问题进行明确细化、列出具体清单。清单内容还应根据需要进行动态调整。

另一类重大问题相比较之下则比较实在、具体，主要包括下述十二个方面：（一）贯彻落实党中央以及上级党组织决策部署的重大举措；（二）制定拟订法律法规规章和重要规范性文件中的重大事项；（三）业务工作发展战略、重大部署和重大事项；（四）重大改革事项；（五）重要人事任免等事项；（六）重大项目安排；（七）大额资金使用、大额资产处置、预算安排；（八）职能配置、机构设置、人员编制事项；（九）审计、巡视巡察、督查检查、考核奖惩等重大事项；（十）重大思想动态的政治引导；（十一）党的建设方面的重大事项；（十二）其他应当由集体领导讨论和决定的重大问题。

要有效解决以上列出的党和国家以及本单位的重大问题，必须严格遵守党内的议事规则和决策程序。

党内的议事规则，其总体的要求是，党委（党组）议事要贯彻"集体领导、民主集中、个别酝酿、会议决定"的十六字方针，遵循先议政后议事的原则。以地方党的委员会及其常委会为例，其具体的议事规则主要有以下若干规定。

一是全委会会议每年至少召开两次，遇有重要情况可以随时召开。全委会由常委会召集并主持，议题一般由常委会征询党委委员、候补委员意见后确定。全委会应当有三分之二以上党委委员到会方可召开。党委委员、候补委员因故不能参加会议的应当在会前请假，其意见可以用书面形式表达。根据工作需要，常委会可以确定有关人员列席全会。要严格会议纪律，在研究讨论问题时，要树立高度负责的精神，实事求是地发表意见。会议上的发言、形成的意见或结论要如实记录备案，对会议内容和形成的意见、决定，凡不需公开传达的要自觉保密。

二是常委会会议一般每月召开两次，遇有重要情况可以随时召开。常委会会议由党委书记召集并主持。书记不能参加会议的，可以委托副书记召集并主持。会议议题由书记提出，或者由常委会其他委员提出建议、书记综合考虑后确定。常委会会议应当有半数以上常委会委员到会方可召开。常委会委员因故不能参加会议的应当在会前请假，其意见可以用书面形式表达。根据工作需要，会议召集人可以确定有关人员列席会议。

三是常委会会议由专门人员如实记录，决定事项应当编发会议纪要。经常委会会议讨论通过、以党委名义上报或者下发的文件，由书记签发。如遇重大突发事件、抢险救灾等紧急情况，不能及时召开常委会会议决策的，书记、副书记或者常委会其他委员可以临机处置，事后应当及时向常委会报告。常委会委员可以根据工作需要，在其职责范围内主持召开议事协调会议，研究解决有关问题，但不得超越权限作出决策。

四是党的地方委员会及其常委会应当健全重大问题的决策咨询机制，认真做好调查研究工作，重大决策一般应当在调查研究基础上提出方案，充分听取各方面意见，进行风险评估和合法合规性审查，经过全委会或者常委会会议讨论和决定。全委会及其常委会可以根据工作需要召开扩大会议，但不得代替全委会、常委会会议作出决策。

五是对讨论的重大问题要进行表决，表决可以根据讨论和决定事项的不同，采用举手、无记名投票或者记名投票等方式进行，赞成票超过应到会党委委员半数为通过。未到会党委委员的意见不得计入票数。候补委员没有表决权。

讨论和决定干部的推荐及任免，是重大问题中的一个重要事项，这方面中央有着详细的议事规则规定。在会议的程序方面，规定全委会的表决由党委常委会主持，其流程如下：（一）公布党委常委会提名的拟任人选、推荐人选名单；（二）党委分管干部工作的领导成员或者组织部门负责人，逐一介绍拟任人选、推荐人选的推荐、考察和任用理由等情况；（三）对拟任人选、推荐人选进行审议；（四）无记名投票表决；（五）宣布表决结果。在干部的推荐及任免进入会议审议时，相关的细则规定还有：审议时，全委会成员是拟任人选或者推荐人选，以及与拟任人选或者推荐人选有亲属关系的，本人必须回避。审议后，回避的委员参加投票表决。对审议中提出的有关问题，由党委分管干部工作的领导成员或者组织部门负责人作出说明。对意见分歧较大或者有重大问题不清楚的，由党委常委会决定是否暂缓表决。全委会表决时，必须有三分之二以上的委员到会。委员可以投同意票、不同意票或者弃权票，但不得另提他人。表决以应到会委员超过半数同意为通过。缺席的委员不得委托他人投票，也不另行投票。投票表决设监票人、计票人若干名。监票人由党委常委会在全委会成员中提名，提交全委会审议通过。计票人由党委常委会指定，在监票人监督下进行工作。监票人和计票人应当实行公务回避。计票完毕，由监票人向全委会报告计票结果。主持人宣布表决结果。全委会投票表决未获通过的拟任人选或者推荐人选，一般不再提名为同一职位人选。确需再次提名为同一职位人选的，必须提交另一次全委会表决。两次未获通过的，不得再提名为同一职位人选。暂缓表决的，党委常委会应当在下一次全委会前作出是否继续提名的决定。继续提名的，应当提交全委会表决。对党委委员、候补委员作出撤销党内职务以上党纪处分决定，必须由全会三分之二以上多数决定。在特殊情况下，可以先由常委会作出处理决定，待召开全会时予以追认。对党委委员、候补委员的上述处分，必须经上级党委批准。

对重大问题党委不但要议事，更重要的是要作出决策。决策必须遵守相应的程序，2014 年，党的十八届四中全会通过的《中共中央关于全面推进依法治国若干重大问题的决定》明确提出了健全决策机制问题，形成了科学、民主、依法决策的一套机制。科学决策是指，以科学先进的理论为指导、科学的技术方法为手段、科学的决策程序为依托、科学的决策评估为保障而进行的决策活动。民主决策是指，既充分重视决策集体中所有成员的意见和判断，又重视智囊机构的意见和判断，并且尽量使所有利益关系人都有机会参与决策过程，事前也要加大调研工作的力度。依法决策是指，用法制手段规范、约束决策行为，将决策纳入法治化轨道。决策法治化了，才能更加合理、公正并避免重大失误。对于如何科学、民主、依法决策，《决定》把它概括为公众参与、专家论证、风险评估、合法性审查、集体讨论决定、决策公开、建立重大决策终身责任追究制度及责任倒查机制七个环节。

一是公众参与。对重大问题的决策要充分反映党心民意，需要广泛集中党员和群众的智慧。因而，必须动员和吸纳党员群众和公众参与。公众参与，是直接民主的体现。无论是党章规定还是国家宪法的规定，党员和公民不仅可以通过他们的代表行使决策权，而且要更多地亲身参与决策的实践过程。因此，对重大问题的决策要求各级党委（人大、政府等），采取各种有效的途径，引导广大党员和人民群众积极参与到党和国家的决策中来，提高决策的民主化程度，满足党员和公民参政的要求。

二是专家论证。对重大问题的决策，必须把专家论证作为一个基本的程序规定。因为有很多的重大决策，专业性、技术性非常强，涉及各行各业、方方面面。领导层和决策者不可能成为各个领域的行家里手。而专家是行业的专门人才，具有专业知识和水准。通过专家对决策的方案进行可行性或不可行性研究，发现决策存在的问题，可以避免决策的失误。因而，对重大问题的决策必须建立专家咨询论证制度，把各学科、各行业的专家组织起来，对重大决策发挥有效的顾问、参谋作用，并且主要以专家的意见和建议为主，强调专家的作用。

三是风险评估。对重大问题的决策，要提高决策效率、保证决策的成功，就要进行风险评估。风险评估是由客观上存在着风险和人们主观上需要具备风险意识所决定的。人们的风险意识，是指对来自内部的、外部的某些有可能威胁自身生存的事物和状况产生的认识或反应。基于风险意识而做出的风险评估，就是对可能发生的危险和危机，采取未雨绸缪、防范规避的措施手段。决策也是这样，尤其是重大决策，无先例可循，具有很多不可预测的风险因素，必须进行风险评估。通过风险评估，把可能的风险降至最低的限度或可控的范围。对决策方案设计要进行评议和审查，即评审其可行性方案和不可行性方案；对有疑点的决策草案还要组织二次抗风险分析。

四是合法性审查。合法性审查就是适法性审查，必须通过对决策的法律审查，才能消除和杜绝公共政策与国家法律相违背、地方和部门的公共政策与国家宏观政策相违背、各部门政策之间相互冲突的现象发生。对决策的合法性审查，应包括决策立项、决策条文、决策程序和方法等。要把合法性审查作为决策的前置性条件，只有通过了合法性审查，决策才能启动。

五是集体讨论决定。重大决策要由集体民主讨论，即参与决策的人员畅所欲言，大家充分发表意见、提出建议。最后由会议决定，即根据少数服从多数的原则作出决议。对于一些特别重大问题的决策，多数不应当是简单多数，而应为三分之二以上的多数。除一般程序外，特别重大问题的重大决策还要由立法机关审议批准。

六是决策公开。决策公开是决策的信息公开，主要是将拟出台的政策方案进行社会公示，举行公众听证，听取公众和各方面的意见、建议，避免决策的暗箱操作、落入少数人的掌控之中，使决策在阳光下运行，得到批评和监督。

七是建立重大决策终身责任追究制度及责任倒查机制。重大决策一旦出了问题，必须依法追责、依法倒查。这种追责、倒查，最关键的还在于"终身"两个字。只要是因滥用决策权或失职渎职等导致重大决策失误，不论时间、空间怎么变化，也就是不管经过多少年、不管身处何方，是现职还是退居二线或者已经退休，决策者都要对决策错误承担责任。这促使领导干部做决策时，一改草率、鲁莽而变得严谨、慎重。

三、集体领导与重大问题决策存在的问题

在坚持集体领导制度、重大问题实行科学、民主、依法决策方面，现实

中存在的问题主要有以下方面。

一是领导班子自身的问题。在党委班子中，没有正确处理好党委书记与其他委员的关系。党委书记和委员相比，有更特殊的作用，主要表现为要负总责任，在班子中起核心作用；主持工作和会议，在班子中起主导作用；沟通关系，在班子中起协调作用等。因此，书记是党委班子中的"班长"，党委班子是否坚强有力，是否有很高的领导水平，书记有举足轻重的地位和作用。强调集体领导，绝不能降低或抹杀书记在党委会中的重要作用。但是，也不能因为书记地位和作用重要，破坏了书记和委员的平等关系、一人一票的规定。

二是民主不够的问题。其一，党委内部发扬民主不够，党委内部的集体领导坚持得不好。有人把党内的书记和委员平等关系，变成领导和被领导的关系，在决定问题时出现听任书记意见的"一边倒"，不是按少数服从多数的原则决定重大问题。其二，对领导班子每个成员的民主权利尊重不够。同时，要强调领导班子其他成员也要珍惜、充分运用自己的民主权利，不能以任何理由放弃。其三，决策权限划分不清，摆不正几个会议之间的关系。如，书记碰头会本应只限于沟通情况，但实际上有代替常委会决策的现象，不利于保证常委会的集体领导和常委的民主权利。还有，常委会也不应代替全委会，但现实中常以常委会代替全委会决策。

三是集中不够的问题。其一，在中央和地方的关系上，个别地方和部门不能坚决维护中央权威。在处理一些应该由中央和上级组织统一决定的重要问题时，事前不请示、事后不报告，搞先斩后奏、边斩边奏，甚至斩而不奏。宣扬"利益主体论"，以为搞市场经济，利益多元化了，一切都是"利上往来"，一切都要按等价交换的价值规律办事。因而，淡化了"四个服从"，把自己管辖的地区和单位当成是同党和国家对立的利益主体，遇事同中央讨价还价，甚至要求中央服从自己。其二，片面强调自己所在的地方和单位的特殊性，搞"本位特殊论"，在执行中央政策时大打折扣，对中央决策合意的就执行，不合意的就不执行，搞诸侯经济，本位利益至上。也有一些部门不能正确行使中央赋予的职权，热衷于追求本部门本系统的权力和利益，各吹各的号，各唱各的调，下发的文件互相打架，搞得地方上很难办，也损害了中央的形象。其三，鼓吹"绿灯变红抢道走，见了红灯绕道走"的"灯论"，中央明确不让干的事想方设法还要干，你说你的，我干我的，我行我素，搞"上有政策，下有对策"。其四，在个人和组织、下级和上级的关系上，还不同程度地存在着集中不够的现象。有人只要组织照顾，不要组织纪律，提出党的纪律要松绑。有人不服从组织调动，对组织分配的工作，挑肥拣瘦，不合意就软磨硬抗，直到如愿为止。在上下级关系中，也有不尊重上级、不服从上级领导的现象。对上级的决定，发牢骚，说怪话，不合意的就顶着不办。

四是议而不决的问题。党章阐明："党组织讨论决定问题，必须执行少数服从多数的原则。决定重要问题，要进行表决。"① 这是党章作出的"议而必决"的规定。但是，现实中往往存在着党组织在实际工作中对重要的问题议而不决、延误决策的不正常现象。议而不决的问题，总的来说是放任民主，导致民主无节制、搞过了头。在一些党委（党组）的会议上，问题被反复地讨论，东拉西扯，颠来倒去，轻描淡写，避实就虚，顾左右而言他。有的领导班子和领导干部在研究问题、进行决策时，以遇到难题要"推推放放、等等看看"为借口，回避矛盾、遇到矛盾绕着走，空谈一阵，束之高阁。有的班子成员受知识水平的制约，对决策事项研究不够、拿不出独到的意见和见解。特别是遇到一些时效性、阶段性较强的问题时，不敢担当，怕负责任，空发一些牢骚和埋怨，把难事最终抛给"一把手"。还有的班子成员不担当、不作为，采取事不关己、高高挂起的态度，不发表实质性意见甚至不发表意见，大家敷衍塞责，优柔寡断，靠"推""拖""绕"这"三大法

---

① 《中国共产党章程》，人民出版社 2022 年版，第 20 页。

宝"去应付。会议开成了三不清的会议，即一开始就不清楚，开到一半也不清楚，开到最后还不清楚。该负主要责任的"班长"不能挺身而出，遇事躲躲闪闪，作壁上观；其他的班子成员气不顺、胆不壮，不愿当"出头鸟"；有的只讲民主、不讲集中，只想着个人、只顾着本位，不愿得罪人，会议开成了"聊天会""神仙会"，导致了议而不决或议而难决。

五是决而不行的问题。决策的生命在于落实，重大问题在作出决策后必须尽快落实。决而不行的问题，虽说主要是进入执行阶段后，领导者没能抓紧落实、不能见成效的问题，但是，有些原因却是发生在决策阶段的。这主要是：其一，作出的决策脱离了实际，不好落实。任何决策都不能脱离实际，脱离了客观实际的决策，必然难以落实。脱离实际的决策主要表现为"高"和"虚"。所谓"高"，即决策调子太高，如一些不发达地区到发达地区考察后，回去就照葫芦画瓢，要下级组织多少投入，上多少项目，经济增长多快，几年内赶上并超过对方等。由于条件不具备，要求过高的决策只能落空。所谓"虚"，即决策没有实在内容，说原则话、大话、空话的多，真正让下级可操作的东西少。由于虚张声势，搞形式主义，决策的目标抽象、空洞，尽管找不出纰漏，但贯彻起来无法把握，也难落实。其二，决策频率太快，无法执行。出主意是领导者的首要任务，出主意就是决策，但若领导者的主意太多也不行。因为一项决策从作出到落实都有一个过程，一个领导班子可以在一天内作出许多个决策，但具体实施部门却无法在一天内执行和完成这么多决策。现在，不少地方会议成灾，上级下达的文件满天飞，下级一天到晚忙于接受任务，根本没有时间去组织落实。因而，上级决策太多太快，造成下级应接不暇，就只好以不落实来应付。

四、加强集体领导和优化重大决策的举措

加强集体领导和优化科学、民主、依法决策，应对症下药地采取有力的

举措。从加强集体领导方面来说，主要应从加强领导班子建设着手，加强领导班子间的沟通交流和完善集体领导的制度建设。

其一，正确处理书记和委员的关系。书记和委员的政治地位是平等的，他们参与对重大问题的决策权也是平等的。书记与委员只是分工不同，不是领导与被领导、首长与部属的关系。书记的责任是主持、组织、协调党委的工作，他对处理党委的日常事务负责。委员的主要职责是支持和协助书记履行其工作职责。书记和委员都必须遵守集体领导的原则，接受党委的集体领导和监督。书记要支持和帮助其他委员做好工作，主动处理好同委员的关系；委员要尊重和支持书记的工作，接受书记的监督和指导。书记和委员、委员和委员，要互相商量、互相支持、互相理解、互相学习，共同维护班子的团结，使党委成为一个坚强的领导核心。投票表决时，书记和委员拥有平等的一票权，严格实行一人一票制。投票表决的结果，只能按照少数服从多数的原则得出。书记作的总结性发言，不能代替投票表决，任何人都没有最后决定权和否决权。

其二，领导班子成员要多交流。在新时代，新情况新问题不断出现，利益矛盾突出，市场经济复杂，难以预测的因素增多，面临新的要求和挑战加大。要实现党和国家事业的发展，单凭领导个人的聪明才智是远远不够的，必须依靠班子集体的力量，要善于听取不同意见，与发表不同意见的同志多沟通。正确的思想和主张，不是来自闭门造车，而是来自群众的集体智慧和集思广益。班子成员的相互交流，有利于互通情况、统一思想、增进友谊，形成更清晰的决策思路。班子成员之间目标是共同的，志向是一致的，人格是平等的。在交流中，要尊重对方意见，关心对方需求，既要坚持原则，又要讲究方法，坦诚地开展批评与自我批评，对一些苗头性、倾向性的问题要及时消除误解，把分歧和意见化解在萌芽状态。领导班子成员通过相互交流，互相理解、互相支持。

其三，落实对重大事项决策方面的制度建设。现在，党中央已加强了对

"三重一大"的管理。"三重一大"是指重大决策、重要干部任免、重大项目安排和大额资金使用。要围绕"三重一大"界定具体事项内容，建立"三重一大"的决策制度，严格遵循重大决策的程序、明确落实重大事项的工作责任，并把完善"三重一大"的决策和落实机制，作为领导班子建设和领导干部作风建设的重要内容。

此外，加强集体领导，优化科学、民主、依法决策，还要把握完整的决策过程。一个完整的决策过程，由四个阶段构成，即谋划、决断、实施、监督。这四个阶段可以简称为"谋""断""施""监"。在四个阶段的每一个阶段上，都要完善其主要环节。例如，在"谋"的阶段，需要安排决策项目的酝酿提出、相关的调研报告和智库报告、公众参与、决策预案拟定等环节。在"断"的阶段，需要安排专家论证、风险评估、社会公示、公众听证、集体讨论决定等环节。在"施"的阶段，需要安排收集反馈、补充修正等环节。在"监"的阶段，需要安排决策成效检验评估、重大决策终身责任追究制度及责任倒查机制等环节。从以上决策的构成出发，针对实际存在的问题，可以考虑采取以下的解决措施。

一是实行决策过程中的"谋""断"分离。当代中国，已从经验决策转向理性决策，从个人决策转向集体决策，从传统决策转向现代决策。决策要实现科学化、民主化、法治化，重要的是将决策过程中的"谋"和"断"分开。但往往有这样的情况，决策过程中的"谋"和"断"被一些领导者统统包办了，他们既"谋"又"断"，这是不科学的。在决策过程中，应该按照"谋者不断，断者不谋"的原则，建立"谋""断"分离的决策运行机制。"谋"，主要由对决策起参谋咨询的辅助机构即智库系统承担，负责提出决策咨询报告和建议方案；"断"，主要由决策的中枢机构和领导人承担，负责对决策议案拍板决断。"谋""断"分离，就是把"谋"这样的事，交给智库，由智库来完成；领导层只需做"断"的事，在智库提供的几个方案、建议中进行选择，作出决断。

二是进行智库建设，中国要从智库大国成长为智库强国。"谋""断"分离后，"断"要依靠"谋"的有力支撑，就必须把智库建设好。党的十八届三中全会通过的《中共中央关于全面深化改革若干重大问题的决定》已经提出："加强中国特色新型智库建设，建立健全决策咨询制度。"[1]习近平也强调提出："随着形势发展，智库建设跟不上、不适应的问题也越来越突出"，要求"形成定位明晰、特色鲜明、规模适度、布局合理的中国特色新型智库体系，重点建设一批具有较大影响力和国际知名度的高端智库"。[2]建设智库强国，必须抓好三个重点。第一个重点是，着力培育建设一批国家级的重点智库，智库强国的标志就是要有具备世界品牌的智库。第二个重点是，着力培育民间智库组织。民间智库一直是我国智库发展中的"短板"，近年来才有所发展，但在经费保障、项目来源、成果上呈通道、建言献策平台上先天不足，障碍重重。要通过行政体制改革，给民间智库更好的发展空间。第三个重点是，着力培育创新精神出创新成果。要改变专家为政府决策的科学性、合理性"背书"，避免决策咨询的"空洞化"和"符号化"。要解放思想，鼓励原创，力避平庸，拿出具有真知灼见的创新成果。

最后，应加大对决策责任的监督追究力度。要建立一套对决策形成和实施的评估标准和评估机制，尤其是按照党的十八届四中全会的《决定》提出来的"建立重大决策终身责任追究制度及责任倒查机制"。这是实行依法决策的一个创新性的规定，它体现了重大决策一旦出了问题，必须依法追责、依法倒查，必须有人承担责任。

---

[1] 中共中央文献研究室编：《十八大以来重要文献选编》（上），中央文献出版社 2014 年版，第 528 页。

[2] 《关于加强中国特色新型智库建设的意见》，人民出版社 2015 年版，第 3、6 页。

第十三讲

实行个人分工负责制度的要求及运用

按照党的民主集中制组织原则和制度的要求，各级党的委员会在实行集体领导的同时，还要实行个人分工负责制度。没有个人分工负责制度，集体领导制度也就成为一句空话。邓小平指出："我们主张巩固集体领导，这并不是为了降低个人的作用，相反，个人的作用，只有通过集体，才能得到正确的发挥，而集体领导，也必须同个人负责相结合。没有个人分工负责，我们就不可能进行任何复杂的工作，就将陷入无人负责的灾难中。"[①] 因此，在集体领导、作出决策后，要明确规定党委成员中每个人所承担的具体责任，做到事事有人管，人人有专责。凡属于有明确规定和职权范围内的事情，应由分管领导独立负责地去处理，充分发挥党委每个成员应有的作用。要提倡敢于负责的精神，反对遇事推诿，互相扯皮和无人负责的现象。

一、个人分工负责制度的含义和相关形式

民主集中制实行集体领导后，还要实行个人分工负责的制度。根据民主

[①] 《邓小平文选》第一卷，人民出版社 1994 年版，第 234 页。

集中制的规定，个人分工负责是党委在集体领导作出决定之后，每个成员必须根据集体对自己的分工，在各自的分工范围内，认真负责地贯彻执行，不得违背。要实行落实好个人分工负责制度，党委必须作出明确的工作分工，确定各自的负责人，授予执行权。《中国共产党章程》指出："委员会成员要根据集体的决定和分工，切实履行自己的职责"[①]。负责人在执行分工和完成任务时，必须拥有相应的权限，并切实履行自己的职责。如果不能很好地执行分工和完成任务，作为负责人要承担起全部的责任。

　　为什么民主集中制在规定了实行集体领导制度后，又规定要实行个人分工负责制度呢？这是因为，集体领导制度和个人分工负责制度，是两种不同的领导制度，适用于决策和执行的两个不同阶段。它们的特点不同，各自适用的对象也不同。集体领导制度适用于重大问题决策，重大问题必须由党委集体讨论，共同商议，由委员们投票决定，因此，集体领导制度实行的是委员会制。委员会制，亦称合议制。从政治学学理的角度分析，委员会制是指其委员经由民主选举产生，组成一个委员会。全体委员以集体领导的形式来行使权力。各委员职权相同，进行集体议事，其决策、决议通常是按照讨论、协商的原则作出的。委员会制的特点是，能够最大限度地集中大家的智慧，能够作出比较正确的决策。个人分工负责制度则适用于在决策之后进入执行实施管理的阶段，古今中外的社会实践告诉人们，一旦对重大问题作出决策之后，迅速有效地把它落到实处至关重要，否则，再好的决策都等于零。在贯彻落实决策、进行具体的执行和管理时，如果此时还要实行委员会制，就会因为领导成员的角色彼此相同，地位、权力一样，谁都可以进行指挥、下达命令，势必形成多头管理，造成下属执行者无所适从，扯皮拉筋，以致矛盾频仍，毫无效率。最后，出了问题大家必然相互推诿，由于人人有份而无人对其负责。因此，只有实行个人分工负责制度，才能收到明显的、

① 《中国共产党章程》，人民出版社 2022 年版，第 18 页。

切实的效果。

个人分工负责制度是一种雷厉风行的执行制度，其基本特征是经分工而负责的领导，对他所负责的事务拥有完全的执行权、指挥权，其他成员均为他的助手、参谋和执行者，他们可以有建议权，但无指挥权。关于个人分工负责制度的规定，起源于马克思恩格斯加强集中的理论，尤其是恩格斯对于权威问题的论述（参见本书第一讲第四节），也来源于列宁的分工负责思想（参见本书第二讲第五节）。个人分工负责制度的根本要求就在于，在贯彻执行集体领导作出的决策的过程中，必须赋予负责者以相应的职权与责任。负责者有职有权有责、处事迅速果断、成效就突出明显。因而，个人分工负责制度特别适合于执行和实施管理。

个人分工负责制度，是中国共产党在党内实行民主集中制的规定。而在国家行政部门实行民主集中制，其领导制度是首长负责制。《中华人民共和国宪法》规定：“国务院实行总理负责制。各部、各委员会实行部长、主任负责制。”“地方各级人民政府实行省长、市长、县长、区长、乡长、镇长负责制。”①宪法提及的“总理负责制”“部长、主任负责制”等，就是“首长负责制”。根据宪法和有关法律的规定，行政首长的主要职责是：领导本级政府工作；召集和主持有关政府会议；以政府首长名义任免政府部门有关领导人员；以政府首长名义发布有关决定和命令等；签署政府有关文件；代表政府向权力机关报告工作、提交有关建议等。在政府管理工作中，难免会出现不同的意见，行政首长当然也会在听取各方意见的基础上进行综合考量，但必须由他行使决定权，而非经民主讨论和投票才能决定是否执行。即使是执行人员认为上级领导的决定是错误的，在上级领导没有改变的情况下，也仍然必须执行，这是由行政管理的性质和职能所决定的，政府需要的是行政执行力。为此，《中华人民共和国公务员法》第六十条明确规定：“公务员执

① 《中华人民共和国宪法》，人民出版社 2018 年版，第 41、51 页。

行公务时，认为上级的决定或者命令有错误的，可以向上级提出改正或者撤销该决定或者命令的意见；上级不改变该决定或者命令，或者要求立即执行的，公务员应当执行该决定或者命令，执行的后果由上级负责，公务员不承担责任；但是，公务员执行明显违法的决定或者命令的，应当依法承担相应的责任。"① 如果政府部门不实行首长负责制的话，那么，行政管理就无法顺畅进行。

在国家的企业经济组织实行民主集中制，其领导制度是厂长（经理）负责制。1988 年制定、2009 年修订的《中华人民共和国全民所有制工业企业法》第七条规定："企业实行厂长（经理）负责制。厂长依法行使职权，受法律保护。"第四十五条规定："厂长是企业的法定代表人。企业建立以厂长为首的生产经营管理系统。厂长在企业中处于中心地位，对企业的物质文明建设和精神文明建设负有全面责任。"② 党的十二届三中全会通过的《关于经济体制改革的决定》指出："现代企业分工细密，生产具有高度的连续性，技术要求严格，协作关系复杂，必须建立统一的、强有力的、高效率的生产指挥和经营管理系统。只有实行厂长（经理）负责制，才能适应这种要求。"③ 这段话分析了实行厂长（经理）负责制的缘由，道出了实行厂长（经理）负责制强化个人责任的真谛。厂长（经理）领导企业行使的主要职权有：依照法律和国务院规定，决定或者报请审查批准企业的各项计划；决定企业行政机构的设置；提请政府主管部门任免或者聘任、解聘副厂级行政领导干部；任免或者聘任、解聘企业中层行政领导干部；提出工资调整方案、奖金分配方案和重要的规章制度，提请职工代表大会审查同意，提出福利基金使用方案

---

① 《中华人民共和国公务员法》，人民出版社 2019 年版，第 20 页。

② 全国人民代表大会常务委员会法制工作委员会编：《中华人民共和国法律汇编（1985—1989）》，人民出版社 1991 年版，第 390、395 页。

③ 中共中央文献研究室编：《十二大以来重要文献选编》（中），中央文献出版社 2011 年版，第 62—63 页。

和其他有关职工生活福利的重大事项的建议，提请职工代表大会审议决定；依法奖惩职工；提请政府主管部门奖惩副厂级行政领导干部。在其他的国家事业单位那里，行政首长也有大体类似的职权。

在国家教育领域，学校实行的是党组织领导下的校长负责制。如，《中华人民共和国高等教育法》第三十九条规定："国家举办的高等学校实行中国共产党高等学校基层委员会领导下的校长负责制。""支持校长独立负责地行使职权，其领导职责主要是：执行中国共产党的路线、方针、政策，坚持社会主义办学方向，领导学校的思想政治工作和德育工作，讨论决定学校内部组织机构的设置和内部组织机构负责人的人选，讨论决定学校的改革、发展和基本管理制度等重大事项，保证以培养人才为中心的各项任务的完成。""全面负责本学校的教学、科学研究和其他行政管理工作"。[①] 校长主持学校行政工作，其具体行使的职权有：拟订发展规划，制定具体规章制度和年度工作计划并组织实施；组织教学活动、科学研究和思想品德教育；拟订内部组织机构的设置方案，推荐副校长人选，任免内部组织机构的负责人；聘任与解聘教师以及内部其他工作人员，对学生进行学籍管理并实施奖励或者处分；拟订和执行年度经费预算方案，保护和管理校产，维护学校的合法权益；以及章程规定的其他职权。

实行个人分工负责制以及实行首长负责制、厂长（经理）负责制、校长负责制等，不等于说这些从事执行和实施管理的负责人，可以不受任何制约监督，想怎么干就怎么干。各类首长都要受到党纪国法以及来自社会的监督。

首先，各类首长都受中国共产党的领导以及各级组织和党员的监督。中国共产党的领导是中国特色社会主义最本质的特征，每一个实行首长负责制的单位，都有党的组织，都要接受党委（党组）的领导。首长是党员的，必

---

① 全国人民代表大会常务委员会法制工作委员会编：《中华人民共和国法律汇编（2015）》（下册），人民出版社 2016 年版，第 921、922 页。

须坚持党的民主集中制原则，受到党的纪律的约束。由民主党派人士担任的首长，由于民主党派都规定了接受中国共产党的领导，并且也都规定了要实行民主集中制，因此，他们也不可能离开党的领导和监督。即使不是共产党员、民主党派或无党派人士的首长，由于他们置身于坚持四项基本原则和走中国特色社会主义现代化道路的大环境氛围中，想要摆脱党组织和党员的监督，也都是不可能的。归结起来说，由于个人分工负责制（行政首长负责制、厂长负责制、校长负责制等）是民主集中制的组成部分，是和集体领导相结合于一体的制度，因而，党委的集体领导与各类首长负责制实际上是一致的、不矛盾的，不应把二者对立起来。

其次，各类首长都受国家法律的监督。中国共产党实行的个人分工负责制，虽然是处理党内的事务，受党的章程的管理，但由于党要在宪法和法律的范围内活动，不能超越于宪法和法律之上，因此，实际上也要接受国家法律的监督。其他各类首长负责制，由于本身是基于宪法和法律制度规定的，各类首长的职责权限等也由法律和制度规定，要受到宪法和法律的制约，任何首长都不能违背四项基本原则，不能侵犯公民的权利。各类首长都必须执行国家有关的法律、法令。有关的首长还必须让本单位自觉接受审计、银行、税务、物价、工商、劳动人事等部门的监督。同时，各类首长还受权力机关的监督。政府首长受国家权力机关的监督，全国人大有权罢免国务院总理、副总理以及各部部长。地方人大有权罢免本级政府的首长。在政府系统，还有下级服从上级的规定，上级政府有权改变或撤销所属职能部门和下级政府的决定等，这是从上而下的监督。在国有企业，由职工代表大会选举的厂长，职工代表大会也有权罢免，并报请政府主管部门批准；政府主管部门要委任或招聘厂长，主管部门要对委任或招聘的厂长作出免职或解聘，也都要征求职工代表大会的意见；这是从下至上的监督。

最后，各类首长还要受到社会各方面的监督，如各种群众组织、各种社会团体以及社会舆论、广大人民群众的监督等。尤其是新闻媒体和民意的监督，具有广泛性、快速性、极具影响力的特点，是谁也不敢怠慢和草率对待的，起到了很好的监督效果。

各类首长负责制在工作中，也需要坚持民主原则。首先，坚持集体讨论决定问题的原则。《中华人民共和国国务院组织法》第四条规定："国务院会议分为国务院全体会议和国务院常务会议。国务院全体会议由国务院全体成员组成。国务院常务会议由总理、副总理、国务委员、秘书长组成。总理召集和主持国务院全体会议和国务院常务会议。国务院工作中的重大问题，必须经国务院常务会议或者国务院全体会议讨论决定。"① 宪法第九十条规定："国务院各部部长、各委员会主任负责本部门的工作；召集和主持部务会议或者委员会会议、委务会议，讨论决定本部门工作的重大问题。"② 可见，由行政首长签署的决定、命令、行政法规等，并不是行政首长一个人说了算，而是集体讨论决定的。至于由国有企业的厂长（经理）提出的重大问题的解决方案，也须由企业有关的管理委员会集体讨论。其次，在行政管理的执行实践中，首长的个人决断和实施的过程，也要走群众路线，深入调查研究，掌握大量资料，了解具体情况，才能提出正确的举措方法。

总之，作为各类首长负责制的领导者，有如大海中航行的船长，铁轨上火车和公路上汽车的驾驶员，他不能自主决定改变航船已规定的前进方向，但他有权随机处理航速及航行过程中的具体问题；他也不能改变火车、汽车的运行路线，但他有权随时对车辆作加速、减速行驶，甚至暂时性地紧急制动停车。实行个人分工负责制以及各类首长负责制，目的只有一个，就是为了保证领导者在负责执行任务时，能够把运行的"船"和"车"，快捷、安全地驶达胜利的目的地。

---

① 全国人民代表大会常务委员会办公厅编：《中华人民共和国第五届全国人民代表大会第五次会议文件》，人民出版社 1983 年版，第 291 页。

② 《中华人民共和国宪法》，人民出版社 2018 年版，第 44 页。

二、实行个人分工负责制度存在的问题及原因

在党的十八届六中全会通过的《关于新形势下党内政治生活的若干准则》中，对实施个人分工负责制度在现实中存在的问题作了多方面的、深度的分析，例如，要"坚决防止和克服名为集体负责、实际上无人负责"，"坚决反对和防止独断专行或各自为政"，"领导干部不准把分管工作、分管领域和地方当作'私人领地'，不准搞独断专行"，"决策形成后一抓到底，不得违背集体决定自作主张、自行其是"，坚决反对和防止"决而不行、行而不实"，"及时发现和解决矛盾和难题，不上推下卸，不留后遗症"，[①] 等等，在这些论述中，列出了存在的突出问题。

一是以集体领导代替个人责任。有的领导干部对个人分管的工作，不敢大胆处理，事事请示党委，依赖党委，害怕自己担责。有的领导干部对集体形成的决定，不积极贯彻，消极对待，能推就推；对其他成员的工作漠不关心，或以邻为壑，互相掣肘。还有的人，借口党委实行集体领导、权力不能分散，而不希望进行管理分工，希望把权力集中在"一把手"那里，用"一把手"的领导代替领导班子成员的个人分工，免除自己应有的责任。

二是分工负责有名无实导致发生代责受过。在分工负责的时候，没有给分工负责的领导以真正的职权。有很多这样的情况，领导班子和成员虽然也有一定的分工，每个领导成员也有自己分管的领域，但可以说都没有真正的管理权力，最终还都要请示"一把手"，还得由"一把手"决定，因此，实际上分工只是名义的。可是，真正到了出问题的时候，因为是你分管的，又要让你负责任，对你问责，所以，分管的领导感到很憋屈，本来是"一把手"的责任，但"一把手"可以找到"替罪羊"，让别人代他受过、"背黑锅"。

三是确实有一些人借个人负责之机搞独断专行。实行个人分工负责制

① 中共中央党史和文献研究院编：《十八大以来重要文献选编》（下），中央文献出版社2018年版，第429—430页。

度，是为了建立集中统一和强有力的、高效的指挥管理系统，其实质在于民主集中制对于如何实行集中的具体化，是集体领导赋予个人的管事权力和信任。但某些人却把分工负责制看成脱离民主集中制的个人专权，处处要摆脱民主集中制的制约，或以首长负责制否定民主集中制。一些领导干部借着手中拥有执行的权力，在分管领域、分管工作大搞唯我独尊、个人专断，甚至使自己分管地方成为独立王国，违法乱纪、胡作非为，给党和国家造成了恶劣的影响和严重的损失。当然，出现这样的情况，是由于对权力监督不严不力所致，而非实行个人分工负责制度本身之过。

四是"决而不行""行而不实"频频发生却无人过问。决策要得到有力的执行、落实，必须明确分工和责任。凡是存在决而不行和行而不实现象的，首先，都与分工不明确有关，由于目标和任务过于宽泛，没有配备具体的落实单位和个人，责任不到位，造成了实际上的无人负责。其次，分工不合理，用人不当，没有挑选合适的人才放到合适的岗位上，负责承担任务的领导者，其实不适合、不胜任此项分工，致使决策的目标、任务落空。最后，疏于检查督促、不闻不问。决策的落实离不开分工负责人的自觉性和主动性，但完全靠其自觉性和主动性来落实决策还是不够的，不可能真正做到责任到位。需要经常地加以检查、批评和督促改进。没有检查就没有落实，集体领导在作出决策之后，必须通过组织各种形式的检查，才能保证分工负责把决策落实好，不打折扣，不走样子。组织检查，不能流于形式、做做样子，不能搞形式主义，听听汇报、看看材料，一切都好，实际上什么都没落实。

五是出现"上推下卸"的情况且留下严重的"后遗症"。实行个人分工负责制，必须赏罚分明，解决干好干坏一个样、落实不落实一个样的问题。任何一项决策的执行、落实，都需要激励制约机制来保证。有些领导者对决策的执行，不能落到实处，出现上推下卸，留下半拉子工程，就是因为对落实好的没有奖励表扬，对不执行不落实的没有批评惩罚，这样一来，决策的落实就没有约束力，无法得到有力的保障。不能调动落实决策的积极性。

以上分析了现实中落实个人分工负责制度存在的诸多问题，那么，需要进一步思考的是，产生这些问题的原因何在？归根到底，需要进行深层次的探讨，从权力结构的解剖入手，从党政干部理应掌握和规范的权力方面入手，才能找到真正的原因。

在党的十七大报告中，已经明确了权力的结构是由"三权"构成的，即"决策权、执行权、监督权"。对于这"三权"要形成怎样的关系，党的十八届三中全会在《决定》中作了透彻的阐述，即要"构建决策科学、执行坚决、监督有力的权力运行体系"[①]。这就是说，在决策权方面，要做到科学决策，就要求实行集体领导；在执行权方面，要做到坚决执行，就必须落实分工负责；在监督权方面，要做到有力的监督，就必须保证监督权的独立性。对照中央作出的这些规定，现在在"三权"上则有三个"散乱"现象：一是决策权散乱了，被分散地给党政"一把手"或一些个人掌握；二是执行权散乱了，没有扎实地落到个人负责制上；三是监督权散乱了，没有能够真正统一、有力地抓起来、管起来。之所以存在这样的"散乱"现象，关键在于，对权力的结构和运行体系没有很好地分析，没有弄清楚党政领导干部究竟要掌握和使用好哪些权力的问题。

首先，党政领导干部拥有决策参与权。在决策过程中，必须充分发扬民主，广泛征求党员和群众的意见，进行讨论商议。显而易见，作为党政各级组织和领导班子的"一把手"及其成员，拥有参与决策的权力。而且，在集体领导制度下，党政领导班子的"一把手"及其成员在决策过程中发挥着重要作用，要善于集中党员和群众的好主意、好看法，并形成新见解、新共识，作出正确的决策。

其次，党政领导干部拥有任务执行权。在各级党的委员会实行集体分

---

① 中共中央文献研究室编：《十八大以来重要文献选编》（上），中央文献出版社 2014 年版，第 531 页。

工、个人负责的情况下，以及在各级政府中作为各级行政首长或行政部门主管的情况下，党政领导干部具有完成任务的执行权，即首长负责制的办事权力。首长负责制的办事权力，是为完成任务而具有的执行权力，是有职有权、实实在在的、能够做到令行禁止的权力。

最后，党政领导干部也享有监督权。党政领导干部拥有的监督权，就是对班子其他成员和其他人员所具有的监督的权利。按照党的规章制度和法律规定，党政领导干部和所有党员一样，也享有检举揭发权、罢免撤换权，以及控告权、申诉权、辩护权、保留意见权等。当然，这也意味着党政领导干部自身也要受到来自他人的监督和专门机构的监督。

由上可见，在党政领导干部拥有的"三权"中，虽然他们享有决策权、监督权，但这些权力属于集体领导的范畴，不能被个人所垄断和独享。而只有执行权是属于个人分工所拥有的。在落实个人分工负责制的过程中，党政领导干部之所以会发生权力使用过当的违规滥用，或失权、虚权的无权使用，以及缺少权力的难以使用等问题，归根到底在于，以往对权力的运行体系以及权力的使用范围、界限方面存在着模糊认识，导致决策权、监督权权力过分集中于个人，而党政领导干部经分工所拥有的执行权则旁落缺失。

在党政部门中，权力过分集中的问题是一个体制性的问题。党的十一届三中全会决定实行改革开放后，邓小平提出，我国政治体制的总病根是权力"过分集中"，"一把手"形成了"决策一言堂、用人一句话、花钱一支笔"的权力垄断，造成传统社会主义的根本弊端和严重危害。由于党政"一把手"权力过大，不受制约、难以监督，党的民主集中制的组织原则和制度就被破坏了。解决政治体制中党政"一把手"权力过分集中的问题，归根到底要靠民主集中制，需要运用民主集中制的组织原则和制度加以克服，让权力真正归位，使党政领导干部手中应有的三种权力都回到正确的位置上。对决策权和监督权，由于属于集体领导的范畴，应收回来、回归集体领导的本位，不能归某个人如党政"一把手"或少数人掌握。对执行权，则要真正落实到个人分工负责的领导者身上，使分工负责的领导干部有职有权，如果没有这样的职权，什么事都干不成，怎么会有执行力和工作效率呢？当然，分工负责的领导干部在行使执行权时，要立下"军令状"，如果不能很好地完成任务，就要负全部责任，不能推诿扯皮、敷衍塞责。

三、落实个人分工负责制度的重要举措

针对实施个人分工负责制度存在的问题，应该采取相应的对策、举措。这主要是健全完善责任制，坚决强化落实问责制和继续加强党内监督。

一是健全完善责任制。责任制，即各项工作由专人负责，并明确责任范围的管理制度。《中华人民共和国宪法》第一章第十四条规定："实行各种形式的社会主义责任制"[①]。当今世界，民主政治的基本标志是责任政治，即公共权力的实行者直接或间接地对人民负责、受人民监督，履行法律和社会对其所要求的各项职能，有效回应和实现民众需求。对党和国家来说，责任是首要的，因而，必须对公共权力的实行者——党政干部建立责任制。

责任制要围绕党政干部分工负责任务的目标管理来制定和完善。在党政机关实行目标管理责任制，要着重抓好制订目标、考核实绩、兑现奖惩三个关键环节。第一个环节，科学地制订目标，既有总目标，又有层层分解的子目标，并制订出切实可行的步骤，对工作的数量、质量、完成的时间提出具体的要求。第二个环节，进行严格的实绩考核，建立干部实绩档案。对干部实绩的考核，应有三方面的内容：一是目标责任书所规定的工作任务完成情况，二是考核创造性的劳动成果，三是考核工作中是否出现重大失误及其后果。第三个环节，按目标完成情况兑现奖惩。在奖惩问题上，对完成目标任

---

① 《中华人民共和国宪法》，人民出版社 2018 年版，第 14 页。

务、成绩突出的，要分别授予荣誉称号、记功、晋级、提升。对因主观努力不够而未完成主要目标任务的，应提出扭转局面的限期，到时仍完不成任务的，应坚持能上能下的精神，予以降职或免职。对玩忽职守、贻误工作造成重大损失的，应分别给予党纪、政纪处分，直至追究法律责任。对干部的奖惩应坚持实事求是，严格考核，功过分明，赏罚得当，坚决反对弄虚作假，虚报浮夸。通过奖惩，确实起到鼓励先进，鞭策后进，最大限度地调动干部工作积极性的作用。

二是坚决强化落实问责制。问责制与责任制紧密联系，是指问责主体对其管辖范围内各级组织和成员承担职责和义务的履行情况，实施并要求其承担否定性后果的一种责任追究制度。对党政干部必须实行问责制，约束并制裁其各种不负责任的行为，以问责方式来倒逼责任落实，其核心就是要求作为公共权力实行者的党政干部承担应有之责，包括公开道歉、停职检查、引咎辞职、责令辞职、撤换罢免和法律追究等问责方式和程序。

问责制建立后，不能搁置一边，成为摆设。党的十八大以来，中央强化了问责制度在全面从严治党中的重要作用，对于缺乏责任意识和担当精神以及不作为、慢作为、懒作为的领导干部也要进行问责；在注重结果问责的同时强调合理的容错纠错，激发广大党员干部干事创业的积极性和主动性；同时，还实施终身问责，对那些失职失责性质恶劣、造成严重后果的领导干部（即使已经转岗、提拔或退休）都要追究责任，从事后问责逐步向全面化、常态化问责发展。2019年，党中央修订了《中国共产党问责条例》，加快了落实问责制的步伐。《条例》规定了党的问责工作的六条原则：依规依纪、实事求是；失责必问、问责必严；权责一致、错责相当；严管和厚爱结合、激励和约束并重；惩前毖后、治病救人；集体决定、分清责任。《条例》强调指出："问责应当分清责任。党组织领导班子在职责范围内负有全面领导责任，领导班子主要负责人和直接主管的班子成员在职责范围内承担主要领导责任，参与决策和工作的班子成员在职责范围内承担重要领导责任。对党组织问责的，应当同时对该党组织中负有责任的领导班子成员进行问责。党组织和党的领导干部应当坚持把自己摆进去、把职责摆进去、把工作摆进去，注重从自身找问题、查原因，勇于担当、敢于负责，不得向下级党组织和干部推卸责任。"① 同时，《条例》从十一个方面规定了问责的范围。其中包括："在贯彻新发展理念，推进经济建设、政治建设、文化建设、社会建设、生态文明建设中，出现重大偏差和失误，给党的事业和人民利益造成严重损失，产生恶劣影响的"；"履行管理、监督职责不力，职责范围内发生重特大生产安全事故、群体性事件、公共安全事件，或者发生其他严重事故、事件，造成重大损失或者恶劣影响的"；"在教育医疗、生态环境保护、食品药品安全、扶贫脱贫、社会保障等涉及人民群众最关心最直接最现实的利益问题上不作为、乱作为、慢作为、假作为，损害和侵占群众利益问题得不到整治，以言代法、以权压法、徇私枉法问题突出，群众身边腐败和作风问题严重，造成恶劣影响的"。② 对这些都应当进行失职失责的严厉问责。

三是继续加强党内监督。党内监督，是中国共产党的各级组织和全体党员依据党章、党规党纪和国家法律法规，对党员干部，特别是各级领导干部进行的监督，是在党组织内的相互组织监督和党员间的相互监督。

自中国共产党建党 100 多年来、特别是新中国成立 70 多年来，党内的一个基本经验和共识，就是要大力加强党内监督。党的十八大以来，以习近平同志为核心的党中央特别重视加强党内监督。习近平强调要"坚持有责必问、问责必严，把监督检查、目标考核、责任追究有机结合起来，形成法规制度执行强大推动力。"③ 他还要求："要健全权力运行制约和监督体系，让人

---

① 《中国共产党问责条例》，人民出版社 2019 年版，第 4—5 页。

② 《中国共产党问责条例》，人民出版社 2019 年版，第 5、7—8 页。

③ 中共中央文献研究室编：《习近平关于全面从严治党论述摘编》，中央文献出版社 2016 年版，第 231 页。

民监督权力，让权力在阳光下运行，确保国家机关按照法定权限和程序行使权力"①，以确保领导干部真正用权到实处，权为民所用。2016年10月，党的十八届六中全会通过的《中国共产党党内监督条例》指出："党内监督没有禁区、没有例外。信任不能代替监督。各级党组织应当把信任激励同严格监督结合起来，促使党的领导干部做到有权必有责、有责要担当，用权受监督、失责必追究。"②同时指出，党内监督必须贯彻民主集中制，依规依纪进行，强化自上而下的组织监督，改进自下而上的民主监督，发挥同级相互监督作用。民主集中制是落实监督问责的根本保障，民主集中制建立了对决策权、执行权严格的监督问责制度，一旦在行使决策权和执行权过程中出现问题，便有监督问责措施跟进，并采取相应的问责方式。

---

① 中共中央文献研究室编：《习近平关于全面从严治党论述摘编》，中央文献出版社2016年版，第176页。

② 《中国共产党党内监督条例》，人民出版社2016年版，第2页。

第十四讲

提高领导干部的素质和水平

党的领导干部躬身践行民主集中制，起着至为关键的作用。民主集中制的践行落实，需要党的领导干部具有良好的素质和水平，党的领导干部的素质好、水平高，民主集中制的践行落实就有保证，素质不高、水平差，民主集中制的践行落实就会受到影响。这是因为，历史上的中国经济文化比较落后，封建主义残余比较多，民主传统比较少，决定了民主集中制的贯彻实行从不完善走向完善将是一个很长的过程。在这一过程中，党的领导干部的素质、水平在党和国家的政治生活中所起的作用尤为重要。因此，贯彻实行民主集中制，要求不断提高党的领导干部的思想、理论、业务等方面的素质和水平。

一、发扬民主、善于集中、敢于担责

党的十八届六中全会通过的《关于新形势下党内政治生活的若干准则》中指出："党委（党组）主要负责同志必须发扬民主、善于集中、敢于担责。"① 这是党的领导干部躬身践行民主集中制应具备的最基本的素质和

---

① 中共中央党史和文献研究院编：《十八大以来重要文献选编》（下），中央文献出版社 2018 年版，第 429 页。

水平。

民主，作为民主集中制的一个重要方面，要求党的领导干部在党内的一切活动和党内的生活中，都要树立民主的思想理念，遵从民主的原理原则，建立民主的制度机制，按照民主的程序规则办事。党内如果没有民主了，就将出现鸦雀无声、死水一潭的状况，党就不可避免地失去生机活力。正因为这样，中国共产党提出"党内民主是党的生命"，要求全党像珍惜和爱护生命一样看待党内民主，坚决实行党内民主。民主集中制规定了党内开展任何一项工作和活动，首先必须实行民主，只有充分发扬党内民主，才能最大限度地激发全党的创造活力，使党呈现出生机勃勃、气象万千的局面。党内民主何以能够激发全党的创造活力呢？这是因为在充分发扬党内民主的条件下，广大党员和干部的积极性、主动性、创造性必然得到有效的调动，他们的聪明才智、奋斗精神必然得到空前的迸发，好点子、好思路、好办法就会层出不穷，党和国家的事业遇到的任何问题和障碍，就没有解决不了的、闯不过去的。

充分发扬党内民主不但激发了全党的创造活力，而且通过党内民主带动人民民主，保持了党中央、各级组织与基层干部、广大群众的密切联系，这就为科学民主依法决策奠定了坚实的基础，创造了有利的条件。党中央和各级组织怎样作决策呢？根据民主集中制的要求，必须通过决策的民主程序，摆在第一位的是公众参与，这就离不开充分发扬党内民主和人民民主。治党治国少不了决策，决策的正确与否，决定着党和国家的前途命运、兴衰成败。决策要正确、成功，必须坚决执行民主集中制，需要弘扬党内民主和人民民主。习近平指出："党的十八大以来，党中央各项决策都严格执行民主集中制，都注重充分发扬党内民主，都是经过深入调查研究、广泛听取各方面意见、进行反复讨论而形成的。要把我们这样一个大党大国治理好，就要掌握方方面面的情况，这就要靠发扬党内民主而来，靠各级党组织和广大党员、干部广泛听取民声、汇聚民意而来。"① 他还要求，党的领导干部要把民主素养作为一种领导能力来培养，作为一门领导艺术来掌握。

集中，作为民主集中制的另一个重要方面，针对的是分散主义、各行其是。如果把集中的对立面当成是民主，认为集中是为了约束、压制民主，完全是一种误解。民主集中制所讲的集中，是作为马克思主义政党民主制度的一部分，本身也是一个民主制度，因而，集中怎么可能用来约束、压制民主呢？民主集中制实行的集中，是少数服从多数的民主的集中，而不是多数服从少数甚至一人的专制的集中，是为了更好地引导民主、促进民主。对民主正确实行集中，恰恰说明集中属于民主的范畴，构成民主的一个必不可少的部分和阶段。

不可否认，在发扬民主的过程中，会出现"极端民主化"的现象，每个人想要怎么做就怎么做，就会演变成民粹主义。因此，对民主导致纷乱无序的自发倾向，需要加以引导、协商，逐渐凝聚共识，并运用少数服从多数的原则正确实行集中。民主必须走向集中，要求党的领导干部要有把各方面的真实意见掌握全、掌握准，进行反复研究、反复比较、择善而从的本领。要善于正确集中，把不同意见统一起来，把各种分散意见中的真知灼见提炼概括出来，把符合事物发展规律、符合最广大人民群众根本利益的正确意见集中起来。只有正确地形成了民主的集中，作出了科学的决策，才能保障全党思想和行动的统一。

民主形成集中后，必须建立中央的领导权威，必须坚决地承认和服从中央集中统一领导的权威，自觉维护中央集中统一领导的权威。习近平指出："我们党的历史经验表明，凡是党中央权威和集中统一领导坚持得好，党的事业就兴旺发达；反之，党的事业就遭受挫折。"② 党的十八大以来，党中央

① 《中共中央政治局召开民主生活会强调 树牢"四个意识" 坚定"四个自信" 坚决做到"两个维护" 勇于担当作为 以求真务实作风把党中央决策部署落到实处》，《人民日报》2018年12月27日。

② 《中共中央政治局召开民主生活会强调 树牢"四个意识" 坚定"四个自信" 坚决做到"两个维护" 勇于担当作为 以求真务实作风把党中央决策部署落到实处》，《人民日报》2018年12月27日。

旗帜鲜明强调"四个意识""两个维护"，全党上下团结一心、步调一致，解决了许多长期想解决而没有解决的难题，办成了许多过去想办而没有办成的大事，推动党和国家事业取得历史性成就、发生历史性变革。现在，坚持和执行民主集中制，还需解决"议而不决、决而不行、行而不实"等在集中方面明显存在的突出问题，才有利于党形成坚强统一的力量，遵守纪律，令行禁止，步调一致。

在新时代要敢于担当、敢于担责，是党的领导干部必备的和必须着力提高的素质与能力。敢于担当，体现的是一种迎难而上的责任意识，善于担当，体现的是一种有勇有谋的能力素质。越是在困难的时候，越是任务繁重，就越需要有勇有谋、善于担当，具有进退有据、运筹帷幄的能力。党政干部要善于在纷繁问题与复杂局面中胸怀大局、把握大势、着眼大事，牢牢把握工作主动权，切实把担当、担责落到实处。

敢于担当、敢于担责是中国共产党全心全意为人民服务和执政为民的政治品格，浸润着中华民族民惟邦本的优秀基因，也昭示着党治国兴邦的制胜之道。作为一名领导干部，必须对党忠诚，为共产主义奋斗终身；为人民服务是党的根本宗旨，是一切工作的出发点和落脚点。领导干部必须进一步增强为人民服务意识，始终把人民利益放在首位，以群众满意不满意、答应不答应检验一切工作的成效，多谋民主之利、善解民生之忧，提升为民服务效能。在党和国家发展的不同时期和阶段，一定要肩负起历史使命，对党负责，对人民负责，不忘初心，尽职尽责，把建设中国特色社会主义作为坚定不移的理想信念和矢志不渝的价值追求，落实到干好本职、干成事业的具体行动中。

二、强化法治意识、大局意识和全局观念

一名合格的党的领导干部，不仅需要具备党性修养、战略思维、辩证思

维、系统思维、创新思维和底线思维等多种素养，而且必须具备较高的法治素养。在践行落实民主集中制中，不少领导干部违法违规，都与缺乏基本法律常识有关。这就要求各级领导干部要自觉学法、懂法、守法，不断提升法治素养，促进自身健康成长。党的十八届四中全会指出，要"深入开展法治宣传教育"，"坚持把领导干部带头学法、模范守法作为树立法治意识的关键，完善国家工作人员学法用法制度，把宪法法律列入党委（党组）中心组学习内容"，①要开展党委（党组）中心组集体学法活动，举办法治专题讲座等方式集体学法。

强化领导干部的法治意识，要尊崇党章、尊崇宪法。党章是党的根本大法，是制定一切党内法规的法理基础和基本依据。《中国共产党纪律处分条例》明确规定："党章是最根本的党内法规，是管党治党的总规矩。"②每一位领导干部都要自觉唤醒党章意识，要讲规矩，守纪律，知敬畏，存戒惧，是共产党员就要按党章说话，照党章办事。党章不是嘴上说说，纸上写写，墙上挂挂，而是要刻印在全体党员和领导干部的心上，并真正落实在行动上。党章中包括对民主集中制的规定，一定要把党章和民主集中制的权威树立起来，保证党内法规执行到位。

中国共产党作为执政党，要求党的领导干部既要遵守党章，又要遵守宪法和法律。宪法和法律具有国家强制力，是国家意志和国家权力的体现。作为国家意志，宪法和法律是由国家权力强制保证实施的。在我国，制定宪法和法律的过程，是在党的领导下，通过人民的国家机关，总结实践经验，广泛发扬民主，贯彻民主集中制原则的过程。宪法和法律也体现和贯彻了党的路线、方针、政策，代表了工人阶级和最广大人民群众的根本利益，党规党纪和国家法律在本质上是一致的，都是党和人民共同意志的反映，都是党领

---

① 中共中央文献研究室编：《十八大以来重要文献选编》（中），中央文献出版社 2016 年版，第 172 页。

② 《中国共产党纪律处分条例》，人民出版社 2018 年版，第 2 页。

导人民治理国家的重要方式。因此，在党的十八大后，中央在党内法规制定工作五年规划纲要中明确提出，党内法规建设要坚持"宪法为上、党章为本"①的原则。习近平指出："宪法以根本法的形式反映了党带领人民进行革命、建设、改革取得的成果"②，强调了国家宪法和法律的重要性。在治国理政中，中国共产党既要靠党的政策，更要靠国家法制，正如江泽民指出的："建国后我们党作为执政党，领导方式与战争年代不同，不仅要靠党的政策，而且要依靠法制。凡是关系国家和人民的大事，党要作出决定，还要形成国家的法律，党的领导与依法办事是一致的。"③党的领导干部要更多地依靠国家法律，致力于治国理政。

党的领导干部强化法治意识，就要始终保持大局意识和全局观念，把自己自觉摆进党纪和国法的框框里，坚持言行不出格，自觉遵守法律法规的规定，自觉接受法律法规的监督。

习近平指出："必须牢固树立高度自觉的大局意识，自觉从大局看问题，把工作放到大局中去思考、定位、摆布，做到正确认识大局、自觉服从大局、坚决维护大局。"④大局意识和全局观念，就是善于从全局高度、用长远眼光观察形势，分析问题，善于围绕党和国家的大事认识和把握大局，自觉地在顾全大局的前提下做好本职工作。

党的领导干部要保持大局意识和全局观念，一要正确认识大局，大局既带有根本性、决定性和方向性的特征，又是不断发展变化的，要自觉地同党中央保持步调一致，将中央的战略决策、战略部署真正落到实处，从而确保

---

① 《中央党内法规制定工作五年规划纲要（2013—2017年）》，人民出版社2013年版，第4页。

② 中共中央文献研究室编：《习近平关于社会主义政治建设论述摘编》，中央文献出版社2017年版，第30页。

③ 中共中央文献研究室编：《江泽民论有中国特色社会主义（专题摘编）》，中央文献出版社2002年版，第307—308页。

④ 习近平：《论坚持党对一切工作的领导》，中央文献出版社2019年版，第64—65页。

经济和社会事业实现又好又快发展。二要自觉服从大局，不能搞"你有政策我有对策"，或以种种借口脱离大局。在涉及局部与全局、个人与整体、当前与长远的利益时作出正确选择，始终以党和人民的根本利益为重。不以局部小胜小负左右摇摆，不为眼前得失前后纠结，能够跳出一时一事和一地一己的局限，正确处理局部与全局、个人与整体、当前与长远的利益关系。三要坚决维护大局。仅仅能够认识大局、服从大局是不够的，还必须坚决地维护大局，付诸行动。在实现中华民族伟大复兴中国梦的进程中要坚决地维护大局，就要不折不扣地贯彻落实依法治国的方针，把思想和行动统一到中央对形势的分析判断和总体部署上来，始终把发展作为执政兴国的第一要务，坚定不移地坚持以经济建设为中心，用发展的办法解决前进中的问题。必须按照民主集中制的要求，坚决执行党的各项决议和中央战略方针。

三、严守政治纪律和规矩、反对自由主义

党的领导干部躬身践行民主集中制，严守政治纪律和政治规矩是一个基本素质。党的十八大以来，习近平多次论及政治纪律和政治规矩对于党的极端重要性，指出"现代政党都是有政治纪律要求的，没有政治上的规矩不能成其为政党"[1]，明确强调了要严明政治纪律和政治规矩，加强纪律建设，把守纪律讲规矩摆在更加重要的位置，并详尽地阐述了政治纪律和政治规矩的要义及其内涵。

什么是纪律和政治纪律？纪律是对党员作出的必须遵守的约束性条文规定。例如，保密、听从指挥、个人服从组织等。党的纪律是多方面的，在所有党的纪律和规矩中，第一位的是政治纪律，政治纪律是最重要、最根本、最关键的纪律。政治纪律是各级党组织和全体党员在政治方向、政治立场、

---

[1] 中共中央纪律检查委员会、中共中央文献研究室编：《习近平关于严明党的纪律和规矩论述摘编》，中央文献出版社、中国方正出版社2016年版，第16页。

政治言论、政治行为方面必须遵守的约束性条文。

什么是规矩和政治规矩呢？党的十八大以来，习近平在一系列重要讲话中多次提到"规矩"问题。从"立规矩""定规矩"到"讲规矩""守规矩"，其中强调最多的又是政治规矩。习近平把党在长期实践中，经过实践检验，约定俗成、行之有效而形成的优良传统和工作惯例，称为党员和干部必须遵守的党的规矩，这是对党的思想理论的一个创新。例如，忠诚公正、实事求是、群众路线、艰苦奋斗、勤俭朴素等，并没有被确定为纪律要求，但因为都是党的优良传统和工作惯例，都要算作党的规矩。在众多的党的规矩中，政治规矩显得格外重要，例如，自觉维护党中央权威、自觉维护党内团结统一、自觉维护党的组织决定等，都属于政治规矩。

那么，纪律（包括政治纪律）和规矩（包括政治规矩）之间究竟有着怎样的关系呢？习近平对此作出解释："纪律是成文的规矩，一些未明文列入纪律的规矩是不成文的纪律；纪律是刚性的规矩，一些未明文列入纪律的规矩是自我约束的纪律。"[①] 这就扩展了纪律的范畴，那些不成文的规矩也是纪律，也需要遵守。这说明，纪律就是规矩，规矩也就是纪律，区别只在于成文与否。总起来说，规矩是一个统称，它的范围、外延更宽些，因而更多些。甚至，纪律本身就包含在总规矩之中。归结而言，正如习近平指出的："党的规矩总的包括什么呢？其一，党章是全党必须遵循的总章程，也是总规矩。其二，党的纪律是刚性约束，政治纪律更是全党在政治方向、政治立场、政治言论、政治行动方面必须遵守的刚性约束。其三，国家法律是党员、干部必须遵守的规矩，法律是党领导人民制定的，全党必须模范执行。其四，党在长期实践中形成的优良传统和工作惯例。"[②] 在这四个方面的总规

[①]　中共中央文献研究室编：《习近平关于全面从严治党论述摘编》，中央文献出版社 2016 年版，第 108 页。

[②]　中共中央文献研究室编：《习近平关于全面从严治党论述摘编》，中央文献出版社 2016 年版，第 107—108 页。

矩中，既包含了成文的纪律，也包含了党的优良传统和工作惯例。党的优良传统和工作惯例虽然是不成文的纪律，但是谁也不能拿这些规矩当儿戏。

为什么要强调严明政治纪律和政治规矩，要求守纪律讲规矩呢？因为近几年来，党内出现了"有的领导干部把自己凌驾于组织之上，老子天下第一，把党派他去主政的地方当成了自己的'独立王国'，用干部、作决策不按规定向中央报告，搞小山头、小团伙、小圈子。他们热衷干的事目的都是包装自己，找人抬轿子、吹喇叭，为个人营造声势，政治野心很大"①。这些非组织政治活动，就是结党营私、拉帮结派，是在历史上曾经有过的、为人熟悉的宗派主义、山头主义。一些党的领导干部之所以出问题、犯错误、入牢笼，原因之一就是不懂纪律规矩、不畏纪律规矩、也不守纪律规矩。有的为了仕途升迁，藐视纪律规矩、践踏纪律规矩、另立纪律规矩，把封建主义糟粕的官场文化带入现代政治生活；有的对纪律规矩虽心知肚明，但执行起来却存在特权思想，破坏纪律规矩，随心所欲，以致于肆无忌惮；有的分不清"红线"、看不到"红灯"，面对八面来风，践踏了"雷区"，守不住底线。规矩没有了分量，制度失去了刚性，行为逾越了分寸，就会产生"破窗效应"，导致撞南墙、栽跟头。历史和现实告诫人们，党性不纯，必然丧失原则；党规不彰，必然失守防线；党纪不严，必然警示无力。"遵守党的政治纪律，最核心的，就是坚持党的领导，坚持党的基本理论、基本路线、基本纲领、基本经验、基本要求，同党中央保持高度一致，自觉维护中央权威。"②政治纪律和政治规矩是维护党的团结的根本保证，只有把严守政治纪律和规矩作为经常性的教育常抓不懈，并具体落到党的领导干部的实际言行中去，才能永远保持马克思主义政党的组织优势、制度优势和传统优势，严格认真地贯彻执行民主集中制的组织原则和制度。

---

① 中共中央纪律检查委员会、中共中央文献研究室编：《习近平关于严明党的纪律和规矩论述摘编》，中央文献出版社、中国方正出版社 2016 年版，第 28 页。

② 《习近平谈治国理政》第一卷，外文出版社 2018 年版，第 386 页。

党的领导干部要严守政治纪律和政治规矩，必须自觉抵制和反对自由主义。党内的自由主义，是指取消思想斗争，主张无原则的和平，表现为自由放任、无组织、无纪律，不关心他人的痛痒，不与危害人民利益的现象作斗争。毛泽东指出："革命的集体组织中的自由主义是十分有害的。它是一种腐蚀剂，使团结涣散，关系松懈，工作消极，意见分歧。它使革命队伍失掉严密的组织和纪律，政策不能贯彻到底，党的组织和党所领导的群众发生隔离。"① 一些干部不听招呼、不守纪律；有的阳奉阴违、自行其是；有的不讲团结、不顾大局；有的迟到早退、擅离职守。凡此种种，皆是自由主义的表现。

当前，在贯彻执行民主集中制方面，一些党的领导干部存在着严重的自由主义倾向。例如，有些干部将民主集中制简单地理解为，民主就是可以自由地、随意地说话；有的跟组织讨价还价，不服从组织安排，乱发议论，对党的路线方针政策和上级重大决策部署，不负责任地随意发表不一致的言论；有的热衷于编段子、发段子、讲段子，传播政治谣言，丑化党的形象；有的无密可保，党委会、常委会还在研究的事不胫而走，党内还未传达的事党外已经传开；有的主要领导干部作风霸道，独断专行，把分管领域当成"私人领地"，互不买账，互不服气，内耗严重；有的只对领导个人负责而不对组织负责，把上下级关系搞成人身依附关系，特别是在对重大问题的决策和干部任免上，根本不召开会议讨论，或走走过场，最终按自己意志决定；有的搞本位主义，阳奉阴违。一些地方和单位在落实政策、执行决策上打折扣、做选择、搞变通。凡此种种都是违反政治纪律和政治规矩的表现，也是违反民主集中制的种种自由主义现象，必须加以认真的克服和改变。只有通过讲政治规矩、严守政治纪律，才能真正贯彻落实民主集中制的根本原则和组织制度。

---

① 《毛泽东选集》第二卷，人民出版社 1991 年版，第 360 页。

四、"关键少数"要带头执行民主集中制

习近平指出，党的高级干部要自觉做坚持民主集中制的表率，民主集中制是激发党的创造力、保持党的团结统一的根本保证。民主集中制贯彻得怎么样，关键看高级干部做得怎么样。[①] 习近平还就全面从严治党问题，提出了必须抓住领导干部这个"关键少数"[②]。全面从严治党是如此，贯彻执行民主集中制也是如此。

民主集中制贯彻得怎么样，首先要从中央政治局的"关键少数"开始。习近平强调，中央政治局的同志要带头在思想上、政治上、行动上同党中央保持高度一致，自觉接受党的纪律约束，认真贯彻执行中央政治局作出的决定决策，坚持重大问题按规定请示报告，用实际行动树立中央政治局高度团结统一、步调一致的良好形象。一是中央政治局要带头发扬党内民主。要积极营造民主讨论的良好氛围，鼓励讲真话、讲实话、讲心里话，善于运用民主的办法科学决策、协调关系、化解矛盾、推动工作。二是中央政治局要带头坚持集体领导，更加注重制度建设，严格按程序办事、按规则办事、按集体意志办事。心往一处想，劲往一处使，确保中央政令畅通。三是明确中央政治局工作规则和程序。习近平强调中央政治局开展工作要严格按照规则和程序办事。中央政治局讨论研究工作，要畅所欲言，鼓励每位同志充分发表意见、积极贡献智慧，在集思广益的基础上按少数服从多数的原则集体作出决策。作出决策后，必须雷厉风行、不折不扣一抓到底，抓出成效。四是中央政治局要开展批评和自我批评。习近平指出，中央政治局要增强党内政治生活的严肃性，提高领导班子解决自身矛盾和问题的能力。中央政治局内部，要倡导开展积极的、善意的、实事求是的批评和自我批评，大家坦诚相

① 参见《深入开展"三严三实"专题教育》，人民出版社 2015 年版，第 268 页。

② 中共中央文献研究室编：《习近平关于全面从严治党论述摘编》，中央文献出版社 2016 年版，第 11 页。

待、如切如磋、如琢如磨，总结经验教训，交流思想认识，达到帮助同志、增进团结、做好工作的目的。

地方各级主要领导干部也是"关键少数"，例如县委书记。习近平在同中央党校第一期县委书记研修班学员座谈时就强调指出，县委书记"要带头执行民主集中制"，"按照程序进行决策"，"做到总揽不包揽、分工不分家、放手不撒手"；"注意听取班子成员意见，带头增进和维护县委班子团结"。①各级领导干部特别是主要领导干部这些"关键少数"，要自觉做表率、树标杆，带头遵守和执行民主集中制制度，坚持按照民主集中制规则议事、决策、办事，带头维护中央权威，带头发扬党内民主，带头坚持集体领导，带头开展批评和自我批评，着力防止和纠正发扬民主不够、正确集中不够、开展批评不够、严肃纪律不够等问题，有效克服家长制、一言堂的问题，领导干部个人主义、本位主义思想严重的问题，政治纪律意识不强的问题，以及对中央方针政策和重大决策部署阳奉阴违，对维护党的政治纪律重视不够的问题。这些问题和现象，对党和党的事业造成了严重影响，必须高度重视，必须抓好"关键少数"，切实加以解决。

抓住"关键少数"，贯彻落实民主集中制，要解决好思想认识问题。落实民主集中制，领导人员的思想素质是前提。贯彻执行民主集中制的好与差，在一定程度上取决于领导人员的思想认识水平。领导人员对贯彻落实民主集中制认同程度越高，贯彻执行民主集中制的自觉性就越高。因此，各级党委和领导干部要始终保持立党为公、执政为民的政治本色。落实民主集中制要广泛听取社会各界与广大群众的意见和建议，搭建领导与群众、上级与下级、干部与群众、决策与落实的广阔平台，形成水乳交融、情感相通、心心相印的党群关系。落实民主集中制还要求认真学习党的创新理论中关于民主集中制的重要论述，学习党关于贯彻执行民主集中制的历史经验，通过学

---

① 中共中央纪律检查委员会、中共中央文献研究室编：《习近平关于严明党的纪律和规矩论述摘编》，中央文献出版社、中国方正出版社 2016 年版，第 99 页。

习，熟悉和掌握民主集中制的基本理论、基本内容和基本要求，为贯彻执行民主集中制奠定思想理论基础，不断提高领导班子成员贯彻民主集中制的自觉性。

抓住"关键少数"，贯彻落实民主集中制，需要"班子"率先垂范。"班子"带头贯彻落实民主集中制，维护和增强班子的团结，是各级党委最大的政治课题。作为"班长"，在处理与其他班子成员的关系上，要讲信任、讲民主、讲支持。班子副职在班子中要讲大局、讲服从、讲自觉，主动维护好班长的威信和班子的整体形象，真心为"一把手"撑好劲、出好力。班子成员之间在工作上要讲支持、讲谅解、讲配合，互相补台，和衷共济；生活上要讲关心、讲感情、讲友谊，互相关爱，以诚相待。班子成员之间要勤于沟通、善于沟通，重大问题事先沟通，意见不一致时反复沟通，把不团结、不和谐的苗头性问题及时化解在萌芽状态。"班子"中要倡导发扬民主，提倡知无不言，言无不尽，鼓励讲真话，讲实话，畅所欲言。"班子"中还要正确处理好集体领导与个人分工负责的关系，即集体领导是领导原则，个人分工负责是领导方法，集体领导与个人分工负责二者不可偏废。所谓集体领导，就领导班子成员来讲，对集体作出的决定，要"一个声音"向外讲，不能有"杂音"，对集体作出的决策，要唱"一台戏"，不能另设"舞台"。所谓分工负责，就是领导班子分工要明确合理，职责要清晰，责权要一致，只有落实逐级负责制才能避免交叉，做到事事有人管，人人有专责。

抓住"关键少数"，贯彻落实民主集中制，要加强监督、力求实效。加强监督是执行集体议事和决策机制的保证，加强监督不仅可以增强班子的凝聚力，还能提高班子成员在党员和群众中的威信。要把上级与本级的监督、党内与党外的监督结合起来，逐步建立健全监督约束机制，确保民主集中制的有力实施。要加强上级监督，把上级党委的监督纳入党委（支部）工作的重要内容，切实加强对下级党委（支部）工作的领导和监督，定期采取召开民主生活会、组织民主测评和工作业绩评估等形式，对下级党委（支部）贯彻民主集中制的情况进行监督检查。要加强本级监督，在本级党委（支部）建立党员对班子成员的定期评议等制度，尊重党员主体地位，畅通党内民主渠道，将领导干部尤其是党委（支部）正副书记纳入经常性党内监督之中；按照党章的规定，建立、完善并落实定期向党（员）代表大会报告工作制度，自觉接受监督。习近平指出："认真执行民主集中制，健全施政行为公开制度，保证领导干部做到位高不擅权、权重不谋私。"① 要加强群众监督，群众监督是解决"上级监督不到，同级监督不了，下级不敢监督"的重要手段。要把群众的监督列为民主评议、业绩考核的重要内容，依法畅通举报、投诉等监督渠道，充分发挥群众监督的积极作用。

抓住"关键少数"，贯彻落实民主集中制，尤其需要作为党委（党组）的主要负责的书记（班长）把握好以下五个方面。

一是树立当班长而不当家长的角色意识。书记作为党委（党组）会议的组织者、召集人，会前要和其他成员酝酿协商确定会议议题，做好相关准备；会上要引导其他成员紧紧围绕会议议题充分讨论，独立发表自己的意见；讨论结束时要对各种意见进行归纳，提议表决，形成正确的决定；会后要对党委（党组）决策的贯彻落实情况进行检查督促，及时发现和纠正落实中出现的偏差。同时，应当明确的是，书记是党委（党组）的班长而不是家长、首长，不是高人一等，在研究讨论问题时要把自己当成班子中平等的一员，不能仅以自己的意见拍板定案、一锤定音，而必须按少数服从多数的原则形成决策。

二是组织好个别酝酿。个别酝酿是党委（党组）议事决策的重要环节，特别是重大问题、敏感问题更需要个别酝酿。但应当明确，个别酝酿是为会议讨论服务的，不能代替会议讨论，更不能代替会议决定。党委（党组）书记组织个别酝酿，应当坚持协商不定调、平等不压人，不能把个别酝酿搞成

---

① 《习近平谈治国理政》第一卷，外文出版社 2018 年版，第 388 页。

个别授意、私下交易、强行说服。

三是引导提高会议讨论质量。在会议讨论时，书记首先要让大家敢于讲话、愿意讲话，能讲出真话、实话、心里话，不讲人云亦云、模棱两可、似是而非、不着边际的话。要鼓励各种意见的交流和碰撞，最大限度凝聚一班人的智慧和力量。

四是既服从多数又尊重少数。党委（党组）集体讨论问题，出现不同意见是正常的。书记在主持进行民主基础上的集中时，当然要服从多数人的意见，按多数人的意见决策。但对于少数人的意见，有一定道理或正误参半的，要善于捕捉和吸收合理成分，用以补充和调整多数人意见中的缺陷和不足。这样，既能避免决策的片面性，也能促进持不同意见的多数人和少数人之间形成共识。即使少数人发表的意见有偏差，也允许保留，并予以尊重，让其在实践中得到证实和检验。

五是冷静对待和处理一些特殊情况。在事关重大问题上，如果两种意见近乎对等，或仅是微弱多数时，又不是紧急时刻，书记应该进行"冷处理"，让大家对议题作进一步研究，逐步缩小认识上的差距后，可待下次会议再作决策。还有，在多数人对讨论的问题只是一般了解，发表意见出现"一边倒"，而少数人对问题熟悉，所发表的意见有根有据、理由充分，多数人无法辩驳的情况下，也不应急躁，要让大家在讨论中反复进行比较，逐步统一思想，让少数人的意见转化为多数人的共识，最后再作出决策。

第十五讲

保障党员权利和发挥全党积极性

民主集中制的贯彻执行，不仅要依靠党的领导干部，更要依靠全体党员的自觉性、主动性和创造性。中国共产党是具有全球重大影响力的世界第一大执政党，截至 2022 年底，全党有 9804.1 万名党员和 506.5 万个基层组织，是一支由无产阶级先进分子组成的浩浩荡荡的队伍，活跃于社会的各行各业。要全面建设社会主义现代化强国，实现中华民族伟大复兴，就要把党建设好，把民主集中制建设好，这就要求立足于全党，确立党员的主体地位，保障党员的各种民主权利，充分调动和发挥全党的积极性。

一、党员是贯彻民主集中制的主体力量

自进入近代以来，世界上大多数的资产阶级政党，都是"精英党""干部党"，即由党魁掌握权力和骨干成员操纵运作党务。资产阶级政党之所以需要党员、增加党员，主要是为了谋取更多的选票，党员进入党内不过是成为投票工具。以英国老牌的政党托利党（即现在的保守党）为例，在发展党员问题上的目的取向非常明确：一是为了竞选，希望它的党员在竞选中发挥"保守主义使者"的作用，能够用保守党的信息和主张去影响周围的人；二

是为了获得党员对党的资助，对绝大多数党员来说，他们为党所做的最主要贡献，就是向党组织捐款，在财政上支持党，基层党员的捐款向来是保守党财政收入的一个重要源泉。保守党通常通过社会关系、家庭关系，依靠党的干部或积极分子登门游说，或以党的俱乐部活动的方式，去吸引、影响、动员一些有钱、有资产的人和组织，与之建立联系，并吸收他们入党。毫无疑义，这样的党是以党魁和党务人员为主体和中心的。

和资产阶级政党完全不同的是，马克思恩格斯把无产阶级政党作为人民大众争得解放的先进组织，坚决反对以领袖个人或少数领导人的意志和权力为中心结成宗派团体。他们坚持党的各级职务都由选举产生，党的最高权力属于党的代表大会和它产生的中央委员会，党内所有成员都是一律平等的，享有同样的权利和义务，党内事务要定期向党员报告和通报。由此可见，马克思恩格斯创立的无产阶级政党，是真正以党员为主体和中心的。

早在中国共产党成立初期的 1922 年，党的二大通过的《关于共产党的组织章程决议案》就提出了，中国共产党"是为无产群众奋斗的政党，我们便要'到群众中去'要组成一个大的'群众党'"，"党的一切运动都必须深入到广大的群众里面去"。① 因此，中国共产党从一开始就确立了群众的地位，阐明了党以群众为主体的性质。党对群众的认同、尊重，也就包含了对党内的群众——普通党员的认同、尊重，普通党员群众构成党的主体。在《中国共产党章程》中明确规定，要"尊重党员主体地位，保障党员民主权利，发挥各级党组织和广大党员的积极性创造性"②。《中国共产党党员权利保障条例》也作出规定："党组织必须尊重党员主体地位"，"党员应当增强党的观念和主体意识"。③ 党章和党员权利保障条例关于"党员主体地位"的规定，

---

① 中共中央文献研究室、中央档案馆编：《建党以来重要文献选编（一九二一——一九四九）》第一册，中央文献出版社 2011 年版，第 162 页。

② 《中国共产党章程》，人民出版社 2022 年版，第 12 页。

③ 《中国共产党党员权利保障条例》，人民出版社 2021 年版，第 4 页。

是指党员在党内生活和党的活动中始终占有主导的、决定的地位，正如胡锦涛指出的："党员是党的肌体的细胞和党的行为主体，党的先进性最终要靠党员的先进性来体现。"[①] 这表明，作为中国共产党的党员是党内的"主人"，党的干部则是恩格斯说的党内的"仆人"[②]。在党的政治与组织生活、党的工作与事业以及党的建设与发展中，党员扮演着主体角色，起着最终的决定作用。党章和党员权利保障条例要求尊重党员的主体地位，最根本的就是规定党员在党内享有广泛的权利，由此充分体现了党员构成党的主体。《中国共产党章程》从原则上规定了党员享有八项权利[③]，《中国共产党党员权利保障条例》则具体地将其扩展和细化为十五种权利：知情权，教育培训权，参加讨论权，建议和倡议权，监督权，揭发、检举权，罢免或撤换要求权，表决权，选举权，被选举权，申辩、作证和辩护权，提出不同意见和保留意见权，请求权，申诉权，控告权等。[④] 对于这些权利，党员同志要有强烈的主体意识。党员主体权利的落实和主体意识的培养，一方面需要党的各级组织对党员在党内生活主体地位的认同与推进，另一方面需要党员自我主体意识的不断锤炼和加强，不断增强对党的事业高度的使命感和责任感，尽快把自己锻炼成为具有鲜明主体意识的共产党人。

值得注意的是，无论是党章还是党员权利保障条例规定的党员权利，都是和民主集中制联系在一起的。党章正是在"坚持民主集中制""必须充分发扬党内民主"[⑤]的前提下，指出要尊重党员主体地位的；党员权利保障条例在谈到尊重党员主体地位、增强党的观念和主体意识时，也把民主集中制作

---

① 中共中央文献研究室编：《十六大以来重要文献选编》（中），中央文献出版社 2006 年版，第 618 页。
② 《马克思恩格斯全集》第 38 卷，人民出版社 1972 年版，第 33 页。
③ 参见《中国共产党章程》，人民出版社 2022 年版，第 15 页。
④ 参见《中国共产党党员权利保障条例》，人民出版社 2021 年版，第 5—9 页。
⑤ 《中国共产党章程》，人民出版社 2022 年版，第 12 页。

为贯彻落实党员权利保障的第一条原则，指出必须"坚持民主和集中相结合，既激发党员参与党内事务的热情，又要求党员按照党性原则行使权利"①。由此可见，党员作为党的主体，首先是贯彻执行民主集中制的主体力量；党员行使权利，首先是运用民主集中制的原则和制度的权利。这是因为，离开了党员的主体地位，离开了党员的权利，民主集中制根本就无法得以贯彻落实。党员主体地位和党员权利对民主集中制的贯彻落实，主要起了以下的作用。

第一，党员是推动民主集中制贯彻执行的主体力量。广泛参与党内事务，是党章和党员权利保障条例赋予党员的基本权利，党员享有这一基本权利，决定了党员在党内事务中处于运用民主集中制的主体地位。党员的参与权是党员行使民主权利的关键环节。为了体现党员在党内事务中的参与，必须拓宽党员参与党内事务的范围和渠道，进一步扩大普通党员参与党内事务的范围。首先，在参与民主集中制贯彻执行的人员上扩大范围，应从原来局限于领导干部扩大到尽可能多的普通党员；其次，在参与民主集中制贯彻执行的内容上扩大范围，使党员在更深程度和更广范围内参与党内选举、协商、决策、管理、监督等环节和过程；再次，在参与民主集中制贯彻执行的方式上扩大范围，采取多种形式、多种途径让党员参与党内事务。建立有效的党员参与党内事务的机制，尤其是要建立保障党员表达意见的具体机制，方便向党提出建议和倡议。

第二，党员是保持民主集中制生机活力的主体力量。党的各级组织要充分重视和保障党员的建议和倡议权的正常行使，支持和鼓励党员对党的工作提出建议和倡议。在落实党员参与民主集中制贯彻执行的过程中，党员既要积极参与党内事务，探索和思考党的工作的成败得失，最大限度地发挥主观能动性，提出科学的、合乎实际的建议和倡议，为党的事业作出自己应有的

---

① 《中国共产党党员权利保障条例》，人民出版社 2021 年版，第 4 页。

贡献，又要切实履行党章规定的党员义务，遵守党的纪律，与党中央保持高度一致，坚决贯彻执行民主集中制通过的党的路线、方针、政策、决议、决定等，杜绝一切违反党的基本理论、基本路线、基本纲领和基本经验的言论，维护党的团结统一。

第三，党员是监督民主集中制保障落实的主体力量。监督权是党员的一项重要权利。党内监督是一个系统的监督体系，包括自上而下的监督和自下而上的监督，也包括同级之间的横向监督，还包括党员之间的互相监督、党外对党内监督。保障党员对民主集中制实践活动的监督，切实解决下级监督上级难、普通党员监督党员领导干部难、领导班子成员监督"一把手"难的问题，就能有力地促进民主集中制沿着正确的方向发展。对于违反民主集中制的种种做法，应保证能够得到及时的监督和纠正。要拓宽党员的检举、揭发、申诉、控告等渠道，扩大党员的监督范围，保障党员有权向党负责地揭发、检举党的任何组织和任何党员违纪违法的事实，全面体现党员是监督的主体。

二、正确认识和摆正党员个人与组织的关系

千千万万的党员作为党的主体，不是散漫无序、杂乱无章的，而是按照民主集中制的原则和制度有纪律地组织起来的。民主集中制组织全党的一个基本原则就是"四个服从"，即："党员个人服从党的组织，少数服从多数，下级组织服从上级组织，全党各个组织和全体党员服从党的全国代表大会和中央委员会。"①"四个服从"的前两个服从，直接阐明党员个人和组织的关系，提出党员个人要服从组织和多数的要求。其他的两个服从，也是以前两个服从为根本而展开的，是在更高的层面涉及党员个人和组织以及多数的关

---

① 《中国共产党章程》，人民出版社 2022 年版，第 17 页。

系。因此，要正确理解和领会民主集中制，调动和发挥全党的积极性，关键是必须正确认识和把握党员个人服从党的组织以及少数服从多数的丰富内涵和基本要求。

关于党员个人服从党的组织。这里讲的"党的组织"，指的是党的代表大会和党的各种委员会（党组）以及其他党的机构。这样的"党的组织"的建立和它所具有的职能以及相关的领导人员，都是经过民主程序产生的，是大家认可的，代表了多数党员的意愿，因而，党员同党组织的关系实质上是个人同集体或局部同整体的关系。

党员个人服从党的组织，首先是服从党的决议、决定。当党员个人意见与党组织通过的决议、决定发生分歧时，党员个人在行动上要无条件地服从组织的决议、决定。其次是服从党组织对自己作出的工作安排，党员个人不得以任何借口拒绝党组织对自己的职位作出的调整、调动。再次是服从党组织下达的指示、任务，党员个人不能强调情况不熟悉、条件不成熟、人员不足、本人不适合等种种主客观因素而拒绝承担，或者合意的就执行，不合意的就不执行，或者进行一番"讨价还价"，而要坚决完成党组织交办的事情、任务。

党员个人为什么要服从党的组织呢？这是因为，每个党员都是党的一分子，只有个人服从组织，党才能形成统一的整体。如果党员可以个人不服从党的组织、不执行党组织的决议、决定，各行其是，我行我素，党组织就会成为一盘散沙，根本没有战斗力。一般来说，党组织的决议、决定反映和集中了大多数党员的要求和意见，是正确的和比较正确的。服从组织的决议、决定，就是服从大多数党员的意见。同时，党员个人服从党的组织，也不会妨碍其拥有的民主权利。在党内生活的某些时候，会发生党员个人的意见和党组织的意见不一致、一时难以辨明哪个正确的情况。在这种情况下，为了维护党组织的集中统一，有必要要求党员个人首先在行动上必须服从组织决定。但党允许党员保留个人意见，并且可以把自己的意见向党的上级组织直至中央反映。这样既可以保证党在行动上的统一，又可以防止压制党员的正确意见。

党员个人服从党的组织，也是党内处理党员个人和党的组织之间相互关系的一个基本原则。这一原则要求每个党员，都要自觉地把自己置于党的组织之中和领导之下，党员个人必须服从组织的决议、决定，贯彻执行党的决议、决定，积极履行职责、完成任务，不能挑肥拣瘦、无故拖延。每个党员都必须编入党的一个组织，参加党的组织生活，接受组织监督，不能脱离组织自由行动，不能未经请示随意代表党组织发表重要主张，不能个人决定重大问题。任何时候都不能把个人凌驾于组织之上，不允许有任何不参加党的组织生活、不接受或拒绝党组织监督的特殊党员。

虽然党章规定了党员个人必须服从党的组织，但在现实中往往发生了不服从的情况。针对党员个人不服从党的组织的言论行为，刘少奇在1941年11月作的《论党员在组织上和纪律上的修养》的报告中，论述了民主集中制原则的绝对性和无条件性，并分析了五种所谓不服从的"相对论"和"有条件论"①，可以说至今仍有现实指导意义。

一是所谓要以多数的、或上级的、或中央的正确性作为服从的条件。有人认为，服从之前先要问一问多数、上级、中央究竟正确不正确。对此，刘少奇指出，这只是你认为上级、中央或多数错了，到底错了没有，还不知道。如果你认为错了你就不服从，他认为错了他就不服从，那就没有党，只有散伙了事。可是到底是谁对了却并未弄明白。退一步讲，即使大多数和上级或中央真错了，你也还要服从，先照错误的去执行。如果不这样，就会引起组织上的分裂，行动上的不一致，削弱了党的力量。况且，在党内生活中一般地说，组织上掌握的情况相对来说比较全面，组织上作的决定通常是站在全局的高度，而多数人的意见也总是比较对的。

---

① 参见《刘少奇论党的建设》，中央文献出版社1991年版，第330—337页。

二是所谓要以组织和领导能力强、有本领等作为服从条件。刘少奇指出，以工作能力强弱、本领高低作为服从与否的条件，这完全是错误的。首先，能力强弱是各人有各人的看法的。有人以为说话、写文章漂亮就是能力强，其实这是表面的看法。干部的强弱应该在斗争中，尤其是在艰苦环境中来考验，在最艰苦的时候，仍能坚持斗争，那就是强的干部。其次，即使是领导者的能力、本领可能比你弱，你也应该服从组织，因为他是代表组织，而且，即使负责人弱些，仍然应该可以帮助他，这是完全必要的。如果是因为能力强才佩服他、服从他，那便是典型的个人英雄主义。

三是所谓要以负责人的资格作为服从条件。刘少奇指出，如果党龄短、资格浅、在党内没有大的声望，就不服从他，这就变成了服从个人而不是服从组织。为此，刘少奇强调，党员有时甚至要服从非党干部，如果负责干部是非党干部，那么党员首先要服从他。党内不应当以资格来竞争，而应当从工作中来竞赛。

四是所谓要以负责人的职位和地位高作为服从条件。刘少奇指出，上级党组织派出的同志就不服从下级的负责人，这也是不对的。上级党组织的负责人参加到下级党组织的工作，就要服从下级党组织，否则就会造成党内特殊人物，养成个人权威，而削弱组织权威。上级的领导者，应当成为执行民主集中制的模范。

五是所谓要以领导人的态度好作为服从条件。刘少奇指出，决不能以态度和感情为服从的条件。只要原则把握得好，事情办得好，就不必怕他的态度不好。

当然，党员个人服从党的组织，并不意味着党组织可以任意侵犯和剥夺党员的权利，也可以丝毫不考虑党员个人的实际情况。在党员个人服从党的组织的前提下，必须保证党员按党章规定行使自己的权利，允许党员保留自己的意见。在涉及对党员个人的处理的问题上，党组织要保证党员个人有权在党的会议上、或向上级组织直至中央提出声明、申诉、控告和辩护。

关于少数服从多数。这里讲的"少数和多数",不是指在党内形成少数派和多数派,而是指普通党员、党员代表、党的委员会成员等在表决投票时出现的结果。例如,在基层党组织党员大会表决作出决议、决定时,必然会在党员中形成少数和多数的关系。而在基层、地方、中央召开党的代表大会进行表决时,则会在党员代表中形成少数和多数的关系。在党的各种委员会中,对议题、议案作出表决时,也会在委员中形成少数和多数的关系。

在党内,确定"少数和多数"有两种情况:一是简单的少数与多数,即在党组织内表决问题时,超过半数即为多数,少于半数即为少数。一般地说,这样的"半数"是指占出席会议成员的一半,因此,这就有必要规定有资格参加表决的人数出席的问题。例如,《中国共产党地方委员会工作条例》规定,党的地方委员会举行的全体会议,"应当有三分之二以上党委员到会方可召开"①。党的地方委员会的"常委会会议应当有半数以上常委会委员到会方可召开",但"讨论和决定干部任免事项必须有三分之二以上常委会委员到会"。②二是压倒性多数,这样的"多数"一般以占到出席人数的三分之二以上才为"多数"。例如,党章第四十二条规定:"对党的中央委员会和地方各级委员会的委员、候补委员,给以撤销党内职务、留党察看或开除党籍的处分,必须由本人所在的委员会全体会议三分之二以上的多数决定。"③同时,党内关于其他的重大问题的解决,一般也都采取了压倒性多数的方式予以决定。

实行少数服从多数的原则,并不意味着可以忽视少数人,把少数人打入另册。相反,应坚决采取保护少数人权利的措施。毛泽东多次讲过保护少数人意见的重要意义。他说:"在党内党外,容许少数人保留意见,是有好处

① 《中国共产党地方委员会工作条例》,人民出版社 2016 年版,第 13—14 页。

② 《中国共产党地方委员会工作条例》,人民出版社 2016 年版,第 15 页。

③ 《中国共产党章程》,人民出版社 2022 年版,第 29 页。

的。错误的意见，让他暂时保留，将来他会改的。许多时候，少数人的意见，倒是正确的。历史上常常有这样的事实，起初，真理不是在多数人手里，而是在少数人手里。"①1980 年，党的《关于党内政治生活的若干准则》规定："每个共产党员特别是各级党委的成员，都必须坚决执行党委的决定。如果有不同意见，可以保留，或者向上一级党委提出声明，但在上级或本级党委改变决定以前，除了执行决定会立即引起严重后果的非常紧急的情况之外，必须无条件地执行原来的决定。"②少数服从多数的原则，是决定问题时必须采取的一种方法，绝不是用来扼杀少数人的权利，也不是要禁止少数人发表自己意见的机会。正确处理服从多数与保护少数的关系，是党内民主建设的一项重要内容。党在保护少数人方面制定了许多措施：第一，允许少数党员保留自己的意见，并允许向上级报告。党章规定："对党的决议和政策如有不同意见，在坚决执行的前提下，可以声明保留，并且可以把自己的意见向党的上级组织直至中央提出。"③第二，在表决时，当双方人数接近时，对一些问题可以暂缓作出决定。党章规定："对于少数人的不同意见，应当认真考虑。如对重要问题发生争论，双方人数接近，除了在紧急情况下必须按多数意见执行外，应当暂缓作出决定，进一步调查研究，交换意见，下次再表决；在特殊情况下，也可将争论情况向上级组织报告，请求裁决。"④第三，党章以及党内法规中有关重大事项表决时需要三分之二多数的规定，也表明了在一定范围内作重大问题的决定时，需要尊重和保护半数左右的少数人的意见。

① 《毛泽东文集》第八卷，人民出版社 1999 年版，第 308 页。
② 《关于党内政治生活的若干准则》，人民出版社 1980 年版，第 8 页。
③ 《中国共产党章程》，人民出版社 2022 年版，第 15 页。
④ 《中国共产党章程》，人民出版社 2022 年版，第 20 页。

三、全面净化党内政治生态和加强作风建设

生态，是自然界系统内部各要素在相互作用和相互影响下而形成的综合环境。自然界生物都生活在一定的生态中，受到这种生态的影响，并且反作用于该生态。把生态学理论引入政治学领域，就产生了政治生态这一概念。政治生态是一个地方或一个领域政治生活现状以及政治发展环境的集中反映，是党风、政风、社会风气的综合体现。① 习近平多次强调党内政治生态的重要性，指出自然生态要山清水秀，政治生态也要山清水秀。他说，要"着力解决党内存在的各种问题。要加强和规范党内政治生活，增强党内政治生活的政治性、时代性、原则性、战斗性，全面净化党内政治生态。"②

风清则气正，气正则心齐，心齐则事成。党内政治生态的重要性在于，"政治生态污浊，从政环境就恶劣；政治生态清明，从政环境就优良"③。良好的风清气正的党内政治生态，对于贯彻执行民主集中制至关重要。当前，就全党而言，绝大多数地方能够很好地坚持民主集中制，但在少数地方，民主集中制的贯彻实施出现了很不好的现象，主要存在着以下 10 个问题，严重污染了党内的政治生态。

一是没有民主、只有集中。在一些严重破坏民主集中制的地方，民主只是挂在领导的嘴上，说说而已，或停留在一般号召上，实则领导大包大揽，按集中办事。因此，党员群众批评指出："民主是虚的，集中才是实的。"

二是民主少、集中多。实行民主的过程十分简单、草率，不过是做做样子，走走过场；领导更多的是把兴趣和注意力放在集中方面。正如邓小平曾

---

① 参见刘云山：《努力营造良好政治生态》，《学习时报》2015 年 5 月 18 日。

② 中共中央文献研究室编：《习近平关于全面从严治党论述摘编》，中央文献出版社 2016 年版，第 13 页。

③ 中共中央文献研究室编：《习近平关于全面从严治党论述摘编》，中央文献出版社 2016 年版，第 33 页。

经批评的，党内民主太少，集中过多。党员群众为此批评道："民主是水货，集中才是行货。"

三是给你民主、由我集中。在一些地方的党组织那里，党内的民主、群众性的民主，表面上搞得轰轰烈烈、热热闹闹，让大家觉得民主得不得了，一派"生机勃勃"的民主氛围。但最后的结果，是把大家议论的、建议的，统统仍在一边，实际上仍由少数人、个别领导作决定、说了算。

四是轻集体、重个人。个别的"一把手"凌驾于集体领导之上，成为"一霸手"。"一把手"出差不在家，会也不能开，什么事都不能定，或者开了会，集体定的事，"一把手"回来就推翻了。党员群众批评道："一把手成了绝对真理、二把手成了相对真理、三把手只有服从真理"；"开大会不解决问题，不开会解决关键问题"，即"一把手"或少数人专断独行、搞家长制、一言堂。

五是民主不够，集中也不够。具体表现为四种现象："只议不决"，其理由是借口"群众意见太大，民意不敢违"；"决而不议"，美其名曰"时间性强，不要坐失良机"；"决行脱节"，强调什么"条件不成熟，暂缓办、看看再说"；"有决无行"，导致了"停留于纸面，敷衍塞责、草率应付"的结果。

六是不作分工、不负责任。有些领导班子不作分工，或班子成员分工不明确，导致无人负责，集体领导制度不健全，责权不清，出了问题了，谁都不负责任。

七是有法不依、胆大妄为。在一些地方，现在有法不依的问题仍然比较严重，例如，党中央关于反腐倡廉的党规党法规定了不少，但一些党组织没有认真执行，打了很多折扣。

八是打击少数、排斥异见。有些地方的党组织，领导班子不团结，一、二把手闹矛盾。以人划线，分亲疏。在党内，少数人的观点、看法被否决后，不是表示尊重，允许保留意见，而是对少数人冷嘲热讽，挖苦打击，甚至对之横眉冷对，当成不可容忍的怪物。久而久之，在党内就没人敢说话了，出现鸦雀无声、死水一潭的状况。

九是自立中心、有令不行。有的党组织和领导干部自认为核心和权威层层都要有，少数党委主要领导甚至把自己称作"核心"，要求下级向自己看齐。这势必导致各自为政、以自我为中心，危害党的团结统一。有的党组织和党员领导干部对中央的决策部署进行"软抵制"，造成了有令不行、有禁不止的负面影响。

十是拉帮结派、搞独立王国。这是最严重的情况。正如习近平指出的："从大量案件看，领导干部违纪违法问题大多发生在担任一把手期间。有的践踏民主集中制，搞家长制、一言堂，居高临下、当'太上皇'，手伸得老长，个人说了算，顺我者昌、逆我者亡，处心积虑树立所谓'绝对权威'，大有独霸一方之势。"①

要克服和扫除以上 10 种破坏民主集中制的恶劣现象，就要从严格党内生活，营造良好从政环境着手。严肃党内政治生活，培育健康向上、团结奋斗的政治环境，是建设风清气正党内政治生态的核心要素。党的各级组织和领导者要调动全党的积极性，就要以严格的党内生活不断增强各级党组织的凝聚力、战斗力，认真执行和落实民主集中制。

"奢靡之始，危亡之渐。"好的作风是形成党内良好政治生态的重要标志。作风体现党的形象，作风关乎党的生命。只有抓住作风、改进作风，并在实践中认真贯彻执行，才能够为民主集中制的落实打下坚实的基础。与此同时，必须清醒地认识到，作风建设永远在路上。习近平指出："作风建设，重在持久，必须反复抓。历史和现实都告诉我们，抓好作风建设非一日之功。作风问题往往抓一抓就好一些，放一放就松下来，存在一个很难走出来的怪圈。这么多年来，作风问题我们一直在抓，但很多问题不仅没有解决，反而变本加厉了。症结就是没有抓长，三天打鱼两天晒网，集中抓的时候雷霆万钧，平时则放任自流。所以，作风问题必须抓长、长抓，扭住不放，持

---

① 中共中央纪律检查委员会、中共中央文献研究室编：《习近平关于严明党的纪律和规矩论述摘编》，中央文献出版社、中国方正出版社 2016 年版，第 100 页。

之以恒，久久为功。要从体制机制层面进一步破题，为作风建设形成长效化保障。"① 这说明，作风建设必须持之以恒地抓。抓改进作风，一定要戒除侥幸心理和厌烦情绪。对中央关于作风的规定要求，没有任何原因降低要求，没有任何借口讨价还价，没有任何理由彷徨观望。要以咬定青山不放松的决心，把改进作风当成一项经常性工作来抓。

作风建设，应当充分发挥领导干部示范带头作用。好的风气是抓出来的，更是带出来的。党的十八大以来，党风政风明显好转，一个根本原因就是以习近平同志为核心的党中央率先垂范、以上带下。榜样的力量是无穷的，心正而后身正，身正而后左右正，国家正而后天下正，中央领导从自身做起的实际行动引起中外瞩目，"善禁者，先禁其身而后人"。好的作风不是一句说得多么美好的话，而是要在具体行为中体现出来。领导干部要在强化自律意识和纪律观念上发挥带头作用，敢于在班子和队伍面前喊出向我看齐、对我监督，要求别人做的首先自己做到，要求别人不做的自己坚决不做。自觉履行党风廉政建设"一岗双责"，既以身作则、严格自律，又敢抓敢管、认真负责，加强对分管领域干部作风的教育监督。

作风建设，需要强化制度的刚性规范和约束。维护制度的刚性就是真查。"破窗理论"告诉人们，必须及时修复"第一扇被打破的玻璃窗户"，否则就会危及整个制度的"大厦"。因此，对民主集中制的落实情况要加强监督检查，强化问责制。对那些阳奉阴违的行为，必须用重典、出重拳，加大惩处力度，发现一起，查处一起，绝不姑息迁就。维护制度的刚性就要真改。一步实际行动胜过一打纲领，讲作风建设，不能停留在"说"上，而必须落实到"做"上。要从群众最不满意的问题改起，收到"吹糠见米"的实效。同时要注重健全和完善民主集中制的制度机制，做到大病小病都要医，对上对下都要严。没有特殊，没有例外，坚决用制度管权、按制度办事、靠制度

---

① 中共中央文献研究室编：《习近平关于全面从严治党论述摘编》，中央文献出版社 2016 年版，第 161—162 页。

管人。

作风建设还要求加强严格监督检查。改进作风不能只停留于说服教育，监督检查一定要跟上，要强化党纪国法的威慑力。"不难于立法，而难于法之必行；不难于听言，而难于言之必效"。党的十八大以来，各地都采取高压态势，全力纠正不良的工作作风，但有的地方总能够在一道又一道禁令下搞出一些新花样，"明修栈道，暗度陈仓"的情况仍然存在。要用制度约束好、规范好干部的民主集中制作风，对于违反民主集中制原则和制度的干部要一查到底；用制度保证权力的执行，对于滥用职权之事要绝不姑息；用党纪国法的威慑力来真正落实依法治国，才能治好党员干部中存在的各种"作风病"。

结　语

马克思主义和民主集中制学说自 20 世纪初从俄国传入中国后，已经走过了 100 多年的光辉历程，凝结着中国共产党人的执着信念与开拓精神，展示着中国共产党百折不回、砥砺前行的可贵品格。民主集中制在中国经历了革命、建设和改革的不同发展时期，获得了广泛的传播和实践，取得了巨大的成功。中国共产党为发展民主集中制作出了卓越贡献，并赋予它无限的生机与活力。

一、中国共产党发展民主集中制的阶段和特点

民主集中制在中国经历了四大发展阶段，凸显了 8 个特点。

第一个阶段为党的创建和新民主主义革命时期，其特点是：认同与确立、形成与锻铸。在建立中国共产党时，是否要采取民主集中制的组织原则和制度，曾发生过分歧和激烈争论。黄凌霜等无政府主义者，反对任何形式的国家权力，主张绝对自由，要求建立松散的共产党。李大钊、陈独秀、李达、蔡和森等马克思主义者都著文予以批判，坚决地提倡民主集中制，经过思想斗争达成了认同、共识，把无政府主义者清除出了党的组织。在党的

一大会议上，也曾出现个别代表主张建立研究型的党组织，反对实行党的纪律，但遭到绝大多数代表的否定，党最终确立了民主集中制的组织原则和制度。党成立之后，随即在新民主主义革命的斗争中将民主集中制付诸实行，既反对了个人专断的家长制倾向，也反对了极端民主化的倾向，在实践中形成了民主集中制科学的定义阐释，制定了符合客观规律的规则措施。经过毛泽东的论述总结，民主集中制在革命斗争的锻铸和淬炼中成长定型。

第二个阶段为新中国成立和社会主义革命与建设时期，其特点是：拓展与顿挫、恢复与转机。这一阶段的民主集中制，经历了"两起"的拓展和"两落"的顿挫。第一起是1956年党的八大召开，提出扩大党内民主，实行党务公开，建立党代会常任制，实施严格有效的党内监督、实行党的领导职务任期制、保护和扩大党员民主权利等发展和健全民主集中制的重大决定。遗憾的是，1957年后民主集中制遭遇了挫折，出现了第一落。第二起是1962年召开的七千人大会，会议发扬了党内民主，从多方面系统地阐述了民主集中制的原则。而"文化大革命"的爆发，则出现了第二落。然而，"文化大革命"不可能击垮党的建设，也不可能击垮民主集中制。在"四人帮"倒台后，民主集中制立即迎来了历史的转折点，迅速得到恢复并获得了生机。

第三个阶段为改革开放和社会主义现代化建设时期，其特点是：反思与开拓、积淀与升华。1978年，党的十一届三中全会作出决定，恢复和坚持发扬民主集中制。经过思想解放和全面改革的洗礼，中国共产党彻底摆脱和否定了苏联模式、创立并发展了中国特色社会主义。邓小平和其他老一辈无产阶级革命家进行了深刻的反思，以高超的理论水平和丰富的历史阅历，为民主集中制取得突破性发展作出了杰出贡献。此后江泽民、胡锦涛等党和国家领导人，都对民主集中制作出了重要的深刻的论述，推进了对民主集中制的认识。这一时期，加快社会主义现代化建设、建立社会主义市场经济和推进社会主义民主政治，成为民主集中制水平不断提升的内在驱动力。

第四个阶段为中国特色社会主义新时代，其特点是：深化与开新、探索与飞跃。党的十八大的召开，标志着中国特色社会主义进入了新时代，以习近平同志为核心的党中央开创了中国式现代化建设的新局面，全面深化了对民主集中制的新探索，取得了新进展，民主集中制的理论和实践出现了历史性的飞跃。

二、中国共产党为民主集中制的发展作出了卓越贡献

中国共产党在坚持和发展民主集中制的 100 多年历程中，经过不懈努力作出了卓越贡献，这集中体现为取得了十个重大的创新成果。

一是中国共产党对民主集中制作了科学的定义论述，完整地规定了民主集中制的六条基本原则。苏联虽是民主集中制的发源地、创始国，但在苏联共产党的章程中从来没有对民主集中制作过定义式的阐释。1990年苏共二十八大通过的党章，甚至取消了关于民主集中制的具体规定，只是泛泛而谈"民主集中制原则将保证党内生活自我管理、党的利益同每个共产党员的利益相结合，保证普通党员的权利和自觉遵守纪律"[1]。由于苏共彻底背叛了民主集中制，从而丢掉了严密的组织纪律，最终于1991年竟被"自行解散"了。正如习近平指出的："苏共放弃了民主集中制原则，允许党员公开发表与组织决议不同的意见，实行所谓各级党组织自治原则，一些苏共党员甚至领导层成员成了否定苏共历史、否定社会主义的急先锋，成了传播西方意识形态的大喇叭，苏共党内从思想混乱演变到组织混乱。最后，这样一个有着九十多年历史、连续执政七十多年的大党老党就哗啦啦轰

---

[1] 苏群编译：《苏联共产党第二十八次代表大会主要文件资料汇编》，人民出版社1991年版，第148页。

然倒塌了。"①

二是中国共产党阐明民主集中制是一个基于民主过程和集中过程相结合的完整制度，从而把民主基础上的集中和集中指导下的民主紧密地结合在一起。而在苏联共产党章程中，民主集中制始终被分为两个制度，是由集中制和民主制构成的。虽然苏共也强调二者之间的内在联系，但在客观上易于造成民主集中制的割裂状态。

三是中国共产党阐明民主集中制是党和国家的根本制度、核心制度。它关系到党和国家的前途命运，关系到党和国家以及干部个人会不会变质的问题，而不是一项单纯的关于工作制度和领导制度、工作方法和领导方法的规定。民主集中制在苏联以及其他的社会主义国家，仅仅是作为党和国家的一项一般性的组织原则和制度规定，还从来没有获得过如此高的地位。

四是中国共产党不但把民主集中制作为党的组织原则和制度，而且作为政体形式和国体的一个重要部分。同时，民主集中制也是各民主党派、人民团体组织和其他社会团体组织、国有经济组织、公共事业单位以及人民军队等都要遵循的基本规定，这就在更大的范围扩展了列宁关于党的民主集中制与国家政权和经济管理相联系的思想。

五是中国共产党把民主集中制与群众路线相联系，上升到马克思主义哲学认识论和历史唯物主义原理的高度。民主集中制成为共产党人的世界观、方法论和政治立场的根本要求。而在苏联和其他的社会主义国家，民主集中制不过是一个组织制度规定和一般的工作方法问题。

六是中国共产党阐明民主集中制的中心是民主，党内民主是党的生命。实践已经说明，在民主集中制的运行中，只有把民主当作生命来看待，以民主为中心，才能更好地实现民主基础上的集中，达到民主的根本目的。

七是中国共产党创造了党委会议事和决策机制的"十六字"方针，即"集

---

①　习近平：《论坚持党对一切工作的领导》，中央文献出版社 2019 年版，第 19 页。

体领导、民主集中、个别酝酿、会议决定"，使贯彻落实民主集中制有了具体的、简便明确的操作程序。中国共产党既把民主集中制当作一个总原则，又将其演绎为三个具体原则：一是集体领导的原则；二是分工负责的原则；三是监督问责的原则。中国共产党阐明民主集中制执行的好坏，关键在于领导干部、高级干部是否以身作则，带好头、做表率。

八是中国共产党高度重视民主集中制的制度建构和建设。它是政治制度，是党和国家的根本制度、核心制度，是党的政治路线（群众路线）和民主实质、民主原则、民主精神的体现；它是组织制度，要用民主集中制组织政党、政权及其他组织；它是领导制度，实行集体领导、分工负责和检查监督制度。要把民主集中制建设好，制度最为重要，必须走制度建设的道路，既要完善民主集中制的各项制度，形成制度体系，也要用制度规定加强对民主集中制执行情况的监督。

九是中国共产党实现了民主集中制的体制创新，把民主集中制的三个领导制度：集体领导制、分工负责制、检查监督制，发展为决策权、执行权、监督权"三权"相互协调和制约的体制结构和格局。它与国家存在的立法机构、行政机构、司法机构相对接，形成中国特色社会主义以决策权、执行权、监督权为主体的新型政治体制，根本不同于西方国家的立法、行政、司法的三权分立。

十是中国共产党彰显了民主集中制是党的最大的制度优势，是科学的、合理的、有效率的制度。决策权、执行权、监督权的"三权"体制结构和格局，实现了中国共产党的全面领导。民主集中制建构了决策科学民主、执行坚决有力、监督问责严格的权力运行体系，成为中国特色社会主义的重要制度，愈加发挥出巨大的政治优势、组织优势、制度优势和工作优势。

三、中国共产党赋予民主集中制无限的生机活力

民主集中制在中国 100 多年的发展，恰是风华正茂。站在新时代的起点上，它又开始扬帆启航、踔厉奋进。

民主集中制之所以具有生机活力，因为它是党和国家的根本组织原则和领导制度，构成了政治体制和组织制度的中心制度。在党和国家以及社会的政治生活、组织生活中，民主集中制要求既要实行民主，也要实行集中，而且，民主和集中需要不断地相结合，才能在民主的基础上达到正确的集中，作出正确的决定，做到正确的贯彻执行，同时，使集中的结果始终能够保持民主的气氛，激发主动性、积极性和创造性，实现毛泽东所说的，努力造成一个又有集中又有民主，又有纪律又有自由，又有统一意志、又有个人心情舒畅、生动活泼，那样一种政治局面。

考察和比较人类历史上的各种组织理论，无产阶级政党的实践表明，民主集中制从原则和机理上讲，是一个非常科学、合理的制度。但是，要把民主集中制的原则和机理真正弄清楚、弄通，付诸实践后能够真正做到、做好，并不是一件简单的事。例如，什么是民主集中制要求的民主和集中，怎样才能做到在民主的基础上达到正确的集中，怎样在集中指导下实行民主，都需要制定一套符合实际、切实管用的规则、规定和操作程序，并且配之以严格的监督措施。这一切，都需要经过长期的思考、反复的探索、不断的琢磨、持续的改进。因此，对于中国共产党来说，民主集中制 100 多年来的发展历程就是不断学习、认识、掌握、运用和不断发展的历程。

民主集中制在中国 100 多年的发展中，之所以能够薪火相传、历久弥新，就在于中国共产党能够与时俱进、开拓创新，对民主集中制始终保持实事求是的科学态度，持续地加以创造性的运用，从而赋予这一制度以恒久的魅力和无限的生机活力。现在，经历了百年的风雨洗礼和凯歌行

进，中国共产党已经完全弄清楚和掌握了民主集中制的原则和机理，形成了一整套运行民主集中制的规则、规定和操作程序，对于民主集中制的贯彻执行，也更加从容自信和充满力量。

2021年，在中国共产党成立100年之际，中共中央宣传部在发布的文献《中国共产党的历史使命与行动价值》中指出："中国共产党是按照民主集中制原则组织起来的马克思主义政党。维护党中央权威和集中统一领导，是一个成熟的马克思主义执政党的重大建党原则。坚持民主集中制原则，坚持党中央权威和集中统一领导，坚持个人服从组织、少数服从多数、下级服从上级、全党服从中央，在充分发扬民主的基础上进行集中，是党在革命、建设、改革中形成的政治优势和宝贵经验。"[1] 中国共产党始终按照民主集中制的原则和制度发挥作用，民主集中制是党成长壮大、立于不败之地的制胜法宝。

在民主集中制的发展进程中，中国共产党始终是最坚定、最持久、最彻底地贯彻执行了民主集中制，民主集中制在中国也得到了最广泛、最深入、最全面的发展。中国共产党的毛泽东、邓小平、江泽民、胡锦涛、习近平等领导人，都对民主集中制进行深入的研究并作出大量论述，同时，高度重视民主集中制的问题，要求全党都要认真学习和掌握民主集中制。例如，毛泽东曾批评地指出："我们有些同志，对于马克思、列宁所说的民主集中制，还不理解。有些同志已经是老革命了，'三八式'的，或者别的什么式的，总之已经做了几十年的共产党员，但是他们还不懂得这个问题。"[2] 因此他强调："不论党内党外，都要有充分的民主生活，就是说，都要认真实行民主集中制。"[3] 进入中国特色社会主义新时代

---

[1] 中共中央宣传部：《中国共产党的历史使命与行动价值》，人民出版社2021年版，第39—40页。

[2] 《毛泽东文集》第八卷，人民出版社1999年版，第290—291页。

[3] 《毛泽东文集》第八卷，人民出版社1999年版，第291页。

后，中国共产党更加注重民主集中制的具体和有效的实施，习近平指出："抓紧建立健全民主集中制的具体制度，着力构建党内民主制度体系，切实推动民主集中制具体化、程序化，真正把民主集中制重大原则落到实处。加强党的纪律建设，进一步严明党的纪律规定，维护党的集中统一。"[①]在全球范围内，现在还找不到像中国共产党这么重视民主集中制的马克思主义政党。正是在长期不懈的坚持和努力下，中国共产党成为世界马克思主义政党贯彻落实民主集中制的典范，使民主集中制在实践中不断创新发展，呈现出蓬勃的生机和旺盛的活力。瞻望前程，民主集中制展现出不断发展的强劲趋势，必将在未来的实践中取得更大的成效。

[①]　中共中央文献研究室编：《十八大以来重要文献选编》（上），中央文献出版社 2014 年版，第 488 页。

后 记

我对民主集中制的学习和研究，始于 20 世纪 80 年代中期。在硕士论文《试论我国社会主义干部制度的改革》（1985 年）中，论述干部的领导原则与基本方法时，涉及了民主集中制问题（相关内容收入《当代中国政治制度研究》一书，作为其中的第八章，参见湖北人民出版社 1993 年版，第 314—373 页）。后来在博士论文《论马克思主义干部学说的创立与发展》（1988 年）中，我又作出进一步的探索（参见《马克思主义干部学说与实践》第五章第三节，南京大学出版社 1993 年版）。此后，我一直保持着研究民主集中制的旨趣，陆续发表了十多篇论文及文章，并在《中国共产党党内民主研究》（中国人民大学出版社 2018 年版）一书中，用较多的篇幅论述了民主集中制。

多年来通过对民主集中制的思考和研析，我从中领悟到，它是中国共产党的核心与关键制度。民主集中制是发展全过程人民民主的根本保障，也是发展全过程人民民主最大的制度优势。把民主集中制问题搞清楚，对加强党的领导、依规治党、推进党的建设全面发展，有着重大的理论意义和实践价值。本书对民主集中制所作的论述，也还是一个粗浅的探讨。因此，恳请党政干部、专家学者和广大读者不吝赐教，以期继续改进完善。

许耀桐

2023 年 9 月 6 日

责任编辑：刘海静

责任校对：张红霞

图书在版编目（CIP）数据

民主集中制十五讲／许耀桐 著 . —北京：人民出版社，2023.9（2024.8 重印）

ISBN 978 - 7 - 01 - 025887 - 4

I.①民… II.①许… III.①中国共产党 – 民主集中制 – 学习参考资料

　IV.① D262.11

中国国家版本馆 CIP 数据核字（2023）第 155531 号

民主集中制十五讲

MINZHU JIZHONGZHI SHIWUJIANG

许耀桐　著

人民出版社 出版发行

（100706　北京市东城区隆福寺街 99 号）

北京汇林印务有限公司印刷　新华书店经销

2023 年 9 月第 1 版　2024 年 8 月北京第 3 次印刷

开本：710 毫米 ×1000 毫米 1/16　印张：20

字数：288 千字

ISBN 978 - 7 - 01 - 025887 - 4　定价：80.00 元

邮购地址 100706　北京市东城区隆福寺街 99 号

人民东方图书销售中心　电话（010）65250042　65289539